フランス極右とメディア

公共圏の歴史的変遷

本間圭一 ── [著]

L'extrême droite et les
médias français

keiso shobo

目 次

序章　現実と理論の交錯 ……………………………………………………… 1
  1. 現代フランスのメディアと政治の構図　1
  2. 公共圏という概念　6
  3. 狙いと分析の枠組み　7
  4. 構成と概要　9
  5. 用語・表記・引用の定義　12

第Ⅰ部　政治の構図とメディア公共圏の歴史的変遷

第1章　現代フランスの政治状況 …………………………………………… 19
  1. 極右政党の政治力　19
  2. 中道勢力の退潮　33
  3. 急進左派政党の政治力　40

第2章　フランス・メディアの歴史 ………………………………………… 47
  1. 革命への誘引と権力との確執　47
  2. ジラルダンとマリノニ　57
  3. 多元主義と政府支援　65
  4. 国営のテレビ・ラジオ　69

第3章　メディア公共圏の変遷 ……………………………………………… 77
  1. 公共圏概念の共通認識　77
  2. 革命期のカフェ　84
  3. 扇動される民衆　92

第Ⅱ部　現代メディアの自律性・双方向性・対話性と民主主義

第4章　主要メディアの信頼喪失と民主主義 ……………………………… 103
1. 信頼度と暴力　103
2. メディア不信の背景　109
3. 民主主義への懸念　126
4. 極右系メディアの登場　134

第5章　インターネット公共圏の台頭 ……………………………………… 143
1. ニュースとインターネット　143
2. インターネット公共圏の特徴　149

第6章　極右政治勢力の公共圏分析 ………………………………………… 163
1. 世論調査の実施　163
2. 政治・経済権力からの自律性の分析　167
3. メディアと読者・視聴者間の双方向性の分析　179
4. 読者・視聴者間の対話性の分析　188
5. 投票への影響　195

終章　極右公共圏の展望 ……………………………………………………… 213
1. 権力への従属と対立　213
2. インターネットによる変化　215
3. 極右伸長のメディア的要因　217
4. 公共圏の比較　219
5. 問われるジャーナリズム　224

引用・参考文献　229
付録　インタビュー要旨（1～16）　247
あとがき・謝辞　275
索引（人名・事項）　279

序章　現実と理論の交錯

1. 現代フランスのメディアと政治の構図

　フランスで極右勢力の存在感が高まっている。2024 年 6-7 月に行われた国民議会選（下院選、全 577 議席）では、極右政党・国民連合（Rassemblement National：RN）が 125 議席を獲得し、議会で第 3 勢力となった。目標の単独過半数には及ばなかったが、国政レベルの議席数としては党史上最多となった。2024 年 6 月の欧州議会選（全 720 議席、うちフランス 81 議席）では、30 議席をとり、フランス国内での政党得票数はトップとなった。2022 年 4 月の大統領選では、国民連合を創設したマリーヌ・ル・ペンが決選投票に進み、41.45% の票を得た。同党の大統領候補としては最も高い得票率となった。

　国民連合の前身は、1972 年に創設され、マリーヌの父親、ジャン＝マリ・ル・ペンが党首となった国民戦線（Front National：FN）である。当初は泡沫に過ぎなかったが、最近では、あらゆるレベルの選挙で得票率は前回を更新し、党の政治力は最大となった。これが一時的な現象でないことは、後述するように同党の得票が、増減を繰り返しながら、長期的に上昇傾向になっていることが示している。特に、2011 年にマリーヌがジャン＝マリから党首を継承して以降、この傾向が顕著である。こうした状況が続けば、2027 年の大統領選で、極右候補が勝利するとの見方まで出始めた。

　背景としては、政府のスキャンダル、経済失政、移民の増加、治安の悪化など、様々理由が指摘されている。マリーヌ・ル・ペンが、人種・移民政策よりも福祉や経済対策に力を入れる穏健化路線を打ち出し、政権批判の受け皿となったことも、その一因になるだろう。調査機関ヴィアヴォイスが

2　序章　現実と理論の交錯

2023 年 9 月に発表した世論調査結果によると、国民連合が信頼を得ている
割合の高い政策は、移民（37%）、テロ（30%）、治安（29%）、購買力
（22%）、年金（21%）、教育（20%）、格差（20%）、差別（20%）の順であり、
いずれも他党より高かった。様々な課題解決に対して幅広い期待を集めてい
る状況が分かる。ただ、こうした課題は今に始まったことではない。例えば、
移民問題は 1980 年代や 2000 年代に大きな社会問題となったし、大規模なテ
ロは 2010 年代に起こり、リーマン・ショック（2008 年）や新型コロナ・ウ
イルスの発生（2020 年）の年の方が経済成長率は低かった。つまり、国民
連合が 50 年余の党史の中で、2025 年現在、高い支持を集めている理由とし
ては、やや説得力に欠ける。

　本書は、国民連合など極右政党が伸長する背景をメディアとの関係から解
明しようとする。メディアが極右政治家の支持拡大に貢献したのではないか
と推定し、その影響力の大小を分析しようとするものである。メディアの変
質や変化が、極右勢力に対する認知を変え、極右勢力に政策遂行能力がある
というイメージをもたらしたのではないかと考える。社会の情報化が進展す
る中で、人はメディアを通じて政治を知り、政策への期待や政治家の印象も
メディアを通じて形成される場合が多い。

　フランスのメディアはここ数年、変化と試練にさらされている。ロイター
研究所の 2024 年の調査によると、主要なニュース・メディアへの信頼度は
31% で、西欧と北欧の 12 か国中で最低であり、調査した全 47 か国・地域
のうち 38 番目だった（Reuters 2024 p. 25）。アメリカの調査機関ピュー・リサ
ーチ・センターの 2019 年の調査でも、フランスでニュース・メディアを
「非常に重要」と考える割合は 28% に過ぎず、欧州の主要 8 か国で最低だっ
た（Pew 2019 URL）。同時に、ジャーナリストへの暴力が目立つようになった。
燃料の値上げに端を発し、2018 年以降毎週土曜日に行われた抗議デモ「黄
色いベスト運動（Le Mouvement des Gilets jaunes）」や、新型コロナ・ウイル
スに対するワクチン接種を証明する「衛生パス（Le Passe sanitaire）」の携帯
義務化に反対する 2021 年以降のデモでは、取材するジャーナリストをデモ
隊の一部が襲撃する事件が相次いだ。フランスでメディアに対する不信や批
判は今に始まったわけではない。ただ、信頼度の推移は低下傾向にあり、ジ

ャーナリストへの暴力がこれほど社会問題化したことも珍しい。フランスの
ジャーナリズムは改めて危機的な状況にあると言えるだろう。

　さらに、主流メディアは経営難に直面している。新聞業界では、第二次世
界大戦後の部数の減少が止まらず、これに伴い広告収入が落ち込んだ。経営
が困難となった新聞社は様々な企業に買収された。買収企業の多くは、出版
とは無縁の業界に属し、それゆえに営利企業による戦略的なメディア支配と
の懸念が広がる。買収した企業の経営者が、有力政治家と親密な関係を築い
ている場合もあり、権力に対するメディアの監視機能が弱まるのでないかと
いう疑念が出てくる。

　フランスのテレビやラジオ業界は、国営企業を出発点とし、長く政府の宣
伝手段としての役割を担ってきた。1980 年代以降に民営化されたテレビは、
視聴率を向上させ、収益を増やして組織を拡大させたが、最近になってイン
ターネットによる動画視聴に押され、視聴率が伸び悩んでいる。また、特定
の政治的主張を伝えるテレビ局が登場したり、新たな経営者が有力政治家と
親しい関係を築き、権力からの独立が脅かされたりするといった状況となっ
ている。

　また、過去 20 年間で、代替メディア（Média alternatif）が次々に誕生し、
存在感を示している。特に、インターネットの普及に伴い、オンライン上の
ウェブ・メディアが視聴者数を増やしている。政治的にみると、これまで主
流メディアがほとんど取り上げてこなかった極右、急進左派政党の動静を詳
細に取り上げるメディアも目立っている。

　一方、政界は大きな地殻変動に見舞われている。第二次世界大戦後に政権
を担当してきた中道右派と中道左派の政党が支持率の低下にあえいでいる。
2017、2022 年の大統領選で、共和党（Les Républicains：LR）と社会党（Parti
socialiste：PS）の候補は決選投票に残れなかった。2024 年の国民議会選で、
シャルル・ドゥ・ゴールの流れをくむ共和党は 39 議席しか獲得できなかっ
た。対照的に、極右と急進左派政党、その政治家が存在感を示している。極
右では、マリーヌ・ル・ペンだけでなく、政党・再征服（Reconquête!）の
党首、エリック・ゼムールが 2022 年の大統領選に出馬し、一時はル・ペン
をしのぐ支持率を集めた。急進左派では、政党・不服従のフランス（La

France insoumise）の党首、ジャン＝リュック・メランションが率いる左派連合「新人民戦線（Nouveau Front populaire：NFP）」が、2024 年の国民議会選で 178 議席を得て、議会最大勢力となった。社会党は、本来なら左派票の多くを集める勢力だが、支持率が低いため、メランションの連合の中に入ることを選択した。

　こうしてみると、本書における極右政治勢力とメディアとの関係解明は、メディア業界の変化と政界の変化の接点を見極めようとする試みとも言える。つまり、最近の諸政党の浮沈の背景として、メディア業界における変化が少しでも関連しているのではないかと考え、主流メディアの信用失墜、異業種による買収、権力との距離、代替メディアの台頭、極右政党の党勢拡大の関連性を調べていくことになる。また、極右政治勢力とメディアとの関係を分析する本書において、急進左派政党の党勢を取り上げるのは、中道政党が凋落している背景を説明するとともに、左右によらず、より強硬な主張が支持を集める状況を示す狙いがある。

　上記の検証作業を行う根底にあるのは、民主主義を維持するためのメディアが健全に機能しているのかという疑念である。民主主義とは、「最高権力が人民に付与され、人民が直接的あるいは代表制により間接的に統治する形体」（Merriam-Webster 1986 p. 600）であり、「人間の本性や国家と個人の関係から派生した原則である自然権」（Burchfield 1976 p. 1141）を原理とする。極右思想はかつて、人種的少数派の排斥と全体主義をもたらし、多数の民衆を死に追いやる大戦を招いた。人間の自然権の否定につながったのである。現代の極右勢力が主張する移民排斥やナショナリズムも、自由を求める移民の自然権を否定し、人民よりも国家の利益を優先させる可能性があり、民主的とは言えなくなる。仮に人民がナショナリズムを支持したとしても、「国家は、自然権に基づき、様々な権利を遵守しなければならない」（Ibid.）という主張に立てば、民主主義はナショナリズムよりも自然権を重視しているとみるべきであろう。この極右勢力の支持拡大にメディアが影響しているのか否かを分析することは、民主主義の行方を占う作業となる。とりわけ、メディアが歴史的に民主主義を生み、守る役割を果たしてきた歴史を持つフランスで、こうした状況が起こっていることは重要である。

フランスでは 18 世紀後半、新聞の原型と言われるチラシやパンフレット
が次々に発行され、その一部は反王政の論調を展開した。フランス革命の火
ぶたを切る 1789 年 7 月のバスティーユ牢獄の襲撃事件で、チラシやパンフ
レットは革命を支持する民意を形成する役割を担った。これにより、翌 8 月
には、国民議会で人権宣言が採択され、「思想および意見の自由な交換は，
人間の最も貴重な権利の一つである。ゆえに市民は，自由に話し，書き，か
つ著作出版することができる」（第 11 条）と明記された。フランス革命が
「メディアの革命（la révolution médiatique）」と呼ばれるゆえんである。その
後も、ナポレオン時代、王政復古、第二共和政、第二帝政、第三共和政と時
代が変わるたびに、メディアと権力は対立と和解を繰り返し、その結果とし
て、報道の自由に関する 1881 年 7 月 29 日法が成立する。出版・印刷の自由
や検閲の廃止をうたったこの法律は、言論の統制や弾圧が当たり前だった当
時の世界では画期的な内容で、その後、様々な国で報道の自由が獲得される
法的根拠となった。
　だが、新聞の「黄金時代（L'âge d'or）」と呼ぶ時代は長く続かなかった。
出版の自由が認められた 1900 年頃、パリで発行されていた日刊紙は 50 ～
70 紙に上ったが、ル・プティ・ジュルナル（Le Petit Journal）、ル・プティ・
パリジャン（Le Petit Parisien）、ル・マタン（Le Matin）、ル・ジュルナル（Le
Journal）の 4 大紙の発行割合は 1914 年、パリで 75% に達し（Albert 2018 p.
66）、高い寡占が起こっていた。こうした大手紙の一部が第二次世界大戦で、
パリを占領したナチス・ドイツやそれに協力的な南部のヴィシー政権に融和
的な報道を続けたことは、メディアの信頼を大きく失墜させた。それゆえに、
戦後のフランスは、民主主義を支えるメディアの信頼回復に向けた取り組み
を始動させたのである。
　こうした歴史を踏まえると、現代フランスにおいて、民主主義を支えるは
ずのメディアが、極右政治勢力の伸長に影響を与えているとすれば、国際的
な余波は避けられないだろう。人権宣言第 11 条は、言論と出版の自由を認
めた米合衆国憲法修正第 1 条の成立に影響し、ひいては、第二次世界大戦後
に、意見表明の自由を与えたドイツ基本法第 5 条や、言論・出版・表現の自
由を保障した日本国憲法第 21 条につながっていくからである。メディアが

歴史的に民主主義の形成に大きな役割を果たし、他国で表現の自由が広がる
きっかけを作ったフランスで、メディアが結果的に民主主義を阻害する一因
になっているとすれば、看過してはならない事態と言えるだろう。民主主義
を支えるためのメディアの役割を考えるのが本書の最終的な狙いである。

2. 公共圏という概念

　極右政治勢力とメディアの相互作用を検証する作業の際に念頭に置くのが、
公共圏の概念である。ユルゲン・ハーバーマスの理論構築は、世界の研究者
に大きな影響を与えた。ハーバーマスによると、新興ブルジョワが 18 世紀
中盤以降、サロンやコーヒーハウスに集まり、公衆として芸術批評を行い、
私生活圏とは異なる公共圏が形成された。ブルジョワが、議論の材料とした
のは、当時広がりを見せた新聞、チラシ、パンフレットといった出版物であ
る。やがて政治的議論も行われるようになり、文芸的公共圏は政治的公共圏
に変貌した。ハーバーマスにとって、それは民主主義を実現するためのコミ
ュニケーションの形だった。これが政治に影響を与え、フランス革命を引き
起こす一因になるのである。しかし、コミュニケーションのネットワークが
商業化し、報道事業が組織化され、マス・メディアが誕生すると、公衆がコ
ミュニケーションに参加することは困難となり、後期資本主義の時代に至っ
て、先の文芸的公共圏は、広告と PR の空間として、消費文化的公共圏にな
る。公共圏が本来依拠する「生活世界」は、権力と貨幣に支配される「シス
テム」の空間に従属するという変化を体験する。

　ハーバーマスの理論には様々な批判が起こる。文芸的公共圏が私有財産を
持つブルジョワのみに開放され、一般市民が排除されていたとする反論や、
資本主義が発展した 1960 年代にも政治的な公共圏が形成されたという主張
などである。ハーバーマス自身も、そうした指摘を受け入れ、現代において
も、マス・メディアが形成する公共圏の存在を再認識し、それが「システ
ム」を監視し、市民社会に貢献する機能を持つとした。

　このほかにも、公共圏はブルジョワの占有物ではなく、様々な人が様々に
形成する空間であるとする主張が相次ぐ。例えば、「祝祭やデモ行進で広場

に集まった群衆が政治的世論を形成する」空間、つまり「街頭公共圏」がある（佐藤 2018 p. 36）。人種や言語を参加条件に宣伝を通じて人々が集まり、ファシズムを支える空間となる。また、インターネット上でも、同じ興味や関心を持つ人同士の空間が生まれ、中には排他的で差別的な言論が行き交う場となる。

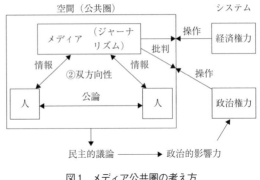

図1　メディア公共圏の考え方

　様々な見解が表明されている公共圏議論で共通項を探ると、人、メディア、情報、権力が主要な構成要素となる。それを図1に示したが、情報を提供するメディアの特性、権力を批判するジャーナリズムの度合い、メディアが政治的・経済的権力から受ける影響力、情報を入手する人の属性、入手する情報の種類や特徴、入手の方法、入手する空間、情報を得た人同士の交流と意思表明、そうした構成要素が相互に作用し、それぞれに固有で独特の空間として公共圏が形成される。この空間が、場合によっては、政治的・経済的権力からの介入を受けず、文芸を嗜好する人同士のコミュニケーションの場になることもあり得る。その結果、そうしたコミュニケーションは政治的な意思を持って膨張し、民主的議論が行われれば、政治的影響力を持ち、民主主義を形成することに寄与することになる。こうして形成される空間は、時代や場所によって異なるため、それによって影響力の度合いも変わってくる。

3. 狙いと分析の枠組み

　本書では、情報を発信する主体をフランス・メディアとし、メディアがジャーナリズムを体現しているのかという視点から、民主主義を発展・維持する機能を果たしているのかを見極めることになる。特に、新聞が台頭した18世紀から、インターネットが主流となりつつある現代にかけて、上記の

構成要素は変化しているため、時代によって異なる空間の特徴を抽出し、政治への影響力を検証することになる。また、同じ時代でも、人や情報というアクターの違いによって、権力との関係が変わることから、異なる空間を相互に比較していく。いわば、公共圏という「ハコ」の中の構成要素の変化に着目することで、その相互作用の中から生まれる民主化の程度を比較することになる。異なる公共圏の中でも、極右政治勢力とメディアの公共圏を分析することは、民主主義を維持・継続するために何をすべきか、何をすべきではないかという問いに道筋を与えてくれると考えている。手段としては、文献・資料の収集・参照、関係者へのインタビュー、フランス人への世論調査の3つを組み合わせ、多面的な視点から、極右政治勢力とメディアとの関係を分析していく。

　まず、18世紀後半の新聞草創期と、19世紀後半の新聞発展期において、歴史的文献や資料を参照し、それぞれの公共圏で人、メディア、情報、権力の関係を描く。メディアとの関係性の解明では、ジャーナリズムが有効に機能しているのか否かの視点を持つ。現代については、読者や視聴者の信頼を失っている主流メディアの公共圏について、文献・資料に加え、インタビューを通じて、4者の関係を調査する。インタビューの対象者が真実を指摘しているとは限らないが、いずれも報道の現場で仕事をしたり、メディア業界を分析したりしてきた関係者であり、その意見や見解は信頼に足ると考える。また、多くの代替メディアが情報提供の手段としているインターネットの公共圏の特徴を調べる。その上で、極右政治勢力とメディアの公共圏を分析するが、その際、文献・資料や関係者へのインタビューに加え、フランスの調査会社オピニオン・ウェイを通じ、フランス市民の人口構成を反映した約1000人を対象に世論調査を2回行う。特に、極右政治勢力の支持者が利用するメディア、メディアへの考え方、メディアから受ける情報のとらえ方、投票への影響の度合いなどを質問し、客観的なデータを得ることで、相互作用の分析を目指すことにする。また、急進左派の政治勢力やメディアを随時検証することで、極右支持者のメディア公共圏を分析する際の助けとする。

　なお、参照する文献・資料は、先行研究で指摘する一連の書籍、論文のほか、フランス外務省所管の外交史料館、フランス文化省所管の公文書館、フ

ランス国会図書館といった公共機関、CAIRN や PERSÉE などフランス語出版物検索サイト、在日フランス大使館、日仏会館、日仏学院など日本国内のフランス関連機関が所蔵する文書、信頼に足るオンライン情報を想定する。

インタビューは、オンライン、電子メール、電話により、随時実施した。2023 年 3 月にはフランスに調査に出掛け、集中的に行った。人選にあたっては、党派性、職業性、専門性のバランスを考慮し、客観性を確保することを目指した。一部は、フランスの調査会社フォーラム・エチュードに委託した。

こうして得た一連の結果から、時代ごとに公共圏モデルの内部を検証し、それを比較することで、極右勢力とメディアとの関係の特徴を示す。極右政治勢力の支持者に影響を与えるメディアは何なのか、極右の台頭にメディアがどのような役割を演じているのか、という疑問を明らかにする。

4. 構成と概要

上記を踏まえ、本書は図 2 のような構成とする。

この序章では、本書の目的や背景、意義に触れる。

第 1 章では、フランスの政界の現状を取り上げる。近年の選挙では、中道右派、中道左派が退潮となる中で、極右、急進左派勢力が支持を伸ばしている点に注目する。フランス政治は、政党よりも政治家個人の求心力で動くことが多い。特に、1958 年に第五共和政となり、1962 年に憲法が改正され、大統領の権限が強化されると、政党は与党の大統領または野党の大統領候補を支える組織となった。大統領選に当選するためには、幅広い層の票を獲得する必要があるため、その主張は中道化する。

極右や急進左派勢力は泡沫に過ぎなかったが、2000 年代に入ると、国民戦線が支持を伸ばし、2002 年の大統領選では、党首ジャン＝マリ・ル・ペンが決選投票に進み、世界を驚かせた。三女のマリーヌ・ル・ペンが 2011 年に党首を継承すると、さらに支持を拡大した。その要因を指摘する中で、メディア戦略にも着目する。この章は第 4 章の調査のために基本的な政治状況をおさえる。

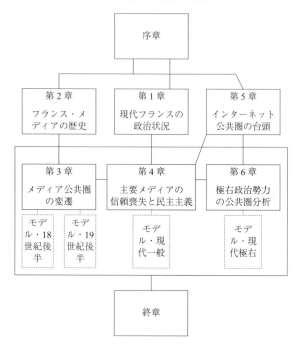

図2　本書の構成

　第2章では、フランス・メディアの歴史を概観する。17世紀に最初の新聞が創刊された後、フランス革命で、王政を批判するチラシやパンフレットが多数創刊され、1789年の人権宣言で、報道の自由が保障され、「メディアの革命」が実現した経緯に触れる。しかし、ナポレオン時代に入ると、検閲が再開され、発刊が制限された。世界に先駆けて、表現の自由を獲得したフランスの新聞が、どのような発展を遂げ、二度の大戦を経て、権力とどう関わるようになったのかという点に注目する。一方、20世紀には、ラジオやテレビが普及し、メディアの中心的な存在となっていく。国営企業の下で運営された両メディアが第二次世界大戦後、報道の自由という理念の中で、権力との距離をどのように保ったのかをみる。
　第3章では、第2章の通史を踏まえ、メディアが政治的な影響力を発揮したとされる時期を公共圏の枠組みから分析する。最初に、メディアの公共圏

について妥当な定義付けを行い、フランスの一般の民衆がメディアに接する空間に着目し、歴史的にどのような変遷を遂げたのかを検証する。具体的には、新聞が増加するフランス革命期と、新聞の商品化が進む 19 世紀後半を取り上げる。メディアに接する空間の変化が、政治的影響をもたらしているのかに注目する。

　第 4 章では、フランスのメディアが直面する現状を検証する。第 1 章で紹介した政治状況の変化をメディア業界から説明しようとする試みである。まず、メディアへの信頼の低下を取り上げる。前述したように、フランスでは近年、ニュース・メディアへの信頼度が欧州有数の低さとなり、これに連動するかのように、取材現場で暴力を受けるジャーナリストが相次ぐ。メディアの経営者やジャーナリスト、メディアの専門家へのインタビューを通じて、こうしたメディア不信の背景を分析していく。ジャーナリストを見る一般市民の印象や視点が、メディア不信とどう関連するのかも踏まえ、現代における主流メディアの公共空間を図式化してみる。その際、ジャーナリズムが機能しているか否かという視点を盛り込む。

　第 5 章では、主流メディアが信頼を失う中で、代替メディアが広がる動きを取り上げ、特にインターネット上でその傾向が顕著である点に注目する。メディアの現状把握という意味で、第 4 章に関連する。例えば、ル・モンド（Le Monde）の元編集長、エドヴィ・プレネルが 2008 年に開設したインターネット新聞・メディアパルト（Mediapart）は、購読者数が 20 万人を超え、国内有数のニュース・メディアとなった。その影響力は、伝統的な主流メディアを凌駕する勢いを持つ。その上で、代替メディアが利用するインターネット公共圏の特徴をみる。また、第 3 章で取り上げたメディア公共圏が、いかに変質し、その空間の特性が政治的にどのような影響を与えるのかを分析する。その際、極右や急進左派の政治勢力を支持するインターネット上の代替メディアを紹介する。

　第 6 章では、第 5 章でのインターネット議論をおさえつつ、極右政治勢力を支持する読者や視聴者とメディアとの関係に焦点をあて、人、メディア、情報、権力の相関性について解明を試みる。パリの調査会社オピニオン・ウェイを通じ、政党の支持者によって、メディアとの関わりの度合いが異なる

のか、また、政治的な思考に強弱はみられるのか否かについて世論調査を行う。さらに、第4章とは若干人選を変えたジャーナリストやメディアの専門家らへのインタビューを通じ、世論調査結果を分析し、インターネット時代における、支持者、メディア、政党とのつながりを描き出す。この際、インターネット公共圏の特性、政党のメディア戦略との関連性を踏まえる。

終章では、これまでの議論を踏まえた結論を導き出し、今後を展望する。時間軸に沿って図式化してきた公共圏を比較し、現代極右の公共圏の特徴を描き出す。比較する公共圏モデルについては、第3章で18世紀後半と19世紀後半、第4章で現代一般、第6章で現代極右を扱い、人、メディア、情報、権力の相関関係をモデル化する。メディアの形態は歴史とともに変化しており、今後も続く。そして、現在の変化は、極めて重要な意味を持つ。メディア不信が悪化すれば、メディアが支えてきた民主主義を後退させることになりかねないためである。その蘇生策として何が可能なのか、民主主義を維持するため、何が求められるのかを探る。世界では今、権威的な政権によって、報道の自由が脅かされている。表現や報道の自由を国是に掲げてきたフランスで、その弱体化が進めば、他国への影響は極めて大きいと言える。

付録として、筆者が対面、オンライン、電子メールでインタビューした人のうち、4、6章の調査に関連し、実名で回答した人の発言を取り上げた。内容は、日本語の引用部分をフランス語で収録した。

5. 用語・表記・引用の定義

本書で、主流メディアとは、過去数十年間にわたり、多くのフランス人が閲読・視聴してきた媒体を指し、スロバキアのフランス大使館がまとめたリスト（Ambassade 2010 URL）をその代表的なメディアとみなす。

代替メディアについて、藤原広美は、クリス・アトンの分類を参考に、①社会・政治変革を目的とする「ラディカル＆社会運動のメディア」、②寡占化・グローバル化する「社会的メディア権力への対応勢力」としてのメディア、③対抗的公共圏を作り出すことを目指す「批判的メディア」、④自分たちのメディアを持つ「市民メディア」、⑤インターネット時代の新しいジャ

ーナリズムの実践としての「オルタナティブ・ジャーナリズム」、に5分類
し、「これら5つは、それぞれが完全に独立しているわけではなく、重複し
た部分も含まれている」としている（藤原 2015 p. 93）。本書では、この5分
類のいくつかに該当するメディアを代替メディアと位置付けることにする。
このため、主に2000年以降に開設または普及し、インターネットをコミュ
ニケーションの手段としているメディアを指すことになる。

　ジャーナリズムは、「新聞やその他全ての報道機関の編集作業に関連する
活動の総体、あるいは出来事を執筆・発表する方法」（Larousse 1984 p. 5889）
を指す。元をたどれば日記や仕訳帳を意味する「ジュルナル（journal）」（築
瀬 2009 p. 21）であり、フランス語から派生した言葉である。その性格に応じ
て、発表ジャーナリズム、イエロー・ジャーナリズム、パック・ジャーナリ
ズムなど様々な種類があるが、本書では、公平で正確な報道を追求し、編集
が経営から独立し、権力を批判し、読者・視聴者の声をすくう側面を合わせ
持っていることをジャーナリズムと定義する。ハーバーマスが、フランス革
命期に出現した新聞の機能について、「論議する公衆の機関であって、何よ
りもまずこの公衆の批判機能を主張することに努める。したがって、その経
営資本は、収益増殖のために投下されることがあったとしても、それは第二
義的な関心事にすぎなかった」（ハーバーマス 1994 p. 252）としているほか、
1918年以降に改訂されてきた「ジャーナリストの職業倫理憲章（Charte
d'éthique professionnelle des journalistes）」が、ジャーナリズムを実践するジャ
ーナリストの条件として、「批判精神、真実性、正確性、潔白性、公平性、
公正性を持つ」などと定めているためである。したがって、主流メディアや
代替メディアを問わず、こうした性格を持つ活動をジャーナリズムと想定す
る。このため、意図的なフェイク・ニュースの報道や、排他的かつ偏向的な
「ネトウヨ」の情報発信はジャーナリズムには該当しない。

　ジャーナリストとは、上記のジャーナリズムの活動に従事する者であり、
フランスの労働法典第 L.7111-3 条の定義に基づき、「報道機関、日刊または
定期刊行物、通信社で、継続的で主要な活動を行い、自らの報酬の多くを得
ている者」を指す。ジャーナリストの数は、公的団体・職業ジャーナリスト
身分証明書委員会（la Commission de la carte d'identité des journalistes profes-

sionnels：CCIJP）が発行する記者証を得た人数を根拠にしている。この条文は、ジャーナリストの職業的地位を定めた 1935 年 3 月 29 日法を根拠にしている。それ以前のジャーナリストも、この定義を適用するが、文献や資料でjournaliste と表記されている場合、そのまま使用することとする。

　政治勢力としての極右・急進左派の表現については、フランス社会で一般的に通用している呼称を参考にした。ノナ・マイエによれば、左右両派の過激主義の共通点とは、権威主義的な政治、多元主義の否定（一元主義）、複雑性と違いの拒否（単純化）、主義・主張の実現に暴力を容認する傾向にある（Mayer 1999 pp. 15-16）。この特徴を持つ政治勢力が極右（l'extrême droite）と極左（l'extrême gauche）と言われる。ただ、第 1 章で示す表をみて分かるように、国民連合や不服従のフランスが党公約で、権威主義的な政治や暴力を容認し、多元主義を明確に否定しているわけではない。国民連合は自党を国民的右派（droite nationale）と位置付けており、「極」の文字に言及していない。国民連合を極右と呼ぶのは、「未審査の移民停止」や「全土での治安維持」という公約が、多元主義を否定し、非民主的な手段を容認するというイメージを連想させるからであり、フランスのメディアをはじめ、フランス社会がこうした定義付けを行っていることにも起因する。

　また、極左という呼称は、共産党（Parti communiste français：PCF）や労働組合を指し、1970 年代まで頻繁に使われたが、冷戦崩壊後の 1990 年代に同党員や労働組合員がその呼称を拒み、急進左派（gauche radicale）の呼び方が定着した（Lhérété 2017 p. 56）。メディアがこれを使用するようになり、共産党を除き、社会党よりも左派の政治組織への呼び名として一般化した。こうした状況を踏まえ、本書では、国民連合や再征服を念頭に極右政党、不服従のフランスを念頭に急進左派政党と表記することにした。

　人名は初出の場合、欧米は名前・苗字、日本名は苗字・名前の順に記載し、同じ節で 2 回目以降は原則として苗字のみを記載する。ジャン＝マリ・ル・ペンとマリーヌ・ル・ペンの親子のように、苗字が同じで区別する必要がある場合には、ジャン＝マリ、マリーヌのように名前のみを記載することがある。

　文中の引用は括弧の中に（著者・発表者名、出版・発表年、該当ページ

5. 用語・表記・引用の定義　　15

数）を明記し、ウェブサイトを出典とし、ページ数が不明な場合は URL と
表記する。同じ著者・発表者名が続く場合、文末にまとめて記載する場合が
ある。記事からの引用は、筆者名を記載するが、筆者不明の場合は、メディ
ア名を記載する。

　なお、第 2 章のように、文献を参考にする頻度が高くなる歴史的記述では、
次の著者の巻末に掲載した書籍を随時参照しており、その都度引用を割愛し
た。著者名は、ピエール・アルベール、フレデリック・バルビエとキャサリ
ン・ベルソ・ラヴニール、クロード・ベランジェ、ファブリス・ダルメイダ
とクリスチャン・デルポルトゥ、エメ・デュプイ、ジル・フェイェル、ジェ
ア＝ノエル・ジャネニーである。その中で、統計的な数字や独自の見解など
引用箇所を明示する必要がある場合、文中で括弧により表示した。

　組織名には括弧内に原文を記した。敬称は省略し、肩書は言及当時のもの
とする。

第 I 部

政治の構図とメディア公共圏の歴史的変遷

第1章　現代フランスの政治状況

　後の章において、現代における極右政治勢力とメディアの関係を検証するため、この章では、その前提として、現代政治の状況を概観する。第1節では、直近の選挙における極右勢力の伸長と、第二次世界大戦後に、泡沫扱いになっていた極右政党の歴史とメディア戦略を扱う。第2節では、大統領の権限が強化された第五共和政下で、政権を担ってきた中道右派と中道左派勢力の退潮とメディアとの関わりを取り上げる。第3節では、急進左派勢力の党勢と新たな急進左派政党のメディア戦略を取り上げる。

1.　極右政党の政治力

選挙での躍進

　近年の主要選挙で議席を大幅に伸ばしたのが極右勢力である。2024年6月6〜9日に行われた欧州議会選は、フランスで81議席が争われ、国民連合が31.37%を得票した。議席数は12議席増の30議席となり、国内トップだった。マリーヌ・ル・ペンの姪、マリオン・マレシャルが副党首を務めた再征服は、7.25%を獲得し、初めて6議席を得た。一方で、エマニュエル・マクロン大統領の与党連合の得票率は14.6%、左派連合は13.83%で、それぞれ13議席にとどまり、敗北した。マクロン大統領は、この選挙結果を受け、国民議会選の実施を表明した。極右が政治的に台頭する危険性を訴え、選挙でその民意を示す戦略だったようだ。

　しかし、結果は大統領の思惑通りにならなかった（図3参照）。国民連合は6月30日の第1回投票で29.25%を得票し、政党得票率でトップとなった。

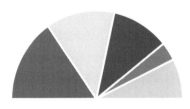

図3　2024年国民議会選後の各党各党派の勢力図

左から、新人民戦線（178）、共和国アンサンブル（150）、国民連合（125）、共和党（39）、その他（85）

過半数を得て当選したのは37議席に上った。ジョルダン・バルデラ党首は結果判明後、「私は全てのフランス人のための首相になる」と決選投票での勝利を宣言した。国民連合を創設したマリーヌ・ル・ペンは「ジョルダン・バルデラに過半数を与えよう」と呼び掛け、国民連合が過半数を得た上でバルデラを首相に選出する考えを示した（actu.fr 2024 URL）。

どの候補も過半数を得られなかった選挙区で7月7日に行われる決選投票を前に、新人民戦線と共和国アンサンブルが候補者を一本化したことで、反RN連合が成立した。このため、国民連合の議席は125にとどまり、過半数に達しなかった。議会第3勢力になったものの、32.05%の得票率は全政党でトップとなった。

2022年の主要選挙でも、実質的な勝者は極右だった（表1参照）。4月10日に行われた大統領選の第1回投票で、国民連合党首だったル・ペンが23.15%を獲得して2位となった。2週間後の24日の決選投票では41.45%を取り、再選を果たしたマクロンに約17ポイント差まで迫った。41.45%は、同党の大統領選での得票率としては史上最多となった。ル・ペンは同夜、選挙結果を受け、「結果は明確な勝利を示している」と宣言し、今後について、「フランスとフランス人に対する私の約束を果たすために努力する」と述べ、政権獲得のため政治活動を継続する姿勢を示した（Le Télégramme 2022 URL）。

投票の内訳をみると、支持層が明確となる。世論調査機関イフォップ（IFOP）によると、マクロンよりもル・ペ

表1　2022年大統領選で主要候補の得票率（単位：%）

候補者	第1回投票	決選投票
エマニュエル・マクロン	27.85	58.55
マリーヌ・ル・ペン	23.15	41.45
ジャン=リュック・メランション	21.95	
エリック・ゼムール	7.07	
ヴァレリー・ペクレス	4.78	
ヤニック・ジャド	4.63	

ンへの投票が多かったのは、職業として労働者（65% がル・ペン）や従業員（52% 同）、学歴として中等教育・職業教育卒（56% 同）、収入として月収 900 ユーロ未満（56% 同）だった。また、ル・ペンに投票した人のうち、投票の動機として、「治安・犯罪対策」を挙げたのは 81%、「賃金・購買力の引き上げ」は 78%、「不法移民対策」は 75% で、いずれもマクロンよりも高かった（Ifop pour TF1 2022 pp. 23, 33）。極右政党が伝統的に掲げてきた移民・外国人規制や治安対策だけでなく、ル・ペンに経済手腕を期待する意見が多かった。つまり、低学歴・低所得者層が生活の改善をル・ペンに託したことがうかがえる。

この大統領選の前哨戦で注目を集めたのが、ジャーナリスト出身のエリック・ゼムールである。ゼムールは、初出馬ながら、支持率で一時はル・ペンを上回った。第 1 回投票での得票率は 7.07% で、決選投票には進出できなかったが、12 人の候補の中で 4 位につける健闘を見せた。

一方、棄権率は、第 1 回投票が 26.31%、決選投票が 28.01% で、前回2017 年大統領選時よりそれぞれ 4.08 ポイント、2.57 ポイント上回った。特に、決選投票での棄権率の高さは、マクロンとル・ペンの両候補とも支持しない民意の根強さを示している。

6 月の国民議会選では、マクロンの率いる「共和国前進（La République En Marche！：REM）」が 245 議席を獲得して第一党となったが、過半数を失った。左派連合の「新環境社会民衆連合（Nouvelle Union Populaire Écologique et Sociale：NUPES）」が 131 議席を獲得したが、不服従のフランス、欧州・エコロジー＝緑の党（Europe Écologie - Les Verts：EELV）、社会党、共産党を主体としており、ある程度の得票は予想できた。換言すれば、大統領選で惨敗し、単独での議席が危ぶまれる社会党が、不服従のフランスの人気に頼ったと言える。

急伸したのが国民連合である。前回選挙の 8 議席から 10 倍以上の 89 議席を得て、議会第 3 勢力に躍進した。極右政党がこれだけの政治勢力を得るのは、1958 年の第五共和政以降では初めてである。極右に詳しい歴史家ニコラ・ルブールでさえ、大統領選後に国民議会選の結果を予測し、「国民連合の獲得議席は間違いなく 10 を下回る」と断じていた（Franceinfo 2022 URL）。

専門家の予想を裏切る結果に大きな衝撃が走ったのは間違いない。

577 議席の内訳は、フランス本土（539）、海外県（19）、その他（19）で、6 月 12 日の第 1 回投票で、有効投票のうち、過半数かつ有権者の 25% 以上の得票で当選者が決まる。それに達しない場合、得票率 12.5% 以上の候補の上位 2 人を対象に、6 月 19 日に決選投票が行われ、最多得票を得た候補が当選する。つまり、当選するためには、最終的に各選挙区で最多票を得なければならない。国民連合はこれまで決選投票に進んでも、左右両派が「反極右」で結束したために、当選を阻まれてきたが、今回の選挙結果は、国民連合が「反極右」の結集を駆逐したことを意味する。

国民連合がこれまで議席を増やした背景として、①高い棄権率、②マクロン政権に対する批判票、③極右に対抗するため結束した主流政党への批判票、が指摘されている。識者の間では、政府や既成政党への不満の受け皿になったとの見方が少なくない。エメリック・ブレイエとセバスチャン・ロイは、国民議会選が 2022 年に 89 議席を獲得した際、他の極右政党候補と競合したにもかかわらず、「前回よりも 100 万票多く獲得しており、極右陣営はこれまでにない躍進である。（中略）この躍進は、見事であり、本物である」と評価した（Bréhier et Roy 2022 URL）。これまでの極右政党の弱点の一つは、カリスマ性のある指導者に権限と関心が集中し、人材育成や地方組織の拡充が不十分であるというものだった。国民連合の国民議会選での得票は、人と組織が国内各地に浸透していることを示している。

組織を充実させ、政権獲得を視野に入れる国民連合の支持の源泉を理解するため、同党の歴史を振り返る。

ジャン＝マリ・ル・ペンと国民戦線

国民連合の前身は、マリーヌ・ル・ペンの父ジャン＝マリ・ル・ペンが 1972 年に党首となった国民戦線である。ジャン＝マリは仏西部ブルターニュ地方の漁師の家に生まれた。第二次世界大戦中の 14 歳の時、父の船が機雷で爆破され、父が死去したため、以後、カトリック教会の支援を受けて育てられた。パリ大学に入学後、極右の政治運動「ラクション・フランセーズ（L'action Française）」に共鳴し、法学部を卒業すると、フランス領インドシ

ナを維持するため、インドシナ戦争に志願して従軍した。帰国後は、政治家
ピエール・プジャドゥの「商人職人防衛連合（Union de Défense des Commerçants et Artisans：UDCA）」に所属し、1956 年の国民議会選で当選した。その後、他の組織と連携しながら、旧植民地アルジェリアの独立に反対する運動を展開した。

　国民戦線は、右翼勢力を結集したもので、移民排斥や国籍取得制限などを掲げ、極右政党と呼ばれた。当初は有権者にほとんど認識されない政党だったが、1980 年代に入ると、徐々に支持者を増やした。1983 年 3 月の地方選で、ジャン＝マリはパリ第 20 選挙区で 11.26% を獲得し、「フランスの政党制度の中で根を下ろし、強固となり始めるきっかけ」となった（Biard 2019 p. 59）。1984 年 6 月の欧州議会選では 10.9% を獲得し、1986 年 3 月の国民議会選では 9.7% を集め、35 議席（定数 577）を得る躍進を見せた。背景にあるのは、社会党のフランソワ・ミッテラン政権が、国民議会選に関する選挙法を改正する 1985 年 7 月 10 日法を成立させ、第 1 回投票でどの候補も過半数を得られなければ、上位 2 人による決選投票が行われるというそれまでの小選挙区制（2 回投票）を改め、比例代表制に変更したことである。民意を選挙結果に反映させることが狙いだったが、与党として不評だった社会党の議席減を緩める狙いと指摘された。しかし、国民戦線の勢力拡大は、共和国の理念に反すると受け止められ、国民議会選に関する 1986 年 7 月 11 日法が新たに制定され、選挙制度は小選挙区制（2 回投票）に戻された。国民議会議員に当選するためには、選挙区で過半数を得ることが再び必要となり、国民戦線の議席は激減した。1988 年 6 月、1993 年 3 月、1997 年 5 月の国民議会選で獲得したのは 1 議席にとどまった。仮に決選投票に進出しても、左右両派を問わない「反極右」連合の壁に阻まれたのである。

　このため、党勢の拡大を巡り、党首のジャン＝マリと党代表幹事のブルノ・メグレの間で内部対立が起こった。メグレは権力獲得を目指すため、排他的な訴えを封印し、他党との協力を視野に入れるべきであると強調した。主張を変えないル・ペンは 1998 年 12 月にメグレを除名したため、メグレは翌 99 年 1 月、国民戦線・国民運動（le Front National-Mouvement national）を発足させ、党は分裂した。

24　　　　　第1章　現代フランスの政治状況

　ジャン＝マリは1974年以降、1981年を除き2007年まで大統領選に5回
出馬した。得票率は2002年を除き1〜15%だった。理由としては、極右思
想は、第二次世界大戦に民衆を駆り立てた経緯があり、戦争の惨禍を繰り返
したくない有権者がその思想を忌避したことが挙げられるだろう。2002年
の大統領選で、ジャン＝マリは16.86%を獲得し、右派・共和国連合（Le
Rassemblement pour la République：RPR）のジャック・シラク（19.88%）に
続いて2位となり、決選投票に進んだ。決選投票への進出が確実視された社
会党のリオネル・ジョスパンは16.18%にとどまった。決選投票では、諸政
党が再び反極右で結集し、シラクが82.21%、ジャン＝マリが17.79%と大差
がついたが、極右政党が決選投票に進出したことは衝撃を持って受け止めら
れた。極右やジャン＝マリを排除してきた主要政党や主要メディアにとって、
その背景分析と今後の対策が大きな課題となった。

　畑山敏夫はこの時代の国民戦線の伸長について、「現代社会の変容と、そ
れに由来する政治的代表制の危機に根ざす政治現象」とみている。つまり、
既成政党は、左翼―保守に分かれていても国立行政学院（École nationale
d'administration：ENA）やパリ政治学院（Institut d'études politiques de Paris：
IEP de Paris）を卒業した超エリート層が政治を牛耳り、移民や犯罪、失業と
いった諸問題に対処できず、国民の間で強烈な政治不信や深遠な政治的無関
心が横行した。こうした「政治に対する嫌悪と絶望は、エリート挑戦的でポ
ピュリスト的な新しい右翼の支持へと結実している」のである（畑山2007
p. 194）。

　結果として、国民戦線の主張、なかでも移民排斥の訴えが有権者に響いた
ことは否定できないだろう。シラク政権は2003年、外国人の滞在及び国籍
に関する2003年11月26日法を成立させ、高い技能を持つ移民を多く受け
入れる一方で、非合法移民の摘発を強化した。さらに、2006年には、移民
及び統合に関する2006年7月24日法を成立させ、移民が母国から家族を呼
び寄せる際の審査を厳格化し、不法滞在者が10年以上居住したことを証明
すれば不法状態を解消するという従来の制度を廃止した。ジョアン・カルバ
ーリョは「国民戦線は、2期目のシラク政権の移民政策に重要な影響を与え
た」と言及した（Carvalho 2014 p. 130）。

一方、主流メディアも国民戦線を他の政党とは異なる存在として敵視してきた。ジャン＝マリは、第二次世界大戦中におけるユダヤ人の虐殺を「歴史上、ささいな事」（Forget 2009 p. 82）と公言したが、主流メディアは大戦の悲劇を繰り返さないという共通認識から、この発言を繰り返し批判してきた。党所属の欧州議会議員を務めたブルノ・ゴルニッシュは、ジャン＝マリが国営テレビで発言できたのは「年に数回程度だった」と話した[1]。国民戦線は「トップの名前とイメージに依存する党」（Igounet 2014 p. 451）であったため、議会選や地方選でもふるわなかった。

マリーヌ・ル・ペンと国民連合

マリーヌ・ル・ペンはジャン＝マリ・ル・ペンの三女としてパリ郊外で生まれた。その親子関係によって、マリーヌは「多くの苦しみと悲しみを味わった」のである（畑山 2017 p. 79）。8歳の時、パリの自宅アパートに仕掛けられた爆弾が爆発する恐怖を味わった。学校では、「悪魔の子」とののしられた。家庭を顧みないジャン＝マリにより両親が離婚して孤独を味わった。それでも、18歳になると、父親が率いる国民戦線に入党した。パリ第2大学大学院で修士号（刑法）を取得した後、弁護士となった。やがて、国民戦線での活動を本格化させ、2000年に党執行委員会委員、2003年に副党首に昇進した。国民戦線は父親がほぼ全権を握る政党であり、愛娘を厚遇した可能性はある。2011年に父親の後継として党首となった。

党首としては、父親と異なる路線を歩みだす。マリーヌは、第二次世界大戦中におけるユダヤ人の虐殺を「野蛮行為の極み」と呼び（Le Point 2011 URL）、父親との違いを打ち出した。また、「選挙、政治、メディア対策での再編」（Delwit 2012 p. 227）を実行に移し、社会保障の充実や欧州連合（L'Union Européenne：UE）の機構改革など多数派の民意に沿った現実路線を打ち出した。いわゆる「脱悪魔化＝デディアボリザシオン（dédiabolisation）」の試みである。「悪魔」と呼ばれた父親の否定的な見方と政治的包囲網を打破しようとしたのである。

国民戦線への支持率は2010年代、上昇傾向となり、選挙での得票率は

---

1) 2023年3月25日、筆者がパリでインタビューした。

写真1　党大会でマリーヌ・ル・ペンを迎える熱狂的な支持者（筆者撮影）

10％台から20％台に伸びている（Kantar 2021 p. 32）。前述したように、マリーヌの党首就任後に政策変更が行われ、党の変化が広く伝わり、政権運営能力があるとみられた面もあるだろう。低迷する経済情勢や、拡大する格差も、政権不信を増幅させ、国民戦線には追い風となった。

国民戦線は地方で、こうした民意を吸収し、自治を担っている。2014年3月に行われた統一地方選では、少なくとも11の自治体で首長が誕生した。その一つ、北部のエナン・ボモン市は長く炭坑産業が盛んで、社会党が約70年間、市政を担当してきたが、石炭産業が衰退する中で、市長の公金横領疑惑などが発覚し、社会党への不満が高まった。国民戦線のスティーブ・ブリオワが当選して市長となり、公営住宅の建設などで成果を出し、2020年には74％の支持率で再選を果たした。まさに「社会主義者の政治が挫折し、そこに国民連合が勢力を伸ばす機会が生まれた」（Paxton & Peace 2020 p. 7）のだった。

共和党と社会党の候補がいずれも決選投票に進めなかった2017年の大統領選では、マリーヌが第1回投票で21.3％を得票し、決選投票で33.9％を得た。選挙戦の序盤では、既存の政党が構築したシステムへの反対とユーロ圏からの離脱を訴えた。支持者を社会的階層別にみると、労働者、自営業者、農民の間で最多の支持を得たのがル・ペンだった。近年、国民連合の支持層として、学歴の低い低所得者層が、国民連合を支持する傾向が目立ち、高卒以下の40％、月収1500〜2000ユーロの42％が国民連合の支持割合として最多となった（Ifop 2021 p. 7）。国民連合の支持者が多いのは、フランス北東部と南西部だが、この地域では失業率が高く、低所得者層が多い。つまり、経済成長からこぼれ落ちた社会的弱者がル・ペンの支持層を形成しているのである。尾上修悟はこの点に関し、「現代フランスの社会分裂そのものを反

映している」とみている（尾上 2018 p. 159）。

　アルノー・ウックは、この北東部と南西部の支持層をさらに調査・分析した。2017 年の大統領選や国民議会選でル・ペンや国民連合を強く支持した北東部のル・パ = ドゥ = カレ県や、南西部のレ・ブシュ = デュ = ローヌ県で、有権者の課税所得の割合や持ち家の傾向などを調べ、北東部はかつて社会党の地盤で貧困層が多く、南西部では学歴の高い中間層も一部含まれていることを明らかにした（Huc 2019 pp. 235-238）。北東部では、支持していた社会党政権下でも生活が改善せず、国民連合支持に乗り換えた有権者が多かったのに対し、南西部では、保守的で伝統を重んじるカトリック信者の支持者が少なくなかった。マリーヌは、父親から受け継いだ伝統的な支持層に加え、既成政党に飽きた支持層も味方につけたと言える。

　マリーヌは 2018 年に国民戦線から国民連合に改名した。「過激な極右」の印象からの脱却を図ったのだろう。さらに、有権者の民意をくみ取り、有権者の関心の高い政策を提示していく。表 2 は 2022 年の大統領選・国民議会選で、国民連合が掲げた公約である。極右政党を象徴する移民抑制や反イスラムの政策が上位となっている。鈴木規子は、フランスにおけるポルトガル系移民の政治的・経済的統合状況を調べ、「経済的な統合なしには、社会的および政治的な市民的統合はなかなか困難であるだろう」と解説した（鈴木 2016 p. 28）。アラブ系移民を中心に失業率が高止まりし、経済的な統合が遅れる状況では、さらにその後の統合は困難であり、移民問題は長期化が続く。そうすれば、国民連合の訴え

表 2　国民連合が 2022 年大統領選・国民議会選に掲げた主要公約

1	未審査の移民停止
2	イスラム主義思想の根絶
3	全土での治安確保
4	エネルギー関連消費と生活必需品の付加価値税 20% を 5.5% に引き下げ
5	給与の 10% 引き上げ
6	高速道路の再国有化と公共放送の民営化
7	若者の事業促進
8	家族支援
9	高齢者の引退生活保障
10	障がい者の権利保障
11	市民主導の国民投票導入
12	エネルギー供給の自立
13	農業と食料の防衛
14	健康維持のため 200 億ユーロ投入
15	教育制度の再建
16	不動産富裕税（IFI）の廃止
17	住宅確保の優遇策
18	経済愛国主義の導入
19	預金特典拡大のため基金創設
20	国防費を 550 億ユーロに引き上げ
21	海外県担当閣僚新設
22	腐敗防止担当閣僚新設

表 3　国民連合が 2024 年国民議会選で掲げた主要公約

購買力の維持	電気料金の引き下げ、ガス・燃料の付加価値税減税
秩序回復	違反者や犯罪者に対する司法的寛容の停止
移民による転覆抑止	合法・不法移民の大幅削減、外国人犯罪者の国外退去
農業支援	直接交渉の促進、不当競争との闘い
医療優先	医療砂漠の削減、公立病院の支援、医薬品供給の確保
国民生活の簡素化	家族・企業に負担をかける虐待的基準の蔓延阻止
常識的経済の実現	移民コストの削減、大規模な社会的・財務的詐欺との闘い
国民の尊厳確保	欧州におけるフランスの主権と国益の防衛

は、有権者に浸透することになるだろう。

　さらに、下位の公約をみると、減税、家族や高齢者支援、医療・教育制度の充実といった一般市民の生活改善に直結する政策が並ぶ。大衆の生活支援に積極的な「国家による介入主義」の立場を取り（Bréchon 2022 URL）、マクロンの新自由主義に反発する有権者を引き付けている。尾上は公約について、「社会的には左派、経済的には右派というハイ・ブリッドの様相を呈す」と形容している（尾上 2018 p. 166）。

　そのマクロンは、ル・ペンや国民連合に投票する有権者について、「信念からではなく、自分たちをないがしろにする既成秩序に抗議するため、腹を立てているのだ」とし、国民連合については、「有権者の怒りを巧みに操る政党」と批判している（Macron 2017 p. 35）。

　2024 年の国民議会選の主要公約（表 3）をみると、その傾向はさらに強まっているように見える。公約のトップにはインフレ対策を念頭に経済対策が挙げられていた。

　ただ、こうしたマリーヌの政治戦略について、ジル・イヴァルディは2018 年の段階で、国民連合が将来的に多数派を形成する障壁として、①過激路線を放棄したわけではなく、穏健な有権者の支持を得られない、②経済政策が左寄りになり、右派政党との連携が困難となる、③共通通貨ユーロからの離脱路線は、政権担当政党の資質を損なうという点を挙げた（Ivaldi 2018 p. 193）。2025 年現在でも、これらの障壁がなくなったとは言えないだろう。

　また、マリーヌの主張を有権者がどうとらえるかによって、国民連合の党勢は左右される。セルジュ・オディエは、2020 年以降、新型コロナ・ウイ

ルスが世界中に広がった際、国民連合が「グローバル化の危機」として国境封鎖を訴えたが、「国民がこうした扇動家の演説に流されるのか、それとも国際的に連帯して課題に取り組むのかの闘いによって、国民連合の将来は左右される」とみた（Audier 2020 p. 123）。

　国民連合の党勢に連動しているように見えるのが、マリーヌや政党に対するイメージの向上である。国民連合を危険とみる割合は 2022 年 12 月が 46% で、近年で最多だった 1999 年 3 月比で 29 ポイント下落した（Kantar 2022 p. 19）。ジャン゠マリがかつて、「私を直接取材するジャーナリストは極めて少ない」と発言していた[2]のとは対照的に、マリーヌが今日、メディアへの露出を増やしているのをみると、支持拡大の一因として、メディアの影響力を考えないわけにはいかない。

マリーヌ・ル・ペンのメディア戦略

　2022 年の大統領選で、マリーヌ・ル・ペンの公式サイトのタイトルは、「マダム・フランス（M la France）」だった。タイトルに候補者の名前が入っていないのは異例だが、ル・ペンの名前が極右思想を連想させることを避けるためと言われている。このサイトには、「ビデオ」や「党の価値観」といった様々なタブがあり、クリックすると、詳しいページに誘導される仕組みになっている。国民連合のヨハン・アンジェ広報局長（写真 2）は「我々はウェブサイトを重視している。ソーシャル・メディア、メーリング、SMS は広報体制の根幹であり、必ず支持者のコメントを読んで、内容の刷新に生かしている」とその戦略を明かした[3]。

　国民連合の母体、国民戦線は元々、新しいメディアを活用しようとする傾向が強かった。ジョルジュ・デュビーが「20 世紀末はすべての分野でメディア化が進行した時代である」と形容したように（Duby 1987 p. 605）、政党や政治家も自身の主張を広く訴えるためにメディアの利用を欠かせなくなった。この傾向は、デュビーが死去した 1996 年以降にさらに加速する。この年、国民戦線は党のウェブサイトを立ち上げ、2006 年にはフェイスブック

　2）2016 年 1 月 12 日、パリ郊外の自宅で、筆者のインタビューに対して答えた。
　3）2023 年 3 月 28 日、筆者がパリでインタビューした。

写真2 ヨハン・アンジェ広報局長（筆者撮影）

にページを開設した。マリーヌ時代も、ソーシャル・メディアを活用し、「党のサブ・カルチャーを通じて民衆とつながる」ことが可能となった（Agnew & Shin 2020 p. 110）。

理由は、「メディア化の進行」だけではない。フランスの主流メディアは長く、国民戦線を危険視してきた。ジャン＝マリ・ル・ペンの問題発言を切り取って報道するのが常態化していた。しかし、それが「裏目」に出たという指摘もある。河村雅隆は「メディアへの露出をバネに国民戦線は、既成政党や「右対左」といった図式に厭きた人々の間に一気に支持を拡大していったのである」（河村 2017 p. 67）とみる。ジャン＝マリが数少ないメディア取材の機会を利用するため、あえて過激な発言を行い、メディアへの露出を増やそうとしたのかもしれない。

マリーヌ時代になって、前述した変革により、「党が変化したという考えが、メディア業界で確認されるようになった」（Crépon, Dézé & Mayer 2015 p. 31）。しかし、否定的な報道がなくなったとは言い難い。2021年の調査でも、「メディアは誤った情報をよく流す」と回答した国民連合の支持者は64％に達している（Ifop 2021 p. 30）。主流メディアに不満を持つ支持層に応えるためにも、国民連合は新たなメディアに対し、自らの主張を伝えてくれる役割を期待する。こうして2022年の大統領選でも、新たなメディアの活用が目立つようになる。

公式サイト以外では、例えば、インスタグラムに、マリーヌの私的な写真が投稿されたほか、リール（Reels）という機能によって、ル・ペンの日常生活をとらえた動画を投稿し、こわもての極右指導者というイメージを和らげようとしているようだ。中でも、猫とたわむれるル・ペンの写真や動画が多数投稿された。アルノ・メルシエは「猫をかわいがる姿から女性の優しさを前面に強調し、親しみやすいイメージ作りに全力を挙げたことがうかがえ

る」と解説した[4]。

このほか、ツイッター（現：X）も1日に数回更新し、集会やテレビ出演の際の動画や、今後のイベントの案内などを頻繁に宣伝した。また、マリーヌはリツイートを多用し、自ら好む情報や思想を拡散することに役立てた。ローラ・アロンソ＝ムニョスとアンドリュー・カセロ＝リポレスは、国民連合のツイッター利用を分析し、

写真3　マリーヌ・ル・ペンの書籍や商品が並ぶ国民連合本部（筆者撮影）

「かつてない規模の移民の流入にさらされ、テロの危険性が高まっているというメッセージをツイッター上で流し、市民の間に安全が守られていないという恐怖心を植え付け、移民から市民を守る政治的選択は国民連合しかないと主張している」と分析した（Alonso-Muños & Casero-Ripollés 2020 p. 7）。ツイッター上で、移民とテロの関連付けが行われ、端的なメッセージとして流れているのである。アロンソ＝ムニョスによれば、この傾向は、欧州のポピュリスト政権に共通するものであり、彼らは移民流入を招いている欧州連合（UE）を批判し、UEの改革や再編、あるいはUEからの離脱を訴える。

国民連合はさらに、ル・ペンのインタビューや、国民連合の集会やイベントなどの動画を製作し、ユーチューブに投稿した。

エリック・ゼムールの旋風

2022年の大統領選では、極右政治勢力として、ル・ペンとともに、ゼムールが大きな注目を集めた。ゼムールはパリ郊外で、アルジェリア戦争の際にフランスに渡ったユダヤ系の両親の間に生まれた。父親は救急医療隊員で、母親は主婦だった。地元の学校を経て、パリ政治学院を卒業し、パリの複数の新聞でジャーナリストとして働くうちに極右思想に傾斜し、ジャン＝マリ・ル・ペンとも交流した。新聞と同時に、テレビのコメンテーターとして

---

[4] 2022年8月30日、筆者とのオンライン・インタビューの際に言及した。

出演し、政治から文化まで幅広い知識を披露したが、イスラム教に対する差別的な発言により、出演停止処分を受けた。一方で、書籍も執筆し、1970年代以降のフランスの国家としての衰退を描いた『フランスの自滅（Le Suicide français）』（2014年）は約50万部を売り上げる代表的な著作となった。このほか、イスラム教徒の増加を警告する書籍など極右の論客として知名度を上げた。

　2022年の大統領選に際しては、出馬表明以前から、マリーヌ・ル・ペンよりも支持率が高い時期があり、極右支持者が、穏健化したル・ペンを嫌い、「反イスラム」を鮮明にしたゼムール支持に回ったと受け止められた。ゼムールが大統領選への立候補を表明したのは2021年11月で、翌12月には、新政党として「再征服」を創設した。同党は、移民受け入れの削減や不法移民らの強制送還を主張し、イスラム教徒の女性が身体を隠すスカーフの禁止を訴えた。内政では、こうした「脱イスラム」政策のほか、低所得者向けの減税や大学教育の充実を掲げ、外交では、欧州連合（UE）からの自立やロシアとの接近を主張した。ジャン＝マリ・ル・ペンだけでなく、マリーヌ・ル・ペンのめいで元国民議会議員のマリオン・マレシャルからの支持も取り付けた。

　2022年4月の第1回投票で敗れると、ゼムールは支持者に対し、決選投票でマリーヌへの投票を呼び掛けた。ゼムールの敗北は、ル・ペンとの間で極右票が分散したことに加え、移民排斥といった排外的な主張を前面に出したことで、穏健な有権者から忌避されたためだろう。上院議員のステファン・ハヴィエはゼムールについて、「選挙戦はなかった。あったのは、強烈な悪魔化だった」と解説した（AFP 2022 URL）。悪魔化（ディアボリザシオン）とは、他人種や他民族を排斥する極右思想を指し、ジャン＝マリが発言するたびに使われた代名詞である。大統領選に5回出馬し、1回しか決選投票に進出できなかったのは、この「悪魔化」に原因があるとして、マリーヌは、「脱悪魔化」に努めてきた。ゼムールの敗退は、「悪魔化」が支持拡大につながらない現状を示している。

　2022年が初の大統領選出馬となるゼムールにとって、組織や資金力に頼る選挙戦は難しい。主流メディアは、ル・ペンよりも過激なゼムールを批判

する傾向にある。このため、インターネットは、自らの主張を訴える上で不可欠な手段となった。

サイトでは、2021 年に立ち上げた「エリック・ゼムールの友たち（Les Amis d'Eric Zemmour)」が核となった。政策を網羅し、自らの政党・再征服への入党や資金提供を呼び掛けている。

既に多くのページビューを獲得し、広く社会に認知されているサイトの活用にも積極的だった。ゼムールの選対は、インターネット上の百科事典・ウィキペディアで、ゼムールに関する情報を増やし、フランスでは 2021 年には 520 万回閲覧され、大統領候補の中で最多となった（Jacquemart 2022 URL）。ソーシャル・メディアも活用し、フェイスブック、ユーチューブ、ツイッター（現：X）で頻繁に情報、写真、動画を更新し、支持者に訴えた。

マリーヌ・ル・ペンとゼムールの第 1 回投票の得票率を加算すると 30% になる。日刊紙ル・モンドは、泡沫候補の得票数も含め、第 1 回投票における極右候補の総得票数を計算したところ、2022 年は 1134 万 7700 票で得票率は 32% に達し、過去最多となった（Costil & Picard 2022 URL）。極右政治勢力はこれまでにない支持を得たと言える。

2. 中道勢力の退潮

大統領の権限強化

イフォップが行った 2021 年の世論調査によると、これまで国民連合に投票した理由として最多だったのは、「他党に対する不満を表明するため」（40%）であり、これに、「フランスの現状に対する国民連合の認識を共有するため」（32%）、「移民対策を支持するため」（30%）、「国民連合が民衆の抱える問題を最も懸念しているため」（23%）と続いた（Ifop 2021 p. 17）。1958 年に始まる第五共和政下で、政権を担ってきたのは中道右派と中道左派勢力だった。つまり、国民連合への支持は、中道政党への批判票という側面があったのである。ここでは中道勢力がなぜ支持を失っていたのかを振り返る。

フランスの現代政治の起点は、1958 年 10 月の国民投票で承認された第五

共和国憲法である。この憲法は、大統領の権限を強化したことに特徴があり、大統領は、議会の承認なく、「首相を指名し、その推薦に基づき、その他の閣僚を指名」（第8条）し、「政府提出法案を国民投票に付す権限」（第11条）を持ち、下院に相当する「国民議会を解散」（第12条）し、「国軍の最高司令官」（第15条）として、陸・海・空軍と憲兵隊を統括する。

　憲法制定の直接の原因は、アルジェリア独立を巡る国内外の混乱だった。1830年にフランスの植民地となった北アフリカのアルジェリアでは第二次世界大戦後、独立運動が高まり、民族解放戦線（Front de Libération Nationale：FLN）が1954年以降、独立武装闘争を開始し、独立に反対するアルジェリアのフランス人部隊と交戦していた。フランス人部隊は1958年5月13日、独立反対派のデモ隊が、アルジェのアルジェリア政庁を占拠したことを容認して「公安委員会（Comité de salut public)」の樹立を宣言し、本国政府に対し、事実上のクーデターを起こした（5月13日の危機）。公安委員会が、独立派の指導者として、政界から引退していたシャルル・ドゥ・ゴールの復帰を呼び掛けると、ドゥ・ゴールはこれに応じ、混乱を収拾できないピエール・フリムラン評議会議長（首相）は辞任した。6月1日に評議会議長に就任したドゥ・ゴールは、軍を懐柔しながら、クーデター派の機先を制するとともに、アルジェリア問題に象徴される政治的混乱を収めるため、大統領の権限を強化した憲法改正に乗り出した。ドゥ・ゴールは元々、1944年9月に始まった第四共和政が議会に権力を集中させていることに反対し、大統領権限の強化を訴えており、アルジェリア問題と復権を機に自らの政治的意思の実現を図ったと言えるだろう。

　憲法改正により、第五共和政が成立し、これに基づき、1958年12月に大統領選が行われた。ドゥ・ゴールは、共産党の元老院（上院）議員や左派政治家の対立候補を退け、得票率79%で圧勝した。ドゥ・ゴールは1959年1月の就任後、アルジェリア独立に舵を切った。世界的な民族自決の高まりの中で、フランスが植民地経営を継続することは困難と判断したためとみられる。1962年3月にFLNと停戦し（エビアン協定）、同年7月にアルジェリアで行われた住民投票で、独立支持派が99%超となった。これにより、アルジェリア民主人民共和国が成立し、独立が実現した。

大統領に強力な権限を与えた憲法は、政党よりも政治家個人に政治的な求心力をもたらした。第二次世界大戦で対独抗戦（レジスタンス）を率いたドゥ・ゴールは就任当初、国民から圧倒的な支持を得ており、所属政党の規模や組織力は大きな意味を持たなかった。そもそも、ドゥ・ゴールは 1947 年、自勢力として、フランス民衆連合（Rassemblement du peuple français：RPF）を創設し、国民の参加を呼び掛けた。ドゥ・ゴールは政党政治に否定的であり、RPF も自らを支えるための政治組織だったが、1953 年の地方選で敗北して、事実上解体となった。しかし、ドゥ・ゴールは首相に復権して 4 か月後の 1958 年 10 月、新共和国連合（Union pour la Nouvelle République：UNR）を結成した。翌 11 月に行われる国民議会選（定数 579）で自派拡大を図るための選挙政党であり、実際、UNR は 206 議席を獲得し、第一党となった。ドゥ・ゴールは UNR を統括していたミシェル・ドゥブレを首相に任命した。結党から 1 か月での圧勝は、政党の政治力が、政治家個人の政治力にいかに依存しているのかを物語っている。

ドゥ・ゴール派と社会党

1968 年 5 月の「5 月危機」を機にドゥ・ゴールが引退すると、右派勢力では、ドゥ・ゴールの政治勢力を継承しつつ党名を自派に変更する政治家が相次いだ。ドゥ・ゴール政権で首相を務めたジョルジュ・ポンピドゥーは 1969 年の大統領就任後、UNR を継承した共和国民主連合（Union des démocrates pour la République：UDR）を与党とし、議会運営を行った。さらに、ポンピドゥー政権で首相を務め、大統領を目指したジャック・シラクは 1976 年、ドゥ・ゴール支持者を集めた政党として共和国連合（Le Rassemblement pour la République：RPR）を創設し、かつて UNR や UDR を支持していた層を取り込んだ。1986 年の国民議会選（定数 577）では 155 議席を獲得し、中道のフランス民衆連合（L'Union pour la démocratie française：UDF）と議会内で党派を結成して、与党・社会党の議席を上回って最大勢力となり、シラクはフランソワ・ミッテラン大統領から首相に指名された。RPR は、1995 年の大統領選でシラクの当選に貢献し、2002 年の大統領選では、さらに右派勢力を結集するため、別の中道右派勢力と糾合し、民衆運動連合

（Union pour un Mouvement Populaire：UMP）となり、シラクの再選に集票の役割を果たした。1999 年に RPR 党首を務め、シラク政権で内相だったニコラ・サルコジは 2007 年、UMP を政治母体に大統領選に当選し、国民議会選でも多数派となった。

　一方の左派勢力は、社会党が結束の役割を果たした。社会党は、1905 年に結成された労働インターナショナル・フランス支部（Section Française de l'Internationale Ouvrière：SFIO）を起源とし、当初は「階級闘争と革命」を掲げたが、議会内で勢力拡大を試みるジャン・ジョレスの合法的な改良主義路線が次第に党内の主流となった。第一次世界大戦に際し、反戦を掲げたジョレスが暗殺され、戦中は戦争協力に転じた。1936 年 4 ～ 5 月の代議院選（定数 610、国会選）で 149 議席を獲得して第一党となり、党首レオン・ブルムは、他の左派勢力を結集して人民戦線内閣を樹立した。1944 年に成立した第四共和政下では、ブルムやポール・ラマディエ、ギー・モレが評議会議長（首相）を務め、短命ながら社会党を軸とした政権が誕生した。

　1965 年の大統領選に際し、SFIO は、ドゥ・ゴールに対抗できる強力な左派候補を擁立するため、他の左派政党と糾合し、左派民主主義者社会主義者連盟（Fédération de la gauche démocrate et socialiste：FGDS）を結成し、有力下院議員だったミッテランを擁立した。しかし、FGDS は「5 月危機」を受けた翌 6 月の国民議会選で、議席を 117 議席に半減させる大敗を喫したことから、若者や民衆の意見をくみ取る新たな左派勢力を結集する流れとなり、1969 年に新たな社会党が創設された。

　ミッテランは元々、保守層の支持を得た国民議会議員であり、第四共和政下では右派政権の内相を務め、アルジェリアの独立派を鎮圧した。しかし、ドゥ・ゴールの第五共和政に反対し、SFIO の支援を得て、国民議会選で当選し、左派勢力で地歩を固めた。1965 年には、SFIO、共産党、急進社会主義者党などが支持する左派統一候補として大統領選に出馬し、決選投票で 45% を得票し、ドゥ・ゴールの当選を脅かす健闘を見せた。左派の諸政党で党内基盤を持たないミッテランが統一候補になれたのは、SFIO 書記長だったモレが、党内ライバルを抑えるため、派閥色のないミッテランに白羽の矢を立てたためと言われている。ミッテランの政治的影響力は、大統領選後

2. 中道勢力の退潮　　37

も盤石とは言えず、1969 年の大統領選では、直近の国民議会選の敗北にお
けるミッテランの責任をモレが指摘したため、候補者になれなかった。

　このため、ミッテランは社会党内で政治力を強めることに専心し、モレの
反対派を糾合することで、1971 年に社会党第一書記となった。共産党との
イデオロギー論争を好んだモレに対し、ミッテランは権力獲得のためには共
産党との連携が必要という柔軟な立場だった。こうしてミッテランは 1974
年の大統領選で左派統一候補となり、決選投票で 49.14% を獲得し、50.81%
で当選したヴァレリー・ジスカール・デスタンに肉薄した。モレが 1975 年
に死去すると、ミッテランはさらに党内基盤を固め、1981 年の大統領選で
は、再選を目指すジスカール・デスタンを決選投票で破った。得票率はミッ
テランの 51.76% に対し、ジスカール・デスタンは 48.34% だった。

　第五共和政下で、ミッテランに続く 2 人目の左派大統領となったフランソ
ワ・オランドも社会党内での出世が、政治力の根源となった。1979 年に社
会党に入党するとともに、エリート養成校の国立行政学院に学び、卒業後は
ミッテラン政権下の大統領官邸で経済政策を担当した。その後、社会党候補
として国民議会選に当選し、第一書記から首相となったリオネル・ジョスパ
ンの信任を得て、1997 年に第一書記に抜擢された。10 年間このポストを務
めた後、2012 年の大統領選で当選した。

　第五共和政における大統領選の多くは、右派と左派の候補が決選投票で争
った。冷戦期の世論と政治対立を象徴する構図と言える。両派の軸は、右派
がドゥ・ゴール派であり、左派が社会党であり、それぞれの政治勢力をたば
ねることが大統領候補になる条件となった。右派で大統領となったドゥ・ゴ
ール、ポンピドゥー、シラク、サルコジはいずれもドゥ・ゴール派の系統を
歩む政治家であった。中道寄りのジスカール・デスタンは、ドゥ・ゴール派
とは一線を画したが、1974 年の大統領選ではシラクの支持を取り付けてい
る。左派で大統領となったミッテランとオランドは社会党トップの第一書記
を務め、党内を掌握した。国民による直接選挙で幅広い支持を集めるため、
その主張は穏健化し、中道右派と中道左派との対決となった。

批判票をたばねるマクロン

　ところが、2017 年の大統領選はこの構図を大きく変えることになった。エマニュエル・マクロンは、パリ政治学院を経て、国立行政学院を卒業したエリートである。卒業後は、財務監察官を務め、その後、ロスチャイルド銀行の投資顧問となり、高額な買収案件に関わった。2012 年にオランド政権が発足すると、大統領府副事務総長に指名された。さらに、2014 年 8 月には、マニュエル・ヴァルス内閣で経済・産業・デジタル相となったが、2016 年 8 月に辞任し、親欧州の中道政党「共和国前進」を立ち上げ、2017 年の大統領選に出馬した。2017 年 4 月の第 1 回投票では最多の 24.01% を得票し、翌 5 月に行われた決選投票では、66.1% を得票し、国民戦線のマリーヌ・ル・ペン党首を破り、当選した。史上最年少の 39 歳で大統領に就任した。

　マクロンは 2006 ～ 09 年に社会党員だったこともあるが、これまでの大統領のようにドゥ・ゴール派の系統でもなければ、社会党幹部でもなかった。この年の大統領選では、ドゥ・ゴール派の流れをくむ大統領候補は、中道右派・共和党のフランソワ・フィヨンだった。共和党は、シラクの支持母体だった UMP を母体に 2015 年に結成された政党であり、フィヨンはサルコジ政権で首相を務めた保守派の政治家だった。2017 年の大統領選では、党予備選で、シラク政権で首相だったアラン・ジュペを下して党公認候補となった。まさに、ドゥ・ゴール派の系統を歩んだ政治家であり、事前の世論調査では、最有力候補だった。しかし、勤務実態のない妻子に秘書として報酬が支払われていた疑惑が浮上し、2017 年 3 月に公金横領罪などで訴追されると支持率は下落し、翌 4 月に行われた第 1 回投票では 20% しか得票できず、決選投票に進めなかった。

　一方の社会党の候補は、ヴァルス内閣で国民教育・高等教育・研究相を務めたブノワ・アモンだった。学生時代から社会党に所属し、青年社会主義者運動（Le Mouvement des jeunes socialistes）の委員長を経て、欧州議会議員や党報道官を歴任していた。2017 年の大統領選では、党予備選でヴァルスを破り、公認候補となった。しかし、オランド大統領が支持率低迷により、再出馬できなかった経緯があり、社会党には逆風が吹いていた。アモンの第 1

2. 中道勢力の退潮　　　　39

回投票での得票率はわずか6%だった。

　政権交代を繰り返してきた主流政党である共和党と社会党の公認候補が決選投票に残れなかったのは、公金スキャンダルや現職大統領の不人気をひきずったためだけではない。ジャーナリスト、ロマン・ブルネは、マクロンが勝利した背景として、「フランス人は、何十年にもわたり、既存の政治階層や伝統的な政党にうんざりしていた」と分析する（Brunet 2017 URL）。2017年6月に行われた国民議会選（定数577）でも、獲得議席は、共和国前進が308だったのに対し、共和党は112、社会党は30にとどまり、中道政党の記録的な敗北となった。

　実際、政党に対する信頼度は高いとは言えない。大統領選の1年前の2016年5月に調査会社ハリス・インタラクティブが行った政党に関する世論調査によると、政党の存在が悪いと考える割合は40%、政党が不要と考える割合は44%に達した（Harris Interactive 2016 URL）。政党離れは顕著となり、2016年時点の党員数は、共和党が23万8000人で、前身のUMP時代の2007年比36%減となり、社会党が8万6000人で、2006年比69%減だった（Joignot 2017 URL）。

　伝統的な政治勢力が衰退した背景について、ニコラ・ソジェは、戦後の経済成長の中で弱者に社会的な保護を提供する役割を演じた政党が1970年代以降、経済成長が鈍化し、市民の生活の質を向上させることができなくなったことを指摘した。ソジェはさらに、政治議論の中でイデオロギー対立が少なくなった点を挙げ、共和党と社会党という「2つの支配政党の危機を反映した」と形容した（Sauger 2017 pp. 20-21）。過去数十年間をみると、国民の暮らしは改善されず、移民が住む都市郊外の治安は悪化し、大統領や閣僚のスキャンダルが相次いだ。こうした既成政党や有力政治家への不信感が、既成政党と距離を置くマクロンに勝利をもたらしたと言える。

　そのマクロン自身は、両党の退潮について、左派と右派の根深い対立を感じ取っているようだ。著書では、格差問題、対欧州関係、個人の自由といった現代政治の課題を挙げ、「左派と右派はこうした問題で大きく分断しており、それゆえに行動を起こすことができない。彼らは、自分たちを取り巻く現実に合わせるため、考え方を刷新することはなかった。主要政党は、こう

した分断を無視するため、不完全な妥協を求め続けている。（中略）政党は現実に対応できず、消え去ろうとしている」と言及した（Macron 2017 pp. 33-34）。旧来の党是や政策に縛られ、課題に対応できないため、支持を失っているという主張である。

2022年の大統領選でも伝統政党の低落傾向は続いた。得票率をみると、共和党候補のヴァレリー・ペクレスは4.78%、社会党候補のアンヌ・イダルゴは1.75%にとどまった。ともに前回2017年よりも得票率を減らしただけでなく、ドゥ・ゴール派と社会党の候補者としては歴史的な大敗となった。伝統的な中道右派、中道左派の政党支持者が霧散し、じわじわと中道と左右両極の政党に流れているように見える。

マクロンは、政党もメディアも現実を直視することを拒む「夢遊病者」になっていることを挙げ、「目を覚まさなければ、5 - 10年の間に、国民戦線（現：国民連合）は政権を取るだろう。このことについては疑いの余地がない」と警告した（Macron 2017 p. 35）。

3. 急進左派政党の政治力

バブーフの闘争

伝統政党への不満の受け皿となったのは、極右政党だけではない。社会党よりも左寄りの急進左派勢力もその一つとなった。

フランスの極左勢力は、マルクス主義の影響を受け、資本主義を敵視し、平等な社会の創造を理想とすることに特徴がある。合法的な手段だけでなく、状況によっては暴力的な手段も容認する。その源流は18世紀後半のフランス革命期にさかのぼる。ジャーナリスト兼政治家のフランソワ＝ノエル・バブーフは、農民が債務を地主に支払い続ける現実に疑問を抱き、自ら新聞を創刊し、財産を「搾取と暴力の成果」として攻撃し、土地の再分配や間接税の廃止を訴えた。その考えに近かったのが、革命勢力をたばねたジャコバン・クラブの中で最も急進的な政治組織のジャコバン派（山岳派）だった。ジャコバン派は、王権を停止した国民公会の実権を握り、1793年6月、人

3. 急進左派政党の政治力　　41

民主権、男子普通選挙、労働者の権利、奴隷制廃止を明記した憲法を制定した。ただ、ジャコバン派の中心的存在だったマクシミリエン・ロベスピエールが反対勢力を粛清するに及び、バブーフも離反した。

1794 年 7 月のクーデター（テルミドール 9 日の反動）で、ジャコバン派を追放して、権力を掌握した総裁政府は、憲法を停止し、1795 年 8 月に新たな憲法を制定した。その内容は、地主や資本家の存在を容認し、納税者のみが選挙権を持つというものだった。このため、バブーフは、1793 年の憲法への回帰を呼び掛け、武装蜂起を計画していたところ、密告によって計画が発覚し、処刑された。

ジャコバン派の急進的な改革は、その後の極左勢力の運動に影響を与えた。一方、ジャコバン・クラブから分裂したジロンド派は、自由主義を掲げる穏健な共和派として、後の社会党右派の政治思想に影響を与えていく。

19 世紀に入り、1830 年の 7 月革命や 1848 年の 2 月革命で社会改革の必要性が叫ばれるようになると、バブーフの思想が再び注目を集め、「新バブーフ主義」として革命家たちに影響を与えた。1848 年 2 月に、カール・マルクスやフリードリヒ・エンゲルスが「共産党宣言」を著し、階級闘争の歴史の中で、労働者階級による社会の建設を訴えると、国際的にもバブーフの思想は革命の先陣として見直されることになった。

1905 年に結成された労働インターナショナル・フランス支部（SFIO）の一部は 1920 年、ロシア共産党を中心とする共産主義インターナショナル（コミンテルン）に加盟することを決めた。名称は、共産主義インターナショナル・フランス支部（Section française de l'Internationale communiste：SFIC）となり、さらにフランス共産党（PCF）に発展した。階級闘争による革命を実現するため、暴力を否定しない政党となり、合法的な改良主義を目指す SFIO と一線を画した。1936 年 4 〜 5 月の代議院選（定数 610、国民議会選に相当）では、反ファシズムの団結として、SFIO と共闘し、72 議席を獲得し、レオン・ブルムを首班とする人民戦線内閣の樹立に貢献した、この時代、SFIO 内で革命を掲げる勢力は、国際主義労働者党（Parti ouvrier internationalist：POI）として分派した。ただ、第二次世界大戦が始まると、フランスは北部をナチス・ドイツに占領され、多くの活動員は銃殺され、極左運動は地

下に潜るしかなかった。

　フランス共産党は第二次世界大戦後、ソ連の指導者ヨシフ・スターリンの共産主義思想と個人崇拝を肯定する政党となった。都市労働者のほか、ジャン＝ポール・サルトルら知識人も支持者となり、第四共和政下の選挙で多くの議席を獲得し、1947年までにSFIOなどとの連立政権に参加した。1968年にソ連軍がチェコの民主化運動に軍事介入した「プラハの春」以来、フランス共産党はソ連と距離を置き、革命による労働者階級独裁の理念を捨て、平和的・合法的な手段で、民主的な社会主義の確立を目指す「ユーロコミュニズム」に軸足を置くようになる。1958年に発足した第五共和政下の大統領選に単独候補を擁立したが、得票率は21%（1969年）、15%（1981年）、7%（1988年）、9%（1995年）、3%（2002年）、2%（2007年）、2%（2022年）となり、ソ連の衰退や民衆の中道化により、党勢の衰えは顕著となっている。

　支持率の低下は、労組の弱体化に連動する。尾上修悟によれば、「労働者雇用の非正規化と永続的な大量失業の出現」により、労組運動は困難となり、さらに、「工業の民営化」を進めたフランソワ・ミッテラン政権に参加したことで、支持者の信頼を失った（尾上2018 p. 175）。共産党を見限った労働者の一部は、国民連合に流れることになる。

　冷戦が終結した1990年代は極左政党にとって転機となる。労働者党（le Parti des Travailleurs：PT）など様々な政治組織が発足するが、これまでの労働者革命や階級闘争といった党是はなくなり、反極右、反資本主義、反グローバル、反差別といったスローガンが結集軸となった。

「立ち上がる夜」

　退潮する既成政党に代わり、市民運動や新たな政治勢力が左翼的な役割を担っている。2016年に入り、社会党のフランソワ・オランド政権が、週35時間労働を軸にした労働法を改正し、労使間で労働時間を調整できる法案の成立を目指していることが明らかになった。経営状態の悪化など労働者を解雇する条件を緩和するとともに、労使協定締結における労働組合の発言力や、残業に支給される超過割増賃金を減らそうとすることが柱だった。管轄する労相の名前を取って、エル・コムリ法と呼ばれた。解雇条件を柔軟にすれば、

雇用者が多くの労働者を採用するようになり、10% 台で高止まりしていた失業率を低下させる効果があると考えた。フランスでは雇用者が労働訴訟を恐れて、有期雇用契約（contrat à durée déterminée：CDD）を結び、若者が不安定な CDD を繰り返すケースが目立っており、法制定にはこうした弊害を是正する狙いもあった。

　しかし、左派の有権者からは、かつて週 35 時間労働を法制化した社会党の裏切りにみえた。法案に反対する人々が 2016 年 3 月、パリの共和国広場に集まり、抗議行動を起こした。ソーシャル・メディアを通じ、夜に広場に集まったことから、「立ち上がる夜（Nuit debout）」と呼ばれるようになった。移民・難民、労働組合員、教員、医師、弁護士、ジャーナリストら様々な層が集まり、グループに分かれて、政権を批判し、社会を変革するための議論を重ねた。この運動を取材した村上良太は「未知の人々と広場で出会い、相手の話に耳を傾けることだった。人間から逃避せず、人間に近づいていく運動だった」と語っている（村上 2018 pp. 315-316）。

　元々は、左翼新聞・ファキル（Fakir）を発行していたジャーナリスト、フランソワ・リュファンが呼び掛けたものだった。リュファンは 2015 年、ファッション企業体、モエ・ヘネシー・ルイ・ヴィトン・グループ（Moët Hennessy-Louis Vuitton：LVMH）の最高経営責任者（Président-Directeur Général：PDG）、ベルナール・アルノーが低賃金で外国人労働者を雇い、巨利をあげていることを伝えたドキュメンタリー映画「メルシー・パトロン！（Merci patron!）」を製作し、2016 年 3 月に共和国広場で上映会を行った。これが話題を集め、人々が広場に集まり、「もう家には帰らない」を掲げ、社会問題を議論するようになった。この映画は 2017 年、フランスの映画賞・セザール賞で「最優秀ドキュメンタリー賞」を受賞した。リュファンが参加を呼び掛けた知識人の中には、フランス国立科学研究センター（Centre national de la recherche scientifique：CNRS）に所属する左翼の経済学者フレデリック・ロルドンもいた。カール・マルクスの研究者として知られるロルドンは、様々な社会問題がある中で、この運動の矛先をエル・コムリ法の成立阻止に向け、ゼネストを呼び掛けた。パリの代表的な広場を事実上占拠する運動は、米ニューヨークで 2011 年に広がった「ウォール街を占拠せよ

（Occupy Wall Street）」の運動を彷彿とさせた。有力労組のフランス総同盟
（Confédération Générale du Travail:CGT）は、法案の廃案を主張し、この運動
に飛びつき、抗議行動は広がりを見せた。

　しかし、法案は迷走を重ねながら 2016 年 7 月に国民議会を通過し、翌 8
月に「労働・労使間対話の近代化・職業保障に関する 2016 年 8 月 8 日法」
として成立した。広場の占拠運動も次第に下火となった。しかし、この反政
府抗議行動を通じて、急進左派の主体が政党ではなく、市民にあることが示
された。

メランションの台頭

　こうした左派的な政治意識を持ち、抗議行動に立ち上がる市民層の政治的
な受け皿となったのが、ジャン゠リュック・メランションである。メランシ
ョンは「立ち上がる夜」の舞台、共和国広場を訪れ、参加者と議論し、共感
の姿勢を示した。

　メランションは、公務員の父親と教員の母親の間にモロッコ北部タンジェ
で生まれた。11 歳でフランス東部ロン゠ル゠ソニエに移住し、ブザンソン
大学哲学科を卒業し、高校教師や週刊誌のジャーナリストになった。1976
年に社会党に入党後、地方議員や首長を経て、上院議員となり、リオネル・
ジョスパン内閣だった 2000 ～ 02 年、職業教育副大臣に起用された。党内急
進左派に属していたが、2008 年に社会党の中道化路線を批判して離党し、
左翼党（Le parti de gauche）を創設して共同代表となった。2009 ～ 14 年に
は欧州議会議員に選出された。左翼党は、経済の新自由主義に反対し、差別、
女性問題、環境対策、反グローバル化を掲げ、民主的な選挙で政権を獲得す
る狙いがあった。極左というよりも、急進左派という位置付けである。2012
年には、フランス共産党（PCF）との間で左翼戦線（Front de gauche）を結
成し、2012 年の大統領選に出馬した。公約として、大統領権限を緩める第
六共和政の創設、最低賃金の引き上げ、不当な解雇の禁止を掲げた。第 1 回
投票では 11.1% を得票し、第 4 位となった。

　2016 年には、新党として、不服従のフランス（La France insoumise：FI）
を創設し、2017 年の大統領選に出馬した。大統領の権限縮小を柱とする第

六共和政の発足、労働者の権利強化、経営者・株主の報酬規制などを主張した。第1回投票では4位に終わったが、得票率は19.58%で前回よりも大幅に増えた。同年の国民議会選で当選し、不服従のフランスの会派を形成して、2022年まで国民議会議員を務めた。2022年4月の大統領選では表4の公約を掲げ、第1回投票では、22%を得票し、第3位となった。同年6月の国民議会選（定数577）では、社会党、共産党、環境政党の左派勢力を結集して新環境社会民衆連合（NUPES）を率い、131議席を獲得し、議会第2勢力となった。第1勢力となり、首相を選出する目標は実現しなかった。

メランションは、暴力による革命を掲げているわけではない。

メランションのメディア戦略

メランションのメディア戦略は、伝統的なメディアよりも、デジタル・メディアの活用を重視し、中でもソーシャル・メディアを多用している（Chateau 2022 URL）。主流メディアがこれまで、極左や急進左派を否定的に報じてきたことに加え、メランションが、反エリートを掲げ、「主流メディア＝エリート」として

表4　不服従のフランスが2022年大統領選・国民議会選に掲げた公約（要約）

1	新憲法で第六共和政創設
2	最低賃金引上げ、電気・水道・ガスの無料化
3	配当金分配企業の解雇禁止、国からの貸付金の返済猶予
4	生活必需品の付加価値税減税、富裕連帯税の増税
5	長期失業者に雇用提供、週35時間労働の徹底
6	託児所の無料化、60歳の退職権利再保証
7	年間20万戸の住宅建設と70万戸のリフォーム
8	薬剤提供の公的機関創設、介護者の採用
9	憲法に環境条項の明記、温室効果ガスの65%削減
10	再生可能エネルギーで全エネルギー供給
11	高速道路の再国有化、鉄道路線の廃止撤回
12	危険農薬の禁止、農業部門で30万人雇用
13	給食・登下校送迎・教材の無料化、学生向け住宅年間1万5000戸建設
14	地域密着の警官制度再導入、緊急事態の停止
15	審理期間短縮のため法務公務員増員、刑務所の過密解消
16	GDP（国内総生産）の1%を文化・芸術に充当、不定期労働者の待遇改善
17	給与が男女不平等の企業に制裁、女性差別や暴力に対応した法律制定
18	雇用・住宅・教育・医療での差別撤廃、障がい者への手当増額
19	緊縮策を強いる欧州連合の財政基準からの脱却
20	国連承認のない軍事介入の拒否、北大西洋条約機構（OTAN）の指揮系統からの離脱
21	可能な移民受け入れ検討、亡命の保証
22	海上分野の研究・教育の向上、港湾の近代化

批判したことが、独自のメディア戦略につながっているようだ。伝統的な主流メディアへの不信感や敵対心は、その発言からうかがえる。メランションは2017年3月、テレビ局・フランス5の番組で、選挙戦略を質問したジャーナリストに対し、「ひどく愚かなやつ」と批判した。2018年2月には、自身のブログで、「メディアとそれを動かす人々への憎しみが公正で正当なものであれば、戦いの観点から合理的に扱わなければならない問題として、我々とメディアとの関係を吟味することを妨げるべきではない」と書き込んでいる。メランションのかつての側近フランソワ・ドゥラピエールは「メディアは現実を反映しておらず、システム側の第2の存在だ」と批判した（Le Cadre 2018 URL）。メディアが自分たちの活動や主張を正しく報道しておらず、中道政党や中道派の政治家に好意的という見方を持っているのだろう。

　こうしたことから、メランションや不服従のフランスは、自らのメディア発信を強化しているように見える。例えば、ユーチューブへの投稿は2012年の大統領選から始まり、2022年11月2日現在で、投稿された動画は1407本、チャンネル登録者数は80万人を超えた。インスタグラムの登録者は31万7000人に達し、動画配信ティクトクの登録者は2022年4月28日の段階で200万人を突破した（Levigne 2022 URL）。X（旧ツイッター）には2023年10月30日現在で、271万人のフォロワーがついた。メランションは、「ユーチューバー政治家」や「ティクトカー政治家」と呼ばれ、こうしたメディアを利用する若者から支持を得ている。

　メランションはまた、自身のブログを開設し、国内政治だけでなく、国際政治についても、意見を発信し、論評を行っている。

第2章　フランス・メディアの歴史

　前章でみたように、現代の政治状況は様々な要素や背景から説明できる。
今後それをメディアとの関係に絞って分析する上で、有益となるのは歴史的
考察である。政治とメディアの関係は、国や地域によって異なり、歴史的な
経緯が現代の関係性に影響を与えるためである。第1節では、17世紀以降、
フランスのメディア史で、中心的な地位を占めてきた新聞を取り上げ、主に
フランス革命期から19世紀後半までにおいて、新聞が政治とどのような関
わりを持ったのかをみる。第2節では、19世紀後半以降、新聞がどのよう
に大衆化し、どのような政治的な影響力を持つに至ったのかを振り返る。第
3節では、第二次世界大戦後のメディアの特徴と政治との関係を概観する。
第4節では、20世紀に登場した新たなメディアとして、国民の貴重な情報
源となったテレビとラジオに着目し、その運営形態や権力との距離を検証す
る。こうして歴史をたどることによって、フランス・メディアの特有の性質
や特徴を浮き彫りにし、第3章において、歴史的なメディア公共圏を検証す
るための時代背景を理解する。さらに、後の章で、現代におけるメディアと
政治との関係を検証する上で、フランス特有の歴史的状況を指摘することを
狙いとする。

1. 革命への誘引と権力との確執

新聞の誕生

　フランスで新聞の歴史は17世紀にさかのぼる。ルイ13世（任1610～
1643）の侍医となった医師兼ジャーナリストのテオフラスト・ルノドーが

1631 年、週刊紙ラ・ガゼット（La Gazette）を創刊した。新聞の原型となる最初の定期刊行物と言われる。ルノドーは、モンペリエ大学医学部を卒業後、医療に従事するかたわら、リシュリュー首相の知己を得て、国内外で起こったニュースを集め、独占的に配信する権利を得た。ラ・ガゼットは、縦 23センチ、横 15 センチの紙を 4 ページ印刷し、発行部数は 300 ～ 800 部だった（Jeanneney 2000 pp. 26-27）。首相から財政支援を受ける一方、王室の監督機関から検閲を受けていた。王室の庇護を受けた官製新聞であり、論評を付けずにニュースを伝えただけだった。1648 年にルイ 14 世（任 1643 ～ 1715）とマザラン首相に対する貴族の反乱・フロンドの乱が起こると、貴族側はフランス通信（Le Courrier français）を発刊し、反王政の宣伝を行ったが、ラ・ガゼットはこれに対抗した。

　ラ・ガゼットが官製だったように、この時期の新聞出版には当局の許可が必要だった。1665 年にパリ議会議員ドニ・ドゥ・サロがパリで発行した週刊紙ル・ジョルナル・デ・サヴァン（Le Journal des sçavans）は、当初は主に芸術や科学を扱った。体制の脅威とならなかったため、財務長官コルベールの庇護を受けて、許可された。1672 年にジャーナリストのジャン・ドノー・ドゥ・ヴィゼが創刊したル・メルキュール・ガヴァン（Le Mercure galant）は、様々なニュースを扱ったが、政治的な報道が難しい時代だったため、文芸的な色彩が強かった。1724 年には外務省の所有となり、ル・メルキュール・ドゥ・フランス（Le Mercure de France）に改題された。ラ・ガゼットも 1761 年に外務省の所有に変わり、題号がラ・ガゼット・ドゥ・フランス（La Gazette de France）となった。官製の 3 紙は王政下で出版物の中心となり、18 世紀後半の部数は、ラ・ガゼット・ドゥ・フランスが 6250 部（1788 年）、ル・メルキュール・ドゥ・フランスが 1 万 5000 部（1786 年）に上った（Albert 2018 pp. 19-20）。

　こうした事情から、当時の新聞は政府批判を行わず、ジャーナリズムを体現した出版物であったとは言えない。今林直樹は「当時、絶対王政下にあったフランスには検閲はあったが、発達したジャーナリズムがなかった」と言及した（今林 2014 p. 4）。一方で、18 世紀中盤には、出版物の郵送料が引き下げられたこともあり、専門別に週刊紙や団体の機関誌などが発行されてい

った。

メディアによる革命期の政治的主張

　新聞が増えるのが 18 世紀後半のフランス革命期である。号数がなく、不
定期に刊行される一枚紙の新聞も多かったため、初期の形態として、チラシ
やパンフレットにも分類されている。1777 年にオリビエ・ドゥ・コランセ
やルイ・ドシウらが初の日刊紙ル・ジョルナル・ドゥ・パリ（Le Journal de
Paris）を創刊した。この時期、アメリカで独立戦争が起こるなど、国内外で
政治や社会情勢が混沌とし、ニュースが激しく動いたため、日刊出版物への
需要が増大した。こうした中で、出版物が増加するきっかけとなったのが、
1788 年 7 月 5 日に王権の中央行政機関「王立評議会（Le Conseil du roi）」が、
三部会（Les États Généraux）の招集を通知した際、一定の報道の自由を認め
たことだった。王権としては、読者を増やしつつあったメディアに理解のあ
る姿勢を示したかったのだろう。その後、新聞やパンフレットの発行は増加
したが、その内容は王政批判も含まれていた。絶対王政への不満に加え、
1788 年は穀物が不作となり、物価が高騰し、民衆は飢餓の恐怖に直面して
いたためである。こうした出版物が発刊され、優雅な王室の生活などが報道
されるのに伴い、王政への不満が増幅していった。
　このため、王権は、王政に批判的な三部会紙（Journal des États généraux）
などが無許可で出版されていたとして、検閲の圧力をかけた。しかし、実際
には踏み切らず、一般の出版物に対し、1789 年 5 月 5 日に始まった三部会
に関し、5 月 19 日以降は、論評や分析を加えずに議事録として伝えるとい
う条件で、メディアとの妥協を図ろうとした。以後、出版物の発刊が相次ぎ、
王権による出版規制は事実上、有名無実となった。
　1789 年には、王政を批判する手書きやビラの新聞として約 140 紙が発行
され、特にバスティーユ牢獄襲撃事件が発生した 7 月以降の創刊件数が多か
った（Guihaumou 1990 p. 126）。形態や規模では、4 ページの日刊紙、80 ペー
ジの小冊子、1 万 5000 部の週刊紙など様々存在した（Albert 2018 p. 26）。論
調は大きく革命支持と王権支持に二分され、前者ではリケティ・ドゥ・ミラ
ボーのプロヴァンス通信（Le Courrier de Provence）、後者ではゴーティエ・

ドゥ・シヨネの小ゴーティエ（Le Petit Gautier）があった。ルイ16世と王妃マリー・アントワネットがヴェルサイユ宮殿からパリに連行された1789年10月のヴェルサイユ事件では、事件の政治的な意味を強調する新聞報道と、食糧問題と民衆暴動を結びつけるパンフレットが有機的に連結し（平2010 p. 105）、市民を王政打倒へと駆り立てた。

1789年8月に国民議会で採択された人権宣言は、第11条で表現・印刷の自由を原則として認めた。これにより、検閲廃止が表明され、新聞は政治権力から一定の独立を確保したと言える。ジャン＝マリ・シャロンは「フランス革命が表現の自由の概念をもたらし、政治的思想が新聞に示されることになった」と評価した[5]。新聞は旧封建勢力やカトリック教会を批判し、近代ジャーナリズムの先駆けとなる。

以後、革命支持派の出版物が主体となる。例えば、出版業のシャルル＝ジョセフ・パンククが1789年11月に創刊したル・モニツール・ウニヴェルセル（le Moniteur universel）は、二つ折りの体裁で発行され、革命政権を支持する論調で、フランスにおける公式の新聞としての役割を担った。逆に、民衆がテュイルリー宮殿を襲撃し、ルイ16世とマリー・アントワネットをタンプル塔に幽閉した1792年8月10日事件で、王権が停止されると、王権支持の新聞やパンフレットは、発行禁止や自主停刊に追い込まれた。

また、革命が進行する中での権力闘争で、新聞は、特定の政治勢力の主張を代弁していた。結果として、政治家の政治生命と命運をともにした。ジャン＝ポール・マラーが1789年9月に発刊したラミ・デュ・プープル（L'Ami du people）は、ジャコバン派の主張を展開し、一時は5000部を超えたが、マラーが政治的に失脚した際には発禁処分となった。ジャコバン派のマクシミリエン・ロベスピエールを追放した1794年7月27日のクーデター（テルミドール9日の反動）で実権を握った総裁政府は、穏健共和派が主体で、王党派やジャコバン派を退けたが、その過程で、十分な審査を経ずに廃刊処分となった新聞は、1797年9月だけで31紙に上った（Albert 2018 p. 28）。

革命派と反革命派が権力争いを演じた1789〜1800年に発行された出版物は1500に上り、1789年以前の150年間の2倍を超え、パリの政論新聞は

5）2021年12月10日、筆者の質問に対し、電子メールで回答した。

1796 年に 70 紙、99 年に 73 紙を数えた（Albert 2018 pp. 24, 25, 28）。1789 年の人権宣言で、出版の自由を認められたことが背景にあるが、前述したように、この原則が全てに適用されたわけではなかった。革命期においても、時の権力者が政争の過程で、反対派メディアを弾圧する現実は続いた。

ナポレオンと復古王政の弾圧

1799 年 11 月の政変（ブリュメール 18 日のクーデター）で総裁政府を打倒し、実権を握ったナポレオン・ボナパルトは、新聞の影響力を見抜いていた。1800年 1 月 17 日の布告（表 5）により、13 種類の新聞のみ印刷・発刊を認め、約60 紙が発禁となった。反

表 5　1800 年 1 月 17 日の布告の要旨

第 1 条	警察相は戦争期間中、以下の新聞（13 種類）のみの印刷、発行、配布を許可する。
第 2 条	警察相は、他の県で発行される全ての新聞について常時報告する。
第 3 条	警察相は、セーヌ県と他の県で新たな新聞が発行されないようにする。
第 4 条	本布告で認知された新聞の所有者と編集者は、フランス国民としての地位、住所、署名を証明するために警察大臣に出頭し、憲法への忠誠を誓約する。
第 5 条	社会協定、国民の主権、軍の栄光に反する記事、あるいは、友好国・同盟国の政府や国家を中傷する記事を掲載する新聞は、即座に発禁となる。

政府の論調は廃刊の対象となった。これにより、パリで発刊が認められた新聞は 13 種類のみとなり、さらに 4 紙に限定されることになった。中でも、前述したル・モニツール・ウニヴェルセルは官製化され、政府に関する情報を発信する媒体となり、ナポレオン体制を擁護する役割を担った。

ナポレオンは 1805 年、警察相のジョゼフ・フーシェにあて、革命の時代は既に終わっており、新聞が自身の利益を害することを許さないとする書簡を残した（Barbier et Bertho-Lavenir 2003 p. 70）。新聞局を設置して検閲を強化し、独裁的な権力の行使により、官製化される新聞がさらに増えた。国民議会での議事録を詳報する日刊紙だったル・ジュルナル・デ・デバ（Le Journal des débats）も 1805 年、ル・ジュルナル・ドゥ・ランピール（Le Journal de l'Empire）に改題され、ナポレオンの宣伝紙となった。

ナポレオン失脚後の復古王政で即位したルイ 18 世は 1814 年 6 月、憲章（Charte constitutionnelle）を発布し、フランス人には自らの意見を出版し印刷する権利があると規定した（第 8 条）。1789 年の人権宣言第 11 条を踏まえ、

ナポレオン時代の厳しい検閲を改めたもので、時代の変化を印象付ける狙いがあったのだろう。ただ、出版を巡る政策はこの後、ルイ18世治世下の政権の方針によって目まぐるしく変化する。まず、憲章発布から4か月後に1814年10月21日法が制定され、出版物の刊行には事前許可が必要となり、検閲も復活した。ナポレオン支持の新聞発行を防ぐとともに、反王政の論調を阻むための法制化だった。これにより、1814年12月に発刊された風刺的な政治紙、ル・ナン・ジョーン（Le Nain jaune）など、様々な新聞が常に監視下に置かれることになった。ところが、1819年に発足したエリー・ドゥカズ政権が、新法を制定し、事前許可制度や検閲を廃止した。この法律は、司法相のエルキュール・ドゥ・セールの名前を採り、セール3法と呼ばれた。1818年から実質的に政府を動かしていたドゥカズが、弁護士出身でリベラルな政治思想の持ち主だったことが影響したとされる。

しかし、1821年に誕生したジョセフ・ドゥ・ヴィレール政権は、新聞の事前許可制度や検閲を復活させた。ヴィレールは、革命で逃れた亡命貴族への賠償金支払いや徴兵期間の延長など「強引な政策」をとったほか、ジャック・コルビエール内相が中心となって、反政府派の新聞を次々に買収して「御用新聞」に変えた。このため、リベラル派だけでなく、旧体制への復活を目指す王党派の新聞ラ・コティディエンヌ（La Quotidienne）さえも反政府の論陣を張った（田村1995 p. 293）。この新聞も政府から買収の対象にされたのである。ラ・コティディエンヌは紙面で、かつて出版の自由を説いていたヴィレールとコルビエールが変節したとして痛烈に批判した（畑1995 p. 311）。

1824年、ルイ18世の死去に伴い、弟のシャルル10世が即位した。王党派とリベラル派の対立が続く中、1829年、王権神授説を信奉する生粋の王党派として知られたジュール・ドゥ・ポリニャックが首相に就任すると、リベラル派の反発が強まった。折しも、不作と不況が続いたため、民衆の不満は、政権批判となって増幅した。ポリニャックは1830年7月25日のオルドナンス（サン゠クルの勅令）で、定期出版物の停止、議会解散、新たな議会選挙日の設定、選挙納税額の変更を命じた。ポリニャックは、反政府のリベラル系の新聞に敵意を抱いており、定期出版物の停止は、こうした新聞を廃

刊させ、王党派新聞のみを存続させるためだった。納税額の変更は、有権者を減らすことを意図していた。

7月革命とル・ナショナル

　シャルル10世とポリニャック政権に対し、反政府運動の震源地の一つとなったのが、1830年1月にアドルフ・ティエールやアルマン・カレルらが創刊したリベラル派の新聞ル・ナショナル（Le National）である。同紙はオルドナンスが発令された翌日の26日、オルドナンスが1814年の憲章に違反するとして、納税拒否といった抵抗運動を展開することを決めた。他紙も巻き込み、「1830年7月26日の44人のジャーナリストの抗議文」をまとめ、「政府は正当性を失った」と政府への不服従を呼びかけた。翌27日に、ル・ナショナルの編集局が閉鎖され、44人に対する逮捕命令が出されると、ポリニャック政権に対する抗議活動が新聞の印刷所で起こり、それがパリ市内に広がった。学生や労働者は道路封鎖などに乗り出し、29日までにパリ市庁舎やルーブル宮殿が陥落し、シャルル10世は、オルドナンスの撤回と内閣更迭を発表した。これが栄光の3日間（Trois Glorieuses）と呼ばれる7月革命である（表6）。シャルル10世はオーストリアに亡命し、ポリニャックは逮捕され、検閲は再び廃止された。抗議文による抵抗が民衆運動に発展したことから、この革命は「新聞が火をつけた革命（une revolution provoquée par la presse）」（Albert 2018 p. 40）とも呼ばれる。革命後、オルレアン家のルイ・フィリップが即位し、7月王政が始まった。8月14日に1830年憲章（Charte constitutionnelle de 1830）を公布し、第7条で「フランス国民は、法律に従う範囲で、自らの意見を出版し印刷する権利を有する。検閲は認められない」と規定した。革命の原動力となった新聞の権利を認めざるを得ない状況だった。出版物はまたしても、革命により自由と権利を得ることになった。

表6　7月革命における「栄光の3日間」の動き

7月26日	ル・ナショナルが抵抗運動決議、44人のジャーナリストの抗議文作成
7月27日	政府がル・ナショナルの編集局を閉鎖し44人に逮捕状。反発の抗議行動
7月28日	抗議の学生や労働者がパリ主要施設制圧へ、国王は措置撤回

54 第2章 フランス・メディアの歴史

表7 7月王政期に発刊された主な新聞

創刊年	新聞題号	発行者
1830	ラブニール（L'Avenir）	フェリシテ・ドゥ・ラ・ムネー
1833	リュニヴェール（L'Univers）	ジャック＝ポール・ミーニュ
1836	ラ・プレス（La Presse）	エミール・ドゥ・ジラルダン
1843	ラ・レフォルム（La Réforme）	アレクサンドル・ルドリュ＝ロラン
1843	リリュストラシオン（L'Illustration）	エドゥアール・シャルトン

しかし、7月王政下でも権力とメディアの確執は続く。1835年7月、パリ
で国民軍の閲兵に向かう国王ルイ・フィリップへの暗殺未遂事件が起こった。
国王は難を逃れたが、マレシャル・モルティエ元首相らが暗殺され、主犯の
ジュゼッペ・フィエスキは処刑された。政府は、犯行の背景に共和派出版物
の激しい政権批判があると主張し、9月に犯罪や出版物に関する1835年9
月9日法を成立させた。出版物については、記事が犯罪要件を構成し得ると
規定し、国庫に支払う保証金が引き上げられた（第1条及び第13条）。背景
には、1832年に創刊されたル・シャリヴァリ（Le Charivari）が、風刺画を
多用し、国王を風刺したイラストでその政策を皮肉り、反王政の世論を形成
したという事情がある。

一方で、7月王政期には、様々な新聞が誕生した。主な新聞は表7の通り
だ。

紙面の特徴として、風刺画を用いてゴシップ記事を掲載する新聞と、客観
的に政治や社会を論壇する新聞に大別された。

改革宴会報道と自由化

こうした中、産業革命の進展によって、ブルジョワ中間層や労働者といっ
た新たな階層が膨らみ、納税額による選挙権の制限撤廃を求める普通選挙運
動が広がった。しかし、1847年9月に首相に就任したフランソワ・ギゾーは、
この要求を退けたため、パリ市民は事実上の反王政派集会「改革宴会
（Banquets réformistes）」を開き、王政打倒の世論を広げた。この宴会の存在
を民衆に知らせたのが新聞だった。ル・ナショナルが1848年2月、パリの
シャンゼリゼ通りで改革宴会の開催を伝えると、多くの群衆が集まり、国民
議会に向けて行進を開始し、軍と衝突した。このため、群衆は市内各所にバ

1. 革命への誘引と権力との確執   55

リケードを築き、王政に徹底抗戦の構えを見せ、パリは騒然とした雰囲気となった。ルイ・フィリップはギゾーを更迭して事態の収拾を試みたが、抗議活動は収まらなかったため、ロンドンに亡命し、王政は崩壊した。改革宴会の動きを伝えた新聞は、またしても革命の対価を得た。1848 年 3 月 6 日のデクレで、1835 年 9 月 9 日法は廃止され、国庫に支払う保証金も廃止された。ところが、労働者がブルジョワ共和派に蜂起する 1848 年 6 月の暴動をルイ・ウジェーヌ・カヴェニャック将軍が鎮圧すると、保証金は復活し、廃刊を余儀なくされる新聞が出た。またしても、権力によるメディア弾圧が起こり、政治とメディアとの関係は振り子のように揺れ動いた。

1848 年 12 月の大統領選で、カヴェニャック将軍を破って当選したのは、ナポレオン・ボナパルトの甥、ルイ・ナポレオンだった。1851 年 12 月のクーデターで議会を解散させ、国民投票で信任を得た上で、翌 1852 年 12 月にナポレオン 3 世として即位（第二帝政）すると、伯父にならい、出版の自由に制限を加え始める。1852 年 2 月 17 日のデクレで、政論新聞の発行を事前許可制とし、印紙税を導入し（第 6 条）、所管大臣の決定で休刊を可能とし、警告に二度従わない場合は、大統領の特別デクレで廃刊を可能にするとした（第 32 条）。パリの日刊紙はラ・ガゼット・ドゥ・フランスやリュニヴェールなど 11 紙に限定され、特に左派系の新聞は出版を許されなかった。

それでも新聞ビジネスが盛んとなり、新たな新聞が、政権を刺激しない形で出版許可を得て発行を始めた。アドルフ・グルーが 1859 年に創刊したロピニオン・ナショナル（L'Opinion nationale）や、オーグスト・ネフツェルが 1861 年に創刊したル・タン（Le Temps）がその代表格である。中には、政治色のない紙面から出発し、やがて反政府化するケースもあった。ジャーナリストのイポリット・ドゥ・ヴィルメサンが 1854 年に買収したル・フィガロ（Le Figaro）は当初、パリの週刊紙だったが、1854 年以降、ドゥ・ヴィルメサンが編集長として政治や文芸の記事を増やし、1866 年に日刊紙となり、反政府の論陣を掲げるようになった。

ナポレオン 3 世は 1860 年代になると、皇帝に即位した当時の権威主義的な態度を改めて、自由主義的な政策を取り入れた。アメリカ独立戦争に参加したアンリ・ドゥ・サン＝シモンの社会主義的な自由思想に影響を受けたと

言われている。その中で、1868 年 5 月 11 日法が成立し、出版物の事前許可制や、警告による廃刊命令が廃止され、存廃の是非は裁判所に委ねられることになった。これにより、様々な新聞が発刊され、代表的なものとして、シャルル・ドレクリューズが発刊したル・レヴェイユ（Le Réveil）、アンリ・ロシュフォールのラ・ランターン（la Lanterne）やラ・マルセイエーズ（la Marseillaise）があった。こうした新聞は、1861 年のメキシコ出兵の失敗や、それに伴う経済情勢の悪化を痛烈に批判した。1870 年 1 月、ラ・マルセイエーズのジャーナリスト、ヴィクトル・ノワールが、ナポレオン 3 世と遠戚のピエール・ナポレオンによって殺害される事件が起きると、反帝政運動につながっていった。

　ナポレオン 3 世は 1870 年 7 月、エムス電報事件を機に、首相のオットー・フォン・ビスマルクが実権を握るプロイセン王国との開戦に踏み切った。この普仏戦争は、2 か月後の 9 月 2 日、ナポレオン 3 世が前線で指揮をとっていたセダンの戦いでプロイセンに投降し、捕虜となることで、プロイセンの勝利に向かう。パリでは皇帝への失望とともに、反帝政の機運が広がり、9 月 4 日、民衆が国民議会を占拠すると、議員だったレオン・ガンベタが、パリ市庁舎で、ナポレオン 3 世の廃位と、ブルジョワ共和派主体で臨時の国防政府（Le gouvernement de la défense nationale）の設立を宣言した。1870 年10 月 10 日のデクレで、出版物の保証金が廃止され、こうして新聞の発行に規制がなくなった。

　ところが、1871 年 1 月の休戦協定を経て、プロイセンとの講和を重視する国防政府に対し、パリ市民の強硬派や労働者は徹底抗戦を訴え、民兵組織・国民軍を編成し、双方の対立は深まった。総選挙の結果、翌 2 月に、ティエールを行政長官とする新政府が誕生し、プロイセンを軸に成立したドイツ帝国との間で、アルザス・ロレーヌ地方を割譲する講和条約が締結された。3 月に入り、新政府でパリ司令官を務めるジョセフ・ヴィノワ将軍が、国民軍を支持するジャーナリスト、ジュール・ヴァレの日刊紙ル・クリ・デュ・プープル（Le Cri du Peuple）や、フェリックス・ピアのル・ヴァンジュール（Le Vengeur）といった新聞を廃刊とし、国民軍の武装解除を行おうとすると、国民軍が蜂起し、逆にパリ市内を制圧し、パリ・コミューン（La commune de Paris：評議会）が成立した。新政府はヴェルサイユに逃れると、廃刊となった新聞は息を吹き返し、評議会を支える論調を展開した。逆に、穏健派政府を支持する新聞は、ヴェルサイユやパリ郊外に逃れ、評議会を批判する論陣を張った。5月に政府軍が評議会を攻撃し、これを崩壊させると、ル・ヴァンジュールが廃刊になるなど、評議会派の新聞は一掃された。

2. ジラルダンとマリノニ

新聞購読料の低額化と印刷部数の増大

　新聞は元々、高額な商品だった。19 世紀前半の新聞の購読料は年間 80 フランで、パリの労働者の平均月給を上回った（Albert 2018 p. 42）。最近のフランス人の平均年収が 2 万 4640 ユーロ（INSEE 2021 URL）であることを考慮すると、現在価値で新聞の購読に年間 2053 ユーロを支払う計算となる。その新聞は、1870 年の日刊紙の合計部数が 100 万部に達し、1800 年比の 30 倍に増えた（Albert 2018 p. 38）。急増の背景には、識字率の向上や鉄道網の整備が指摘されるが、最大の理由は、価格の下落だろう。代表的な例として、エミール・ドゥ・ジラルダンは、他紙の半値の年間 40 フランでラ・プレス（La Presse）を販売し、部数を増やした。フランスでは当時、500 人に 1 人しか全国日刊紙を購読していなかったため（鹿島 1991 p. 89）、増紙の余地は大きかった。このビジネスに貢献したのが、印刷技術の改良だった。技術者のイポリット・マリノニが開発した高速輪転印刷機をジラルダンが採用し、大量の部数を発行したことで、価格を下げ、競争力を得ることが可能となった。ここでは、ジラルダンとマリノニという 2 人の野心家の生涯から、19世紀中盤以降に起こる新聞ビジネスの変化をみる。2 人が時代の変革を担ったという見方には異論もあるだろうが、少なくも時代を象徴する人物と言えるだろう。

　ジラルダンは 1806 年、陸軍大尉と人妻の私生児としてパリで生まれた。私生児を世話する夫妻に育てられたが、8 歳の時、ノルマンディー地方の牧場主に引き取られた。18 歳でパリに上京し、株式売買人の見習いとして働き、

投資で失敗を重ねながら、資本主義の仕組みを学んだ。また、新聞を読める読書室（Cabinet de lecture）に出入りするうちに、ジャーナリストと親交を持ち、ジャーナリズムの世界に興味を抱くようになった。自叙伝的小説『エミール（Émile）』で名声を得たが、新聞業界に関心を持ち、1828年、他紙に出ている記事を無断転用した隔週紙ル・ヴォルール（Le Voleur）を創刊した。従来の新聞の主流だった政論紙ではなく、一般ニュースを集めた編集方針は斬新で、購読者が増えた。1829年には、富裕層の女性向けにラ・モード（La Mode）を発刊し、売れ行きは好調だったが、2年後には売却した。1830年の7月革命後に即位したルイ・フィリップが、質素・倹約を旨としていたことから、奢侈的な内容が時代にそぐわなくなると判断した。その代わり、都市部の企業家らを対象に様々な知識を提供する月刊紙ル・ジュルナル・デ・コネサンス・ユティル（Le Journal des connaissances utiles）を創刊した。新聞ビジネスで財を築くと、1834年には、国民議会選に出馬して当選し、政界にも進出した。ところが、多数派が政策を決める政治の現実に失望し、新聞発行に専心することになる。

　創刊と廃刊を繰り返す中で、1836年に創刊した日刊紙ラ・プレスは、フランスの新聞史に残る足跡を残す。ジラルダンは、価格を他紙の半額程度の10サンチーム（年間購読料＝40フラン）とし、印刷部数を数千部から2〜3万部に増やすことで、莫大な広告収入を確保した（フリッシー 2005 p. 100）。紙面は、株式情報を含め、一般ニュースを多く収容し、小説も連載し、政治論談が中心の他紙と差別化を図った。低価格のため赤字に陥る懸念もあったが、政治色を持たない中間層を中心に購読者が広がった。このビジネス・モデルには、大量印刷で売価を下げることが不可欠である。ジラルダンは1845年、パリに印刷所を建て、印刷技術の改良にあたった。この職人の中にいたのが、マリノニだった。

高速輪転印刷機の登場

　マリノニは1823年、憲兵隊員だったアンジュ・ジョセフの子として、パリ郊外のシブリ・コートリーで生まれた。家族には10人の子供がいて、生活は貧しかったため、マリノニは10歳の時、伯母宅に預けられ、牧場で牛

2. ジラルダンとマリノニ

の番をして小遣いを稼いだ。

　12 歳になると、パリの印刷会社で機械工の見習いとして働き始めた。その 3 年後には、活版印刷業ピエール＝アレクサンドル・ガボーの弟子となり、そこで技術を取得した。1 日 20 時間働き、印刷機の改良に明け暮れたという。真面目で独創的な考えを持つマリノニをガボーは引き立て、技術部門の責任者に抜擢した。この頃には、印刷業を将来の仕事にする意思を固めた（Le Ray 2005 p. 151）。

　こうしたマリノニの能力と人格を聞きつけたのがジラルダンであり、さらなる部数増加のため、ガボーを通じてマリノニに技術革新を託した。7 月革命のきっかけをつくったル・ナショナルとの競争は激しさを増し、紙面で攻撃し合う状況となった。ジラルダンは、ル・ナショナルの編集長アルマン・カレルと拳銃で決闘を演じ、ジラルダンが重傷を負い、カレルが死亡する悲劇を招くほどの不仲だった。こうした中、マリノニは 25 歳となる 1848 年、4 つのシリンダ（胴）を備えた鉛版の印刷機を発明した。この印刷機は 1 時間に約 1500 部の印刷が可能で、高速印刷を売り物にし、従来型とは「実に汽車と人車との相違がある」（一色 1904 p. 117）という評価だった。ジラルダンはこの印刷機を自社に 4 台導入し、ラ・プレスを 1 時間に 5500 部印刷し、部数増につなげた（Fouché 2005 p. 888）。ジラルダンが 1848 年の 2 月革命の際、6 万部発行できたのは、この印刷機を 4 台並べて使用したためだった（鹿島 1991 p. 180）。

　ラ・プレスは 2 月革命で政治的な論調を展開した。ルイ・フィリップがロンドンに亡命し、共和政に移行すると、紙面で臨時政府への支持を呼び掛けたが、労働者がブルジョワ共和派に対して蜂起する 1848 年 6 月の暴動をカヴェニャック将軍が鎮圧すると、将軍批判に転じた。ジラルダンはこれによって一時投獄されるが、出所後も批判を止めなかった。その後、1848 年 12 月に行われた大統領選で、カヴェニャックと争ったルイ・ナポレオンへの支持を鮮明にした。ライバル紙のル・ナショナルは、カヴェニャック支持だった。しかし、権力を握ったナポレオンは、新聞規制を強めたことから、ラ・プレスは再び政権批判に変わった。ジラルダンはこれを理由に国外退去処分となった。帰国後、ラ・プレスを穏健化し、新聞経営を再開させたが、1856

年に妻デルフィーヌが死去すると、傷心からラ・プレスをモイズ・ミヨーに
売却し、一時地方に引きこもった。1863 年に編集長に復帰したが、1866 年、
経営難に陥っていた夕刊紙ラ・リベルテ（La Liberté）を買収し、新たな新
聞経営に乗り出すため、ラ・プレスを退社した。

　一方、名声を得たマリノニは 1849 年、自らの印刷会社を設立した。廃業
と創業を重ねながら、輪転機の改良に没頭した。ラ・リベルテの速報性を高
め、他紙との差別化を図りたいジラルダンは、再びマリノニに対し、さらな
る印刷能力を持つ改良機の製作を要請した。マリノニは 1867 年、両面印刷
の新型輪転機を開発し、ジラルダンのラ・リベルテや、イポリット・ドゥ・
ヴィルメサンのル・フィガロなどに導入された。この輪転機の特徴は、4 本
のシリンダが縦状に配置され、一番上と一番下が鉛版の活字胴、中央の 2 本
が印刷圧力を得るための圧胴となっている。巻き取り紙を両面印刷した後、
適当な大きさの枚葉紙に裁断し、折り畳み、機外に自動排出された。

　輪転機の製造は 19 世紀初頭にさかのぼり、アメリカのバロック式や英国
のウォルター式が既に普及していたが、印刷能力は 1 時間あたり 1200 部程
度に過ぎなかった。マリノニ型はこの速度を大幅に向上させ、1 時間あたり
1 ～ 2 万部印刷でき、当時としては考えられない速さだったため、これまで
にない機種として「マリノニの印刷機」と呼ばれた（Augé 1931 p. 694）。この
輪転機は「世界中に輸出され、グーテンベルク以来の印刷革命をもたらし
た」のだった（鹿島 1991 p. 182）。

　「マリノニの印刷機」を導入したのが、「世界最安値」という触れ込みで、
1863 年にミヨーが創刊した日刊紙ル・プティ・ジュルナルである。政治情
報を扱わないことで、政治新聞に課せられていた 6 サンチームの印紙税を免
除され、1 部が 5 サンチームというラ・プレスの半額の価格で販売した。犯
罪に関するニュースや連載小説を掲載し、低価格の大衆紙路線が人気を集め、
1868 年には発行部数が 20 万部を超えた。ミヨーが 1871 年に死去すると、
ジラルダンが 1872 年に買収した。第三共和政が始まり、印紙税が廃止され
ると、次第に政治色を強めた。ジラルダンは、「マリノニの印刷機」を多数
導入し、発行部数は 1881 年には 63 万部に達した。地方の販売店を整備した
ことも奏功した。マリノニ機は、1867 年にパリで開かれた万国博覧会に展

示されると、600万人の目に触れることになり（Cibiel 2001 p. 1636）、マリノ
ニの名が世界に広まることになった。

　ジラルダンは、マリノニとともにル・プティ・ジュルナルの運営会社を設
立し、2人の信頼関係は続いた。ル・プティ・ジュルナルの影響力を示す一
例として、共和派と王党派が激しく争った1877年の議会選がある。ジラル
ダンは、共和派右派のアドルフ・ティエールや、左派のレオン・ガンベタと
友好的な関係を築き、ル・プティ・ジュルナルで王党派に批判的な論調を展
開した。共和派は勝利し、第三共和政は維持された。当時の部数である約
50万部の影響力が、選挙結果に反映されなかったとは言い難いだろう。

　ジラルダンは1881年4月に死去した。ジラルダンが画期的だったのは、
政治的な主義主張を伝達する手段として、専門書のように高額だった新聞や
雑誌にビジネス・モデルを導入し、様々な情報を集めた安価な商品に変えた
ことである。それを支えたのが広告の活用と大量の印刷だった。ジラルダン
が約30年間にわたり「新聞界の盟主の地位を維持できた」（Kupferman & Ma-
chefer 1975 p. 7）一因は、「世界一」と宣伝されたマリノニの輪転機が短時間
で大量の新聞を印刷したためである。

報道の自由と新聞大衆化

　ジラルダンの死去から3か月後、出版物の自由に関する1881年7月29日
法が成立した（表8）。印刷と出版は自由であると明記し（第1条）、事前許
可と保証金の廃止を掲げた（第5条）。さらに、新聞または定期刊行物で名
指しされた全ての人の反論を掲載する義務を規定し（第13条）、メディアに
攻撃された人物に反論権を与えた。報道の自由法とも呼ばれる法律は、共和

表8　1881年7月29日法の主な条文

第1条	印刷と出版は自由である
第5条	全ての新聞と定期刊行物は、事前許可と保証金の支払いがなくても出版できる
第6条	全ての新聞と定期刊行物には発行責任者があり、法定年齢に達したフランス人であり、公民権を享受し、司法上の有罪判決によって公民権を剥奪されない
第13条	新聞または定期刊行物で名指しされた全ての人の反論は、受領後3日以内に掲載、あるいは次の号に掲載される必要がある
第27条	捏造、改ざん、虚偽のニュースの出版または複製は、1か月から1年の懲役および50フランから1,000フランの罰金に処される

派のジュール・フェリー政権が、王政派をけん制し、新聞を味方につけるために法制化したとみられている。新聞規制が革命を招いたという歴史を学んだのかもしれない。新聞はこの後、「黄金時代」と呼ばれる成長を謳歌し、世論を通じて政治や社会を動かす時代に入る。

　ジラルダンの死後、マリノニはジラルダンが持っていたル・プティ・ジュルナルの株式を買い取り、翌 1882 年に経営者となった。編集作業を編集長に任せる一方、自ら開発した最新式の印刷機を多数導入し、数時間で 100 万部を印刷することが可能になった（Ponty 1977 p. 643）。裁判所など取材現場に通信機器を置き、新聞はニュースを速報する態勢を整えたのである。8 ページの付録にカラー印刷も導入し、その人気を決定づけることになる（Oudin 2002 p. 103）。ル・プティ・ジュルナルの発行部数は欧州一となり、マリノニは政府から栄誉あるレジオン・ドヌール勲章を与えられた。マリノニは 1904 年に死去した。マリノニの企業はその後、仏ボワラン社との合併を経て、アメリカのハリス・グラフィック社に買収された。マリノニは「実業家であり、開拓者であり、印刷機の製造者であり、新聞の所有者であり、そして、大きな影響力を持った」（Le Ray 2005 p. 151）人物として伝えられている。

　マリノニが開発した新型の印刷機により、新聞の大量印刷が可能となり、高額だった価格は下がった。新聞に広告を掲載する顧客が増え、広告収入は新聞社の財務を支える貴重な収入源となった（Feyel 2003 p. 857）。購読価格を下げて、発行部数を伸ばし、それを呼び水に広告収入を得るというビジネス・モデルが他紙にも広がるきっかけとなった。マリノニ機の出荷台数はフランス国内で 450 台に上った（Le Ray 2009 p. 566）。新聞は大量消費時代を迎え、多くの人が日刊紙を購読する状況になったのである。

　ジラルダンとマリノニを中心にこれまで論じてきた新聞の大衆化路線は、政治、経済、社会の行方に様々な影響を与えることになる。エリック・ル・レイは「2 人が敷いたビジネス・モデルは新聞の大衆化を通じて、その社会的影響力を高めた」と解説した6)。例えば、1894 年にユダヤ系のアルフレド・ドレフュス大尉がスパイ容疑で逮捕された事件では、不当逮捕を告発す

────────────

6)　2022 年 5 月 24 日、筆者がオンラインでインタビューした際に答えた。

るエミール・ゾラの手記が 1898 年にロロール（L'Aurore）に掲載され、ド
レフュス擁護の世論が高まった。これにより、ドレフュスが翌年に釈放され、
さらに 1906 年に無罪判決を受ける契機となった。

4 大紙の寡占と部数低落

20 世紀に入ると、パリでは日刊紙の激しい競争が演じられた。社会主義
活動家ジャン・ジョレスが、今日につながるリュマニテ（L'Humanité）を創
刊したのも 1904 年だった。廉価競争による生き残りのためにはジャーナリ
ズムの精神が優先されなかった面もあった。例えば、帝政ロシアが 1904 年
に大量の国債を発行した際、多くの新聞はその広告を掲載し、多額の広告料
を受け取り、帝政ロシアへの批判を封印した。第一次世界大戦が始まる
1914 年のパリでの合計部数は 1870 年比で 5.5 倍の 550 万部に達し、地方で
もこの間、35 万部から 400 万部に急増した（Albert 2018 pp. 64-65）。鉄道網の
整備により、地方紙はパリに支局を構え、全国ニュースと地方ニュースを混
在させた地方紙の体裁を整えるようになった。結果として、この時代の総部
数は、フランスの新聞史上、最多の規模となる。

この競争を勝ち抜いたのは、ル・プティ・ジュルナル、ル・プティ・パリ
ジャン、ル・マタン、ル・ジュルナルの 4 大紙だった。その合計部数は、
1914 年には合計で 400 万部を超え、全国の日刊紙の 40% を上回った（Albert
2018 p. 66）。出版物の自由に関する 1881 年 7 月 29 日法が、権力とメディア
に焦点をあてる一方で、メディア同士の買収を想定していなかったため、寡
占が進んだ。ちなみに、1914 年時点で、発行部数の最多は、ル・プティ・
パリジャンの 150 万部だった（Albert 2018 p. 69）。ジラルダンやマリノニのよ
うに、貧困からのし上がったジャン・デュプイが 1888 年に経営権を握ると、
部数を飛躍的に伸ばした。

1914 ～ 18 年の第一次世界大戦は、多くの出版物をふるいにかけた。戦争
により、用紙は高騰し、広告収入が減少した上に、従業員を召集され、資本
力のない新聞は事業の継続が困難となった。さらに、陸軍省傘下に新聞局
（Le Bureau de presse）が設置され、新聞社に最終ゲラを持参させ、場合によ
っては表現の修正や文章の削除を命じた。軍が戦争遂行に有害とみなす新聞

は発行を停止され、検閲が常態化した（D'Almeida & Delporte 2003 p. 18）。一方で、戦況に対する需要は高かったため、資本力のある新聞社は、号外を発行し、4大紙の中では、ル・プティ・パリジャンとル・マタンが扇動的で好戦的な報道で読者を確保し、1917年の部数はそれぞれ200万部、150万部に達した（Albert 2018 p. 79）。また、前線の兵士からは、新聞が戦争の悲惨な状況を伝えていないとの不満が上がり、東部戦線の塹壕でドイツ軍と戦う兵士は1914年秋、ル・ジュルナル・ドゥ・トランシェ（Le Journal de tranchées）を発刊し、前線の状況を伝えた。

　戦後は、日刊紙に加え、週刊の文芸誌や女性誌など様々な紙誌が登場した。しかし、1929年にアメリカを震源とする大恐慌はフランスにも及び、貿易収支の改善を目指した為替切り下げで製造コストが上がった。販売価格に転嫁すると、部数が減少し、経営難となる新聞社が相次いだ。1920～39年の紙数は、パリでは40紙から32紙、地方では220紙から175紙にそれぞれ減少した。4大紙も例外ではなく、ル・プティ・パリジャンは1939年には100万部まで減少、ル・マタンも同年、30万部まで減った。低落傾向の中で、成長を実現したのが、1923年に創刊されたパリ・ソワール（Paris Soir）だった。1930年に実業家ジャン・プルヴォーが買収し、事件やスポーツを大きく扱い、写真を多用するセンセーショナルな夕刊紙に衣替えすると、6万部だった部数は増加し、1939年には180万部に達した（Albert 2018 pp. 92-98）。

　1939年9月に始まった第二次世界大戦は、フランスのメディアに未曾有の試練をもたらした。ナチス・ドイツが電撃戦で西進し、1940年6月にパリを占領すると、多くの新聞や雑誌が廃刊に追い込まれた。ナチスはパリに宣伝局を置き、新聞の内容を統制した。4大紙もナチス・ドイツに協力的で、ル・マタンは占領下で最も早く再刊した日刊紙となり、ナチス占領を正当化した。ル・プティ・パリジャンはナチスに融和的な報道を行った。

　占領を嫌った新聞は南部の非占領地に逃れたが、ナチスに協力したヴィシー政権は、フランス報道庁（L'Office français d'information：OFI）に報道機関を統括させ、掲載する記事を指示した。4大紙の一角、ル・プティ・ジュルナルも、ヴィシー政権から補助金を受け取り、OFIの指示に従った。その一方で、占領下で地下新聞が定期的に発行され、ナチスへの抵抗運動を広げる

役割を担ったのである（Bellanger 1961 p. 131）。

3. 多元主義と政府支援

出版物の所有規制

　フランスではメディアを複数存続させるという多元主義の原則（Principe de pluralisme）がある。大手紙が 20 世紀に入り、市場を独占し、多様な主義・主張を封印してしまったためである。特に、影響力を持つ大手紙が第二次世界大戦中、ナチス・ドイツやヴィシー政権に服従し、あるいは懐柔され、抵抗運動の役割を放棄したことが背景にある。戦後は、この原則を維持するための規制と支援が制度的に確立され、フランスの出版物の特徴となる。
　規制の起点になるのが、1944 年 6 月 3 日に発足した臨時政府による一連のオルドナンスである。ノルマンディー上陸作戦後の同年 6 月 22 日のオルドナンスは、占領当局の指示を受け入れた全ての新聞や定期刊行物の出版を停止した（第 1 条）。ナチスからパリを解放する際に出された 8 月 26 日のオルドナンスは、出版物の所有者、株主、出資者をフランス国籍者に限定し（第 3 条）、1 万部以上の日刊紙または 5 万部以上の週刊紙を同一の主体が複数紙管理できないと規定した（第 9 条）。ナチス占領下で、様々な新聞が発禁となり、占領を肯定する少数メディアによる世論操作が行われたことから、資本の集中を排除し、読者に対する報道の透明性を確保する狙いがある（Balle 2011 p. 301）。さらに、出版社の財産の移転に関する 1946 年 5 月 11 日法は、ナチス・ドイツに協力的だった新聞などの財産を国家に移転し（第 1 条）、新聞事業公社（La Société nationale des entreprises：SNEP）が管理することとした（第 6 条）。SNEP はこの没収財産を新たに認可された新聞社や出版社に配分していく。新聞社の財務状況を改善するものであり（中村 2015 p. 37）、国家による出版支援の一形態と言える。新聞輸送のため、1947 年 4 月には、新聞社組合が 51% を保有する新パリ新聞取次社（Les Nouvelles messageries de la presse Parisienne：NMPP）が設立され、輸送費のコスト削減に取り組んだ。これも、多元主義の維持が目的だったと言えるだろう。

66　　　　　　　第 2 章　フランス・メディアの歴史

　一連の政策により、ナチス占領時代に抵抗運動を展開した地下新聞は発行
が継続され、自主休刊していた新聞も復刊が認められた。新たに創刊された
新聞も相次いだ。フランス文化省によると、第二次世界大戦後の日刊紙の総
発行紙数と総発行部数は 1946 年の 203 紙・1512 万部がピークとなった
（Gourdin 2018 p. 2）。主要紙では、1939 年に発禁処分となった後も地下新聞を
発行していたリュマニテが 1944 年に復刊した。1941 年に地下新聞として発
行されたデファンス・ドゥ・ラ・フランス（Défense de la France）は 1944 年
11 月、フランス・ソワール（France Soir）に題号を変え、人気の日刊紙とな
った。占領に抗議し、1942 年 11 月に自主停刊していたル・フィガロも 1944
年 8 月に復刊した。1944 年 12 月にはジャーナリストのウベール・ブーヴ＝
メリがル・モンドを創刊し、「政党、大資本、教会から独立した新聞」の編
集方針を掲げた（Eveno 2004 p. 17）。

買収される新聞

　パトリック・エヴノは「政府による保護政策によって、フランスでは、大
きなメディア企業が生まれなくなった」とみる[7]。アメリカやイギリスに比
べ、中小の新聞社が温存され、買収がそれほど進まなかった理由である。と
ころが、次第に経営危機の新聞が買収されるケースが出てくる。1944 年 8
月 26 日のオルドナンスは、規制の対象が個人なのか法人なのかについて明
確な規定がなく（堤 1984 p. 86）、買収が事実上可能だったためである。例え
ば、出版業のアシェット・フィリパッキ・メディア（Hachette Filipacchi
Médias）は 1949 年、フランス・ソワールを買収し、メディア複合体として
巨大化する足場を築いた。1950 年代に入ると、実業家ロベール・エルサンが、
地方紙の買収を開始し、やがてその対象は全国紙にも広がり、1975 年には
ル・フィガロの経営権も取得した。エルサンが所有する新聞の総部数はパリ
で発行される全国日刊紙の 43% に上った（堤 1984 p. 88）。エルサンはフラン
ス・ソワールも買収したが、その職員は、報道の自由を求め、ストとデモを
行った（Ciné-archives 1977 URL）。フランソワ・ジョストは「新聞が実業家
に支配されているという悪いイメージが広がった」と指摘する[8]。

───────────
　7）2015 年 8 月 10 日、筆者が電話でインタビューした際に発言した。

相次ぐ買収の背景には、日刊紙の総発行紙数と総発行部数が 1950 年以降、低落傾向をたどり、新聞経営が悪化したことも影響している。その理由として、第二次世界大戦後のメディアの多様化が挙げられる。後述するテレビやラジオの普及だけでなく、週刊、隔週刊、月刊の人気雑誌が次々に創刊された。例えば、1945 年に登場した週刊誌エル（Elle）は本格的な女性誌として、流行やファッションを取り上げ、部数は 1950 年には 50 万部に急増した（Grandpierre 2012 URL）。1953 年には週刊誌レクスプレス（L'Express）が発行され、政治問題で多くの独自ニュースを報道した。1964 年に旧誌から名称を変えたル・ヌーヴェル・オプセルヴァトゥール（Le Nouvel Observateur）は、左派系の論調で中道右派の政府を批判する役割を果たした。中村督はその役割について、①社会運動に積極的に参加、②多くの作家、哲学者、芸術家、学者の言説を受容、③社会党支持の立場、と論評している（中村 2021 pp. 5-6）。ル・ポワン（Le Point）も含めた上記の雑誌は、数十万部の部数を持ち、有力紙の部数を上回る人気ぶりだった。メディア企業が、媒体の異なるメディアを所有する状況が生まれていく。

軽減税率や補助金

新聞経営の集中化に対し、社会党のフランソワ・ミッテラン政権は、出版社の集中制限や、財務的透明性と多元主義の確保に関する 1984 年 10 月 23 日法を制定し、個人が所有または管理する全国日刊紙の総部数は、全体の 15% を超えてはならないと規定した（第 10 条）。エルサンを標的にした法律だったが、出版物の法制度改革に関する 1986 年 8 月 1 日法は、政治情報を扱う日刊出版物の総発行部数の割合が 30% を超えてはならないと規定し（第 11 条）、2 年前の規制を緩和した。買収は経営難の新聞を救済するためで、それを行わなければ失業者が増えるというエルサンの主張を無視できなかったと言える。

ただ、規制を緩めれば、競争が激しくなり、新聞を複数併存させるという理念は保障されなくなる（Balle 2011 p. 316）。このため、政府は中小の新聞を念頭にした支援を本格化させる。1976 年に導入された付加価値税（税率

8）2021 年 12 月 13 日、筆者がオンラインでインタビューした際に答えた。

20％）の軽減税率について、ミッテラン政権は、一般租税法典（CGI）298条7号を改正し、1989年以降、日刊紙を含む定期出版物の付加価値税（税率18.6％）を2.1％に軽減した。さらに2001年には、「政治や一般情報」を扱う日刊紙と週刊紙の郵便料金を他の出版物よりも低く設定した。このほか、1980年代には、新聞輸送の一部を国家や郵便局が負担したり、広告収入の割合が低い全国紙に補助金を支出したりした。1998年以降は技術革新にも援助し、支援は新聞製作のほぼ全ての段階で行われた。

21世紀に入ると、インターネットが広がり、若者を中心に新聞やテレビ離れが進んだ。このため、政府は新聞販売の直接支援にも乗り出す。中道右派のニコラ・サルコジ政権は、2009年から3年間、18歳の若者に新聞1紙を1年間無料で配達する事業に補助金を出した。

現状では、政府による新聞支援は、輸送、投資、多元化に三分される（図4）。フランス文化省によると、輸送支援は、印刷工場から販売所への輸送負担などがあり、販売価格を下げて購読者を増やす狙いがある。投資支援は、デジタル化や環境に配慮した施設の改善に対する資金提供である。多元化支援は、経営が弱体化した新聞への資金提供であり、経営を支え、メディア業界の多元主義を維持する狙いがある。2022年の場合、リベラシオンやリュマニテなど370紙に計2800万ユーロが投じられた。同年の輸送、投資、多元化への総支援額は、1億1040万ユーロに上った（Ministère de la Culture 2023 URL）。

社会の公器として、新聞への公的支援を支持する意見もあるが、支援によって政府依存が高まり、新聞の独立性が脅かされるとともに、平等な支援が

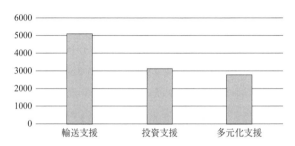

図4　政府による新聞支援の内訳（文化省、2022年、単位：万ユーロ）

新聞の競争を損なう（Balle 2011 p. 322）との主張もある。さらに、新聞は、支援に依存するがゆえに、新たな投資として、インターネットやソーシャル・メディアの開発や導入が遅れる（Le Ray 2017 URL）との懸念もある。国家権力から独立した存在であるべき新聞への公的支援は、新聞の危機の深刻さを示している（瀬戸 2011 p. 30）と言えるだろう。

4. 国営のテレビ・ラジオ

公共放送の誕生

　20 世紀に入ると、新たなメディアとしてラジオが広がり、さらに第二次世界大戦後はテレビが急速に普及した。これまで新聞を軸にしたメディアに多様性をもたらすとともに、新聞とは違う役割を担うことになる。

　フランスでラジオ放送が初めて行われたのは 1921 年である。パリのエッフェル塔から電波を流したことから、「エッフェル塔ラジオ（Radio Tour Eiffel)」と呼ばれ、公共放送として、毎日 30 分間、天気予報や音楽を流した。1922 年には国立高等郵便電気通信学校（L'École nationale supérieure des postes et télécommunications）からも放送が始まり、公共放送局・郵便電気通信パリ・ラジオ（Radio Paris PTT）として、様々な番組を制作した。民間でも、ラジオを製造していたフランス電波会社（Société française radio-électrique）が製品の宣伝媒体として、放送局・ラジオラ（Radiola）を設立して放送を始め、1924 年にパリ・ラジオ（Radio Paris）に改称した。ただ、1923 年には国家が電波を管理することになり、民間放送も政府による認可が必要となった。ラジオの視聴者は順調に増加し、1933 年の 130 万人から、1939 年には 500 万人を超えた（Charon 2003 p. 16）。1939 年 7 月には、戦時における情報統制を想定し、ラジオとテレビの放送権を国家が管理する国立フランスラジオ放送（Radiodiffusion française nationale：RFN）が設立された。

　ラジオが庶民に普及した様子は当時の文献からもうかがい知れる。ジャーナリストのロベール・ドゥ・サン・ジャンは、第二世界大戦中の状況を記した日記で、1939 年 10 月 11 日、友人から「今晩ラジオを聞く。ダラが話す

んだよ」と言われた会話のやり取りを紹介している（De Saint Jean 1941 p. 32）。ダラとは、首相を務めたエドゥアール・ダラディエを指す。政治家がラジオを通じて、国民に政策を訴えるとともに、国民がラジオをよく利用していたことが分かる。

　ジョン・アーリはラジオについて、「ラジオの周りで集団化された家族としての視聴者に話しかけることによって，ラジオは家庭と国、父親と祖国の間の強力な想像上のつながりを結合させた」とし、「国民的なシティズンシップの発展にとって重要」と位置付けている（アーリ 1999 p. 163）。

　しかし、第二次世界大戦中に入り、ナチスがパリを占領すると、郵便電気通信パリ・ラジオは 1940 年 6 月 17 日、放送を停止した。パリ・ラジオは占領下で放送を続けたが、その番組はナチスのプロパガンダに変えられた。こうした中で、占領に抵抗するラジオとして注目されたのが、ロンドンの BBC ラジオから放送したロンドン・ラジオ（Radio Londres）である。ロンドンに逃れたシャルル・ドゥ・ゴールは 6 月 18 日、このラジオを通じ、徹底抗戦を呼びかけた。占領地での聴取が禁じられていたが、「ここロンドンから、フランス人がフランス人の皆さんに語る（Ici Londres ! Les Français parlent aux Français）」という番組で、「キリンの首は長い」といった暗号のメッセージが流され、フランスに伝えられた（Radio France 2021 URL）。

放送の国家独占

　テレビは 1932 年に実験放送が始まり、郵便電気通信省の認可の下、1935 年にテレビ局・ラジオヴィジョン PTT（Radiovision-PTT）が開局し、番組放送が始まった。週に 15 時間の放映だったが、第二次世界大戦中は放送が困難となった。

　第二次世界大戦後には、テレビとラジオの国家管理が明確となる。国立フランスラジオ放送はフランスラジオ放送（Radiodiffusion Française：RDF）に名称が変更となり、1945 年 3 月 23 日のオルドナンスで、民間放送局の認可は取り消され、放送の国家独占が承認された。1949 年 2 月、フランスラジオ放送はさらにフランスラジオ放送テレビ（Radiodiffusion-Télévision Fran-çaise：RTF）に改変された。1959 年 2 月 4 日のオルドナンスは、RTF を情

4. 国営のテレビ・ラジオ　　71

報担当大臣の管轄下に置き（第1条）、放送局を設置・運営・利用する権限
をRTFに与えた（第2条）。この決定を発令したのは、第五共和政下で前月
の1月に大統領に就任したばかりのドゥ・ゴールだった。ドゥ・ゴールは、
テレビの威力を強く意識した政治家だった。テレビを通じて重大発表を行う
ことが多く、アルジェリア危機の1960 ～ 62年には頻繁にテレビに登場した。
その政治手法は、「テレクラシー」と呼ばれた（Goodliffe & Brizzi 2015 p. 42）。

　ドゥ・ゴール政権は1964年6月27日法も成立させ、フランス・ラジオ・
テレビ協会（Office de Radiodiffusion-Télévision Française：ORTF）を設置し
（第1条）、情報担当大臣が管轄下に置く経営委員会（conseil d'administration）
がORTFを運営し、放送事業を独占した（第2条）。経営委員会メンバーの
半数は政府から派遣され、残る半数は視聴者、新聞や雑誌の代表らとなった
（第3条）。ドゥ・ゴール支持の新聞社幹部が経営委員会メンバーに指名され
ることが多かったため、テレビとラジオはドゥ・ゴール派の政権を支える有
力な手段となった。一方で、1965年の大統領選では、野党候補にもテレビ
利用の機会が与えられ、左派連合候補のフランソワ・ミッテランも政策の訴
えにテレビを活用し、「才能あるコミュニケーター」となり、「テレビは政治
的メディアとして登場し、政治的激震を与えた」のである（Goodliffe & Brizzi
2015 p. 43）。

　ORTFに対しては、フランスの伝統や文化を紹介する番組が多く、新鮮味
に欠けるという批判もあった。その反発として市民の間に広まったのが、ラ
ジオ・ペリフェリック（Radio périphérique）である。フランスに隣接する
国々からフランス向けに流したフランス語の商業放送局で、ルクセンブルク
のリュクサンブール・ラジオ（Radio Luxembourg）やモナコのモンテカル
ロ・ラジオ（Radio Monte Carlo）は、最新の音楽や芸能番組を放送した。特
に、体制批判を強める若者の間で人気となり、1968年の5月革命で視聴者
を増やした。

　しかし、ドゥ・ゴールが引退した後の1969年6月の大統領選で当選した
ジョルジュ・ポンピドゥーは、ORTFを「フランスの声」と呼び、国が放送
を独占する形態を継続させた。ポンピドゥーはドゥ・ゴール大統領の下で首
相を務めた側近であり、早くから「ドゥ・ゴールの後継者」とみられていた。

第2章 フランス・メディアの歴史

表9 7分割されたフランス・ラジオ・テレビ協会（ORTF）

ラジオ	ラジオ・フランス	Radio France
テレビ	フランステレビ1	Télévision Française 1（TF1）
	アンテンヌ2	Antenne 2（A2）
	フランス・レジオン3	France Régions 3（FR3）
番組制作	テレビ番組制作会社	Société Française de Production（SEP）
電波送信	送信担当公社	TéléDiffusion de France（TDF）
研究機関	視聴覚研究所	Institut National de l'Audiovisuel（INA）

　1972年7月3日法は「フランスのラジオ・テレビの全国的公益務（service public national）」（第1条）を明記した上で、その公益務が「国家の独占物である」（第2条）と宣言した。

　経営形態の改革に着手したのは、1974年5月に大統領に就任したヴァレリー・ジスカール・デスタンである。ORTFは、従業員約1万6000人、予算24億フラン、ラジオ5局、テレビ3局を持つフランス最大の企業となっていたが、ストやスキャンダルなどが相次ぎ、「政治的、財務的、構造的な危機」に陥っていた（Bachmann 1988 p. 64）。首相のジャック・シラクとともに成立させた1974年8月7日法は、ORTFを表9のように7つの組織に分割し、同年12月31日に新体制が始動した。各組織は、広告収入と受信料収入を財源とした。テレビ局を複数化したのは、組織同士を競わせ、質の向上を目指す狙いがあったのだろう。ただ、各組織とも原則として、政府が半数を派遣する経営委員会（conseil d'administration）が統括する機構となっており、国が経営を握った（第2条及び第5条）。分割後も国がテレビとラジオを管理する方針に変化はなかったのである。

民間テレビの認可

　社会党第一書記だったミッテランが、1981年5月の大統領選に当選すると、左派政権による様々な改革が行われた。放送事業もその一つだった。成立させた1982年7月29日法は「視聴覚コミュニケーションは自由である」（第1条）と明記し、国家による放送の独占放棄を宣言した。惰性による経営や、政府や与党政治家による放送への介入が相次ぎ、批判が集まっていたことが背景にある。これにより、1984年にはグループ・カナル・プリュス（Groupe

Canal+)、1986 年にはラ・サンク（La Cinq）といった民間のテレビ局が設立され、1987 年には国営のフランステレビ 1（TF1）が民営化された。同法は、第 1 条を保証するため、独立の規制組織として、視聴覚コミュニケーション最高機関（Haute autorité de la communication audiovisual：HACA）を置き（第 4 条）、放送局の独立を保証するとともに（第 12 条）、多元主義、公平性、男女平等、フランス語の防衛、文化の普及といった観点から番組を監視する権限を与えられた（第 14 条）。

HACA は 1986 年にコミュニケーションと自由の国民委員会（Commission nationale de la communication et des libertés：CNCL）に継承された後、1989 年 1 月 17 日法により、放送局を第三者の立場から管理・指導する独立規制機関として、視聴覚高等評議会（Conseil supérieur de l'audiovisuel：CSA）に発展した。同法は、CSA の役割について、テレビやラジオの独立を保証するとともに、自由競争を促し、番組の質と多様性を監視するとした（第 1 条）。評議会委員 9 人の構成については、大統領、上院議長、下院議長がそれぞれ 3 人の委員を指名し、委員長は大統領から指名された（第 4 条）。委員はその後、7 人となり、大統領指名は委員長 1 人だけとなり、上下両院議長による指名は両院の文科委員会議員の 5 分の 3 以上の賛成が必要とされた。CSA には、放送免許の更新・剥奪の権限が与えられ、その決定を破棄できるのは、国務院だけとなった。CSA の番組局が番組の内容を常時チェックし、必要があれば、放送事業者に改善を要求し、応じなければ制裁金を科すことができた。放送の自由化で、民間放送局が誕生する中で、行き過ぎた暴力や性表現などを規制する狙いがある。

公共放送の再編

1974 年に分社化された各テレビ局は、視聴率が伸び悩み、民営化して視聴率を増やす TF1 を前に、業績不振の状態が続いた。このため、1992 年に、政府が 100% 出資する公共放送局として、フランス・テレヴィジョンが発足し、ORTF の分割で分社化されていた放送局を吸収した。アンテンヌ 2 はフランス 2（France 2）に名称変更し、傘下のチャンネルとなった。このほか、地方ニュースが主体のフランス 3（France 3）、音楽など芸術が主体のフラン

74 第2章 フランス・メディアの歴史

表10 フランス・テレヴィビジョン傘下の主な放送局

放送局	特徴
フランス2	全国向け総合番組
フランス3	地方・全国向け総合番組
フランス4	若者、家族向け、文化・エンタメ番組
フランス5	教育・討論・分析番組
フランス・アンフォ	ニュース番組

ス4（France 4）、教育が中心のフランス5（France 5）などがあった（表10）。

　一方、1975年に国有化されたラジオ・フランスは、分野や種類に応じてチャンネルを増やしていった。1947年に発足したフランス・アンテル（France Inter）は、ニュースから音楽や芸能まで様々なジャンルを扱い、1975年には国際放送チャンネルとして、ラジオ・フランス・アンテルナショナル（Radio France International：RFI）をスタートさせ、1987年にはニュース専門のフランス・アンフォ（France Info）の放送を開始した。ラジオ・フランスにはこのほか、文学や芸術といった文化主体のフランス・キュルチュール（France Culture）、音楽が専門のフランス・ミュージック（France Musique）などがある。RFIは1986年、ラジオ・フランスから独立し、外務省傘下の国際放送会社、フランス・メディア・モンド（France Médias Monde）の運営チャンネルとなったが、その他のチャンネルはラジオ・フランスが統括した。

　結局、有力なテレビやラジオのチャンネルは国営企業の傘下に置かれ、それぞれ視聴者の獲得にしのぎを削っている。例えば、フランス5の中堅ジャーナリストは「戦略というものはないが、愉快なゲストを招き、視聴者が好む新しいテーマを選び、打ち解けた雰囲気で、様々な見方を示している」と打ち明けた[9]。ただ、国営ゆえに政府によって運営される放送局という認識が国民の間に存在する。

　ダニエル・アリンとパウロ・マンチニは、テレビが国家管理下に置かれた経緯を挙げ、フランスのメディアが「政治領域に支配される傾向が強い」と解説した（Hallin & Mancini 2004 p. 90）。2人は、市場メカニズムが発展し、商

9）2022年2月18日、フランスの調査会社フォーラム・エチュードが、オンラインでインタビューした。

業メディアが主流の「リベラルモデル（Liberal Model）」、社会・政治団体に関係するメディアと商業メディアが混在する「民主的協調主義モデル（Democratic Corporatist Model）」、商業メディアが弱く、メディアが政党に組み込まれている「分極的多元主義モデル（Polarized Pluralist Model）」の3類型にメディアを分類した。地中海沿岸の南欧諸国は「分極的多元主義モデル」が多いとし、フランスは「分極的多元主義モデル」と「民主的協調主義モデル」が混在したケースと位置付けた。つまり、フランスのメディアは、北欧諸国と比較し、政党や社会・政治団体の影響を受ける傾向が強いという分析である。

文化・言語政策と国際化

　近年の放送業界で特徴的なことは、フランスの文化や言語の振興を明確な使命としている点である。通信の自由に関する1986年9月30日法で、「ラジオで聴取率の高い時間帯に放送される音楽のうち、フランス語表現の作品は40％に達しなければならない」（第28条）と規定した。また、第五共和政下の憲法は元々、言語に関する条文はなかったが、1992年6月25日の改正で、「共和国の言語はフランス語である」と追記された（第2条）。さらに、フランス語の使用に関する1994年8月4日法が成立し、フランス語を「教育、労働、公の交流やサービスにおける言語である」（第1条）とした上で、公道、公的な空間、公共の交通機関、公的な情報はフランス語で表記することを義務とし（第3条）、デモ、討論会、会議などで配布する文書をフランス語で表記しなければならないとした（第6条）。担当する文化相、ジャック・トゥーボンの名前を採り、「トゥーボン法」と呼ばれた。一連の改革は、グローバル化の中で、英語文化の浸透に危機感を抱いた政府が、フランス語の使用を義務付けるための対抗策だった。CSAはラジオ局に対し、放送の15日前までに番組の編成表を提出させ、法規制が遵守されているか否かを確認した。若者には、アメリカの音楽を好む傾向があり、一部のラジオ局はこの規制に反対したが、CSAはこの割合の適用を維持し、2016年以降、一部の番組では、その割合は50％以上となった。

　放送業界でフランスの文化振興策が維持される一方で、国境を越えた資本

の提携が進み、放送事業は多国化している。欧州連合の前身、欧州委員会（Commission Européenne：CE）は 1989 年、「テレビ放送活動遂行指令（Directive concerning the pursuit television broadcasting activities）」を出し、CE 加盟国は、他の加盟国からの放送を制約なしに自国で見られるよう指示を出した。域内のテレビ産業を育成し、国境を越えた放送を保障するためであり、具体的成果として、1993 年 1 月にニュース専門の放送局・ユーロニュース（Euronews、本社：仏リヨン）が開局した。湾岸戦争で世界的な視聴者を増やしたアメリカの CNN テレビに対抗する意図もあった。欧州放送連合（Union Européenne de Radio-Télévision：UER）が運営主体となり、広告収入と UER 加盟局の分担金を財源とした。音声多重機能により、英語、フランス語、ドイツ語、イタリア語、スペイン語、ロシア語、ポーランド語、トルコ語など多言語で放映した。

その後、インターネット・テレビや携帯電話向け動画などの配信が広がり、視聴覚メディアが多極化したことを踏まえ、テレビ放送活動遂行指令は 2010 年、「視聴覚メディア・サービス指令（Directive concerning the provision of audiovisual media services）」に発展した。新たな指令は、国境を越えた視聴覚メディアの制作や流通を促すとともに、人権保護や広告表示などで共通の規制を設けるものだった。

フランスは、テレビ、ラジオ事業で国営放送を主体とする方針を維持している。同時に、欧州統合のけん引役として、放送や通信における域内の規制緩和や共同制作を支持する立場である。しかし、それによって、域内や国内でフランス語が埋没し、英語圏の文化や価値観に飲み込まれることを警戒している。

なお、CSA は 2022 年 1 月、インターネット上のコンテンツを監視する機関と合併し、視聴覚デジタル通信規制局（Autorité de régulation de la communication audiovisuelle et numérique：ARCOM）となった。

第3章　メディア公共圏の変遷

　第2章でみたフランス・メディア史を踏まえ、メディアが形成する公共圏の歴史と特徴を検証し、メディアと政治・経済権力との関係、情報とメディア利用者の関係、利用者相互の関係が作る空間を分析する。第1節では、ユルゲン・ハーバーマスの理論を軸に、欧米や日本でどのような公共圏議論が交わされてきたのかを振り返り、そもそも公共圏とはどのようなものか、メディアと利用者がどのように作用するのかについて、多くの主張や議論から共通点を探る。第2節では、18世紀後半のフランス革命期において、政治とメディアと大衆が関わる公共圏の形を描き出す。第3節では、主流メディアとしての新聞が大衆化する19世紀後半における公共圏の形を示し、前時代との違いを理解する。こうして、政治、メディア、民衆の関係性の歴史的な変化が、公共圏に変質をもたらしていることを明らかにし、第5章、第6章において、現代におけるメディア公共圏の特徴を把握するための足掛かりとする。

1.　公共圏概念の共通認識

ハーバーマスの「構造転換」

　公共圏の概念について、世界の研究者に大きな影響を与えたユルゲン・ハーバーマスの理論を理解する。ハーバーマスは、フランクフルト学派の第2世代と呼ばれる。この学派は、1923年にドイツ・フランクフルト大学に設立された「フランクフルト社会研究所」のメンバーを中心に結成された。2代目所長のマックス・ホルクハイマーが、思想的中核の役割を果たし、マル

クス主義的唯物論の影響を受けながら、「社会哲学的志向性を持つと同時に経験的方法を用いた社会諸科学による学際的研究」（阿部 1998 p. 40）をフランクフルト学派と位置付けた。研究所の主要メンバーの多くは、ユダヤ系であり、マルクス主義を研究対象としていたことから、1930 年代に反共のナチス・ドイツが台頭すると、迫害の対象となった。こうした経験により批判理論が展開され、マックス・ウェーバーの近代化論やジークムント・フロイトの精神分析理論の影響を受けながら、文化産業論としてのメディア研究が深化していく。

　ハーバーマスは第二次世界大戦中に少年時代を過ごしたが、父親がナチス党員であったことから、ナチスの青少年組織、ヒトラーユーゲントに所属した。終戦後、一般の中等教育機関に戻り、大学に進学し、ボン大学で博士号（哲学）を取得した。その後、フランクフルト社会研究所に所属し、フランクフルト学派の第 1 世代と呼ばれたテオドール・アドルノに助手として仕えた。ユダヤ系のアドルノは 1930 年代、ナチスの迫害を逃れるため、イギリスやアメリカに亡命しており、ナチス側にいたハーバーマスとの関係は良好ではなかったと言われている。

　ハーバーマスは、アドルノの思想を継承しつつ、その限界を批判しながら、独自の理論を展開していく。初期の代表的作品『公共性の構造転換』において、資本主義が発展する中で、絶対王政の対抗勢力として台頭したブルジョワジーによる公共圏の形成に着目する。同書では最初に、「公共」とは何かという問題に向き合う。「公共」という言葉が様々な語義を持つ点を踏まえた上で、最も頻繁な用法として、「世論とか、憤激した公衆とか、情報に通じた公衆での用法であって、公衆、公開性、公表などと連関する語義」と定義し、「公共性の主体は、公論（世論）の担い手としての公衆である」と位置付けた（ハーバーマス 1994 p. 12）。公共生活の領域は、私生活の領域とは別との考え方を示し、この区別が存在したのが古代ギリシャの都市国家であり、それがローマ時代に伝わったとみた。

　ハーバーマスによれば、中世において、「私生活圏から独自の領域として分離された公共世界」は存在していないが、私有財産と教養を持つ新興ブルジョワが台頭すると、ブルジョワが芸術批評を行うサロンやコーヒーハウス

1. 公共圏概念の共通認識

といった文芸的公共圏が生まれた。そして、17世紀中盤に日刊となった新聞が、行政当局の命令や指令を公示するために利用されるようになり、「公権力の受け手ははじめて本格的に公衆となった」とする（ハーバーマス1994 pp. 18, 33）。そして、実際に新聞が届くのは「教養ある身分」であるため、「ブルジョワ」という新しい層が、公衆の中心的な存在となる。ブルジョワとは、官吏、法律家、医師、牧師、将校、学者、資本家、貿易商、銀行家、出版業者、製造業者らで、彼らは「読書する公衆」として、都市の喫茶店、サロン、会食クラブで、文芸的公共圏を形成する。彼らに共通する特徴は、私有財産と教養であり、文芸的公共圏はやがて政治的公共圏に変質し、王政打倒の原動力となった。政治的公共圏は、「国民からなる公衆がおこなう討議をつうじた意見形成や意思形成が実現しうるためのコミュニケーションの条件を総括するものであり、それゆえ、規範的な側面を内蔵した民主主義理論の根本概念にふさわしい」のであり（ハーバーマス1994 p. xxx）、ここに政治的公共圏は民主社会におけるコミュニケーションの役割を担う。

　ところが、コミュニケーションのネットワークが商業化し、ジャーナリズムの事業が組織化され、そのために投下される資本が増加するようになると、公共的コミュニケーションに接近する選択肢は狭められてしまう。公共圏は、マス・メディアを通じて構造化され支配されるようになり、「権力が浸透したアリーナ」になる。つまり、先の文芸的公共圏は、マス・メディアによって消費文化的公共圏となった。こうして後期資本主義の時代に入ると、公共圏は広告とPRの空間として、広報活動の場となり、中世に戻ったかのように「再封建化」されてしまうのである。ラジオやテレビはそうしたマス・メディアの象徴であり、「読書する公衆を消費する公衆に変えた」（阿部1998 p. 165）のだった。公権力から干渉されなかった政治新聞は、市場の民間人により経営され操作されることで批判的な機能を停止する。これがハーバーマスの言う公共圏の「構造転換」である。マス・メディアの支配構造は少なくとも、この作品が出版された20世紀中盤まで続いたというのがハーバーマスの見方である。

「生活世界」と「システム」

　ハーバーマスは、中期の代表的作品『コミュニケイション的行為の理論』で、この「構造転換」をさらに分析し、「生活世界」と「システム」に空間を分けて社会をみる。「生活世界」は、家族や隣人らからなる私的領域と、私人や公民がつくる公共圏により構成され、言語による相互理解を目指し、文化の再生産や社会的統合に寄与する空間である。マス・メディアなどコミュニケーション・ネットワークは、公共圏の中核として位置付けられ、それにより私人は文化の再生産、公民は社会的統合の過程に加わる。これに対し、「システム」は、成果の実現を目指し、官僚制の権力と資本主義の貨幣に制御される空間である。ハーバーマスによれば、経済と行政の「システム」が高度に分化することにより、最初に資本主義的近代社会、やがてそれと一線を画す社会主義社会が成立する。問題は、「システム」の組織原理がさらに浸透していく時に起こる。「私的と公共性の二つの領域がどちらも今やシステムの環境世界となって生活世界から離れてゆく」（ハーバーマス 1987 p. 401）ことにより、重要な核を取られた「生活世界」の「システム」への従属が起こることになる。現状では、「システム」の価値が「生活世界」に侵入し、「生活世界」は「システム」に従い、機能不全に陥っている。つまり、「システム」の機能が、私的領域と公共圏という「生活世界」に浸透しているのである。

　ハーバーマスはその上で、マス・メディアの公共性の二面性について触れる。まず、マス・メディアの公共性について、「時間的・空間的に遠く離れたコミュニケイションの内容を潜在的に存在するネットワークに乗せることによって抽象的な同時性を作り出し、また多極化したコンテクストを送り出すためのメッセージを意のままに操ることによって、時間的・空間的に限定されたコンテクストの地方性からコミュニケイションの過程を引き離し、公共性を成立せしめる」（ハーバーマス 1987 p. 409）と位置付けた。その上で、その過程には、様々なコミュニケーションに序列をつけると同時に、相互の垣根を取り払おうとするアンビヴァレントな面があるとする。このため、マス・メディアが情報を統制しようとしても、「コミュニケイションの構造そ

れ自体のなかに、コントロールに抗して解放をめざす潜在力が組み込まれているので、社会的コントロールの権威的な潜在力を十分に汲みつくすことはいつの場合でもきわめて困難である」(ハーバーマス 1987 pp. 409-410) とし、マス・メディアの特徴の一つとして、「システム」を打破する可能性を見出している。

ハーバーマスは後期の代表的作品『事実性と妥当性』で、こうした特徴を持つ公共圏について、「内容と態度決定、つまり意見についてのコミュニケイションのためのネットワークだと言いうるにすぎない」(ハーバーマス 2003 p. 90) と改めて幅広く解釈している。具体的な空間として、「広場、劇場、アリーナ、等々」を想定しているが、こうした物理的な空間から、メディアによって媒介された空間も視野に入れ、「地球全体に散在する読者・視聴者からなり、マス・メディアによって作りだされる、抽象的な公共圏」(ハーバーマス 2003 p. 105) と認識している。さらに、メディアと「生活世界」や「システム」との関係について、公共圏のコミュニケーション構造は、「生活世界」の社会的構成要素に根を持ち、「非国家的・非経済的な共同決定および連帯的結合」として市民社会を形成するのに役立ち、これに貢献するのが、報道の自由であり、「ジャーナリズムによる報道の自由に敏感でありつづけねばならない政治システムは、政党の活動と国家市民の選挙権を通じて、公共圏および市民社会と連動している」(ハーバーマス 2003 p. 99) と指摘した。ジャーナリズムに根を下ろし、報道の自由を得たメディアは、「生活世界」を基盤に、「システム」を監視する機能を持ち、市民社会に貢献するとの見方である。ただ、考慮すべき点として、資本主義が進化すると、公共圏は「マス・メディアと大規模な広告代理店により支配され、市場調査と世論調査の諸機関によって研究され、政党やさまざまな団体の広報活動、プロパガンダ、広告宣伝が蔓延している」(ハーバーマス 2003 p. 97) とし、マス・メディアの弊害を指摘した。

公共圏に関する議論の活発化

こうしたハーバーマスの認識について、多くの議論が展開された。その一つが、『公共性の構造転換』の英語版が出版されたのを契機に 1989 年 12 月

表11　ハーバーマスの公共圏における制度的基準の概要

自律性	哲学・文学・芸術作品の解釈を教会や国家の権威に委ねず、合理的な相互理解で意味を求めること
公開性	討論対象を入手し議論できる財産と教養さえあれば、討論に参加できること
平等性	社会的地位を度外視し、単なる人間として対等に議論すること

に米ノースカロライナ大学で開かれた国際会議を土台にした論文集『ハーバーマスと公共圏（*Habermas and the Public Sphere*）』である。書籍をまとめたクレイグ・キャルホーンは序文で、『公共性の構造転換』の弱点として、「古典的な」ブルジョア的公共圏と、それが転換された後の「組織」資本主義ないしは「後期」資本主義の公共圏を同列にあつかっている、としたうえで、「公共圏の衰退を過大評価することになった」と指摘した。『公共性の構造転換』の主張に照らすと、資本主義がさらに進化した1960年代に批判的な政治的公衆が影響力を増した点を説明できず、キャルホーンは、マス・メディアの公共的な役割がもたらしたものを否定できない、とした。そして、公共と私的、システムと生活世界、という二分法的な理解の仕方に問題点を見出した（キャルホーン 1999 p. 24）。

　また、ナンシー・フレイザーはこの論文集の中で、公共圏について、「話しあいという媒体をとおして政治参加が決定されるモダンの社会における劇場」「市民が共通のものごとについてじっくりと議論をおこなう空間であり、したがって討議という相互作用がおこなわれる制度化された舞台」と定義し、民主主義に基づいた政治的な実践にとって不可欠な空間とした。そのうえで、ハーバーマスの研究が、「自由主義的なブルジョア的公共圏モデル」であることに着目し、「公式の公共圏がかなりの部分の人びとの排除にもとづいており、じっさいにその排除が重要な構成要素をなしていた」と批判した。さらに、「社会的な不平等が存在するところでは公共圏における協議の過程が支配集団に有利に、従属集団に不利に働く傾向がある」とし、従属集団として、女性、労働者、有色人種、ゲイとレズビアンを挙げた。そして、20世紀後半にアメリカでフェミニストが、対抗的な公共圏を形成した点に着目し、こうした「下位の対抗的な公共圏の拡大」は、「討議の場において議論が拡

1. 公共圏概念の共通認識

大していることであり、それば階層社会にとって歓迎すべきこと」であり、多文化的な社会に意味を与えてくれるとした（フレイザー 1999 pp. 119-139）。

日本でも近現代社会における公共圏の分析が活発化した。以下、主な論点を紹介する。花田達朗は公共圏について、「言説や表象が交通し、抗争し、交渉しつつ、帰結を生み出していく、そういう過程が展開される社会空間」としつつ、「私人の生活領域に発し、表象の世界である公的意味空間のなかへと編入される自由の領域であり、その存在によって社会的共同性の編制は可能となる」と定義している。また、ハーバーマスにとっての公共圏について、「国家と社会の分離という近代成立の基本構図において、その両者の間に存在して媒介項となる空間」と位置付けている（花田 1996 pp. 3, 58, 77）。

吉田純は、ハーバーマスの文芸的公共圏において確立された制度的基準を自律性、公開性、平等性の3点に集約している。表11がその概要である。

この3基準は文芸的公共圏が政治的公共圏に変化するための基礎となった。つまり、政治的公共圏は、この「3つの制度的基準をもつコミュニケーションのネットワーク」なのである（吉田 2000 pp. 177, 179）。

この3基準を理想的な政治的公共圏にあてはめると、自律性は政治や経済の権力から独立していること（自律性）、公開性は制約なくメディアに接し、共通の公的な関心について、情報の発信者と受信者の間でコミュニケーションが行われること（双方向性）、平等性は出自や地位に関係なく様々な人と対等に議論できること（対話性）に換言されるだろう。序章で示したメディア空間の簡略図にこれをあてはめると、図5のようになる。①自律性、②双方向性、③対話性の基準が十分に機能すれば、民主的議論が起こり、それに依拠した政治的影響力が、システムを監視する機能を持つことで、ハーバーマスが理想とする政治的公共圏に近づく

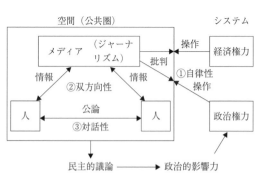

図5　本書で用いるメディア公共圏の分析基準

ことになる。逆に機能しなければ、民主的議論は起こらず、民主主義の維持
は危うくなる。こうした認識を踏まえ、図5は本書における分析モデルを示
している。

2. 革命期のカフェ

政治家の出版物

公共圏の概念や視点を踏まえ、18世紀後半のフランスでメディア公共圏
がどのように機能したのかを検証したい。

ユルゲン・ハーバーマスによれば、メディア公共圏の主体となるのは、公
衆（Le public）である。公衆は、私有（民間）圏にある市場、親密圏にある
家族とは異なり、「芸術と文化の受け手、消費者、批評家としての読者、観
客、聴衆」だった。こうした文芸的公共性はやがて、当局によって規制され
てきた公共性を自己のものと主張する政治的公共性に変質する。「読書する
公衆」は「議論する公衆」となり、フランス革命が、「当初は文芸と文化批
評に限定されていた公共圏を政治的なものへと突き動かす引き金となった」
のである（ハーバーマス 1994 pp. iv, 50, 76）。

これを可能にしたのが、公共的なコミュニケーションの出現である。ハー
バーマスはその具体例として、ドイツのケースを挙げ、19世紀半ばまで、
「本・雑誌・新聞の生産がかなり拡大し、文筆家・出版社・書店が増え、貸
出文庫や図書室、とりわけ読書協会」が大きな役割を果たしたと指摘する
（ハーバーマス 1994 p. iv）。フランスでも革命期に出版物が急増し、徐々に大
衆の間に広がっており、ハーバーマスはここに大衆的な公共圏の形成を見た。
ハーバーマスはクレイグ・キャルホーンが主催した国際会議で、「大衆的な
公共圏は、18世紀後半に文芸的な公共圏との競合過程において生じた。そ
れは、18世紀後半の革命期のフランスにおいてすでに観察できる」と述べ
ている（キャルホーン 1999 p. 309）。パトリス・フリッシーも、革命期の新聞
について、「政治動向を表現する手段であり、かつ、共同体の中心的な存在
だった」と言及した（フリッシー 2005 p. 99）。花田達朗は「新聞とはそもそも、

2. 革命期のカフェ

表12　ジャック・ゴデショが挙げた革命期の代表的なパンフレット

創刊者・主宰者	パンフレット名
カミーユ・デムラン	ラ・フィロソフィ・デュ・プープル・フランセ
ルイ＝ピエール・ドゥフルニー	カイエ・ドゥ・カトリエーム・オードル
ジャン＝ポール・マラー	オフランドゥ・ア・ラ・パトリ
ミラボー	ラペール・ア・ラ・ナシオン・プロヴァンサル
マクシミリエン・ロベスピエール	ア・ラ・ナシオン・アルテシエンヌ

この西欧近代に発生した公共圏という空間を成り立たせ、そこの住人として
の公衆を生み出した媒介物」とした（花田 1996 p. 293）。ここでは、そうした
出版物の特徴や、それがいかにして公共圏の形成に資することができたのか
をみていく。

　王権の中央行政機関・王立評議会が1788年7月、報道の自由を認めて以
来、多くの新聞やパンフレットが出版された。この時代の印刷物を研究する
歴史家、ジャック・ゴデショが挙げている代表的なパンフレットは表12 の
通りである（Godechot 1988 p. 54）。

　彼らに共通するのは、政治的な意思や主張を持ち、出版物を通じてそれを
表明したことであろう。ジャーナリストや編集者というよりも、政治家と言
ってもよい。当時のパンフレットは、一定の間隔を置いた号数を用いず、1
回または不定期な複数回で、編集者が自らの主張を展開した。多額の資金や
多数の人材を必要とせず、参入の障壁は低かった。1789 ～ 1793 年にかけて、
発行されたパンフレットは 200 を超えたと言われる。編集者はパンフレット
が一定の効果を得ると、一定の間隔を置いて発行するようになる。こうして
表れたのが、「号数付パンフレット（pamphlet numéroté）」である。やがて、
題号や号数とともに、段階的に出来事や論評を伝える新聞が出版されるよう
になり、一部は多くの読者を集める。革命期には、新聞、パンフレット、号
数付パンフレットが混在し、いずれも政治的主張を繰り広げる手段となった。
ゆえに、反王政派の公共圏は、①の自律性において、「権力」や「貨幣」か
ら受けた影響は少なく、逆に「権力」をゆさぶる立場にあったと言えるだろ
う。

読み・語る空間

こうした出版情報を基に、「共通の公的な関心について、コミュニケーションが行われ、その内容が広く伝わる社会的な空間」として当時機能した一つがカフェだった。

フランスでは 1644 年、コンスタンティノープル（現イスタンブール）からマルセイユにコーヒーがもたらされ、マルセイユの実業家ジャン・ドゥ・ラ・ロックは 1671 年、地元にカフェをオープンし、原料を中東の商人から注文した。コーヒーは 1669 年、トルコ帝国のメフメト 4 世が派遣した使者によりフランス宮廷にも伝わり、ルイ 14 世が一時愛飲するところとなった（Lafon 2021 URL）。パリで初めてカフェが開店したのは 1672 年であり、初期の有名店としては、1689 年にコメディ・フランセーズの反対側に開かれたル・プロコープ（Le Procope）がある。フィレンツェ出身の実業家プロコピオ・ディ・コルテッリが、「鏡や大理石の板、優美な家具を活用、これまでコーヒー店といえばトルコ風の内装が普通だったのだがそれに代えて、ヨーロッパ趣味にふさわしい店」（ティーレ＝ドールマン 2000 p. 263）に改装し、文学者や芸術家が訪れる店となった。18 世紀に入ると、小説家・思想家のヴォルテール、ジャン＝ジャック・ルソー、ドゥニ・ディドロ、ジャン・ル・ロン・ダランベールらが出入りする「文学カフェ」として有名となり、演劇やオペラが批評される場所となった。18 世紀後半になると、ジャン＝ポール・マラーやジョルジュ・ジャック・ダントンらも顔を出すようになり、1872 年に閉店するまで、政治議論が盛んに行われるようになった。今林直樹は、革命期に「クラブ的諸党派が形成され、日刊の政治新聞が発行されるなど、政治的公共性の制度化が進行していく。（中略）その制度化の事例の一つがカフェであった」とし、ル・プロコープについて、「話題は文芸的なものから政治的なものへと波及していき、プロコープは政治的公共性となっていった」と指摘した（今林 2014 p. 7）。新聞を材料にして、カフェで継続的に政治的議論が行われ、フランス革命が新たな秩序に向かう創造力を生み出したとの分析である。

カフェはル・プロコープだけではない。1716 年に 300 店あったパリのカ

フェは、1788 年には 1800 店に膨らんだ（ティーレ＝ドールマン 2000 p. 266）。単にコーヒーを飲む場ではなく、芸術家や音楽家が集まり、議論する場としては、カフェ・カヴォ（Café Caveau）、カフェ・パルナス（Café Palnas）といった有名店も生まれた。また、チェスに興じる娯楽の場となった。さらに、新聞を読み、それに基づいて議論する場にもなった。フランスで日刊紙が初めて登場したのは 1777 年であり、オランダやイギリスに比べ、メディアの発達は遅れており（Darnton 2000 p. 7）、パンフレットや新聞の発行は増加したとはいえ、それを手に取ることができる数少ない施設の一つがカフェだったのである。新聞は当時高価で、定期購読が原則だったため、自ら購読する余裕のない市民は、新聞を購読しているカフェに赴き、情報を得たのである。

　「ヌーヴェリスト（Nouvelliste）」と呼ばれたジャーナリストも出入りし、多くの情報を見聞きし、そこで原稿を書いたり、修正したりした（寺田 2003 p. 30）。ルイ 16 世とマリー・アントワネットの豪華な生活が、新聞によってそれぞれ豚と蛇として描かれ、検閲を通り抜け、カフェやサロンで話題となり、政治的議論が盛り上がった。カフェは、「人々が出会い、議論する代表的な場所であり、情報を交換し、政治を議論する場」であり、「私生活と公共圏（espace public）を仲介する場所」となった（Lafon 2021 URL）。「背広を着て新聞記事を話の種に盛り上がる」空間であり、「新聞を読み、食事を取り、手紙を書き、自分宛の郵便を受け取り、談笑する」空間だったのである（渡邊 2017 p. 226）。反王政派の公共圏では、情報の提供者と受容者における双方向性が確保されていたと言える。

　フランス国立図書館（Bibliothèque Nationale de France）に所蔵されている絵画「カフェ・カヴォの動議作成者たち（Les motionnaires au Café du Caveau）」は、カフェ・カヴォの店内で、国民議会に提出する動議を作成する人々の様子が描かれている。絵の右側には立ちながら新聞を読む男性、中央には新聞を売ろうとする少年、後方の円柱には客に伝える張り紙があり、店内にいくつかのグループに分かれ、話し合っている。新聞やチラシを材料に人々が議論し、政治的意思を形成していたことがうかがえる。

　革命期にはこのほか、新聞を置く「読書室」も存在し、多くの人々でにぎわったが、これも同様の背景があった。19 世紀中盤にかけて、パリではこ

うしたクラブが数百か所開設され、ニュースを知りたい市民が集まり「情報
ネットワークの結節点になった」（宮下 2002 p. 138）のである。

反王政派の決起

　政治色を持つようになったカフェは、党派に色分けされていく。王党派の
たまり場として、カフェ・ドゥ・シャトル（Café de Chartres）があり、今日
のレストラン、ル・グラン・ヴェフール（Le grand Véfour）の原型である。
カフェ・ドゥ・ヴァロワ（Café de Valois）には、立憲君主派が集まった。反
王党派で有名となったのは、カフェ・ドゥ・フォワ（Café de Foy）やル・プ
ロコープで、王政打倒を目指す革命派の知識人のたまり場となった（表13）。
常に政治的な議論が行われたわけではないが、時が来ればその舞台となった。
まさに、「革命の種がまかれた舞台」となった（Gilpin 2020 p. 4）。
　1789 年 7 月 11 日、第三身分出身の財務長官で、緊縮財政を訴えたジャッ
ク・ネッケルが、ルイ 16 世によって罷免された。翌 12 日、この情報がパリ
市内に伝わると、デムランが人々に対し、王政に武器を取って対抗するよう
に呼び掛けた。その舞台が、カフェ・ドゥ・フォワだった。この後、デムラ
ンと約 1000 人の支持者は、傷病兵を看護する施設だったアンヴァリッド宮
（L'Hôtel des Invalides）に行進し、大砲とマスケット銃を強奪した。これが
14 日のバスティーユ牢獄襲撃事件に使用されることになり、「カフェと革命
との関係は明白となった」（Gilpin 2020 p. 5）のである。
　ル・プロコープでは、バスティーユ牢獄襲撃事件の翌 7 月 15 日、ダント
ンが集まった市民に呼びかけ、市庁舎に向けたデモ行進につながった。
　カフェ・ドゥ・フォワに出入りしていた有名人の中には、テロワニュ・ド
ゥ・メリクールがいた（Grafe & Bollerey 2007 p. 76）。才能ある弁舌家として反
王政の演説を行い、後に「革命のアマゾネス」と言われた。1789 年 10 月、
食糧難に直面していたパリの女性たちが、ヴェルサイユ宮殿まで行進し、ル

表 13　党派に色分けされたカフェ

王党派	カフェ・ドゥ・シャトル
立憲君主派	カフェ・ドゥ・ヴァロワ
革命派	カフェ・ドゥ・フォワ、ル・プロコープ

イ 16 世とマリー・アントワネットをパリに連行した事件では、メリクールがカフェで行進を鼓舞したと言われている。

カフェでは、コミュニケーションの空間として、家族や職場とは異なる人間関係が構築され、議論が行われた。阿部潔は「カフェでの議論の内容を伝える政治新聞に媒介されながら」政治的公共圏が成立したと解説する（阿部 1998 p. 70）。カフェで話題となった王政や宮廷の「ヌーヴェル（Nouvelle）」は、ジャーナリストによって、パリのルクサンブール公園などカフェの外の公共の場でも提供されるようになった。こうして新聞やパンフレットは次々に発刊され、「今日よりも読者の投書欄は多く、ジャーナリストと公衆の間で直接往復する通信が存在した」のだった（Jeanneney 2000 p. 61）。反王政派の公共圏では、カフェに集まる人同士の間に③の対話性が確保されていたことが分かる。革命政権は 1791 年 6 月、シャプリエ法（La loi Le Chapelier）を公布し、職人や労働者が集会を行うことを禁止した。抗議行動が自らに飛び火するのを回避する狙いだった。このため、カフェは合法的に集まることができる場所として、さらに労働者のたまり場になっていくのである（Diliberto 2018 p. 5）。

ジル・フェイェルは、こうした新聞やパンフレットを「フランス革命に関与したジャーナリズム」と呼び、「革命のジャーナリズムは当初から、倫理的な権力であり、市民に仕え、国家権力に対峙する真実と自由の権力である」と意義付けた（Feyel 2003 pp. 28, 32）。王政期に発達しなかったジャーナリズムは、革命期においてその役割を担ったのである。

先鋭化する論調

ここで注目すべきことは、カフェで提供された新聞やパンフレットが、必ずしも事実を伝えたわけではなく、政治的主張が前面に出た論説だった点である。ヴェルサイユ事件などが起こるたび、メディアは政治的立場が異なるため、相互に批判する論陣を張った。少し時代が下るが、1868 年時点で、反体制派の新聞は 12 万 8000 部、政府支持の新聞は 4 万 2000 部であり（Dupuy 1959 p. 17）、論調によって政治的な色分けが進んでいたことがわかる。

政治的主張が明確に表れた新聞の一つが、ジャック＝ルネ・エベールが、

自らのあだ名を用いて、1790年に創刊したル・ペール・デュシェーヌ（Le Père Duchesne）である。卑語を使って王党派やブルジョワを猛烈に批判し、特にウィーン生まれのマリー・アントワネットに対する激しい敵意で知られた。作家デボラ・キャドベリーによると、同紙は「マリー・アントワネットが異常な性欲の持ち主で、誰とでも関係を持ち、ふしだらである」との記事を繰り返し掲載し、7歳の王子（ルイ17世）は「雌猿の息子」であり、「絞め殺すべき、ちっこい狼の子」と書かれた。結果として、「オーストリアのあばずれ」に対する嫌悪感は高まり、エベールは同紙を通じて「大衆の広い支持を相変わらず受けていた」のだった。アントワネットは1793年10月16日、公費乱用や背徳などの罪で革命裁判所から有罪判決を受け、パリの革命広場で処刑された。エベールはその光景を描写しながら、「娼婦の首から（頭が＝筆者挿入）切り離されたのを見たことは、ル・ペール・デュシェーヌの最大の喜びであった」と書いた（キャドベリー 2005 pp. 184-201）。しかし、エベールは、急進的な思想と過激な報道が危険視され、1794年に斬首刑に処せられた。エベールが指摘したアントワネットの性的関係は後に立証されず、事実ではない報道が民意をあおり、アントワネットの斬首刑を支持する民衆を生んだというのが真相のようだ。

　事実よりも政治主張を前面に出した報道は様々な悲劇を招く原因となった。1792年に入ると、プロイセンが革命を粉砕するためにパリに侵攻するとの危機感が高まった。さらに、反革命の容疑で牢獄に収監されていた囚人が、この機に乗じて、革命派義勇兵の家族を虐殺するとのうわさが流れた。マラーは自ら発刊したラミ・デュ・プープル紙で、革命の敵を殺害するよう呼びかけた。ルイ・マリ・スタニスラ・フレロンは自身の新聞、ロラトゥール・デュ・プープル（l'Orateur du Peuple）で、民衆の蜂起を訴えた。マラーやフレロンの記事で「恐怖心」を植え付けられた民衆は9月2日、武装して牢獄に向かい、囚人の虐殺を開始した（Godechot 1988 p. 113）。約1300人が殺害されたとされる9月虐殺の始まりだった。公共圏がもたらす暴力について、ハーバーマスは、「すべての公共圏が、あいかわらず暴力に依存している」（ハーバーマス 1999 p. 325）とし、空間の中で暴力的行為が行われる点に言及した。フレロンはその後、ロラトゥール・デュ・プープル紙で、マクシミリ

エン・ロベスピエールを支える政治結社「ジャコバン・クラブ」を批判し、1794年7月27日のクーデターで、マクシミリエン・ロベスピエールを逮捕、処刑する政変に大きな役割を果たしたと言われる。

18世紀末のメディア公共圏

フランス革命は、カフェが重要な舞台となった。カフェに新聞、チラシ、パンフレットが置かれ、人々がそれを基に情報を交換し、そこに王政への抵抗を先導する政治家が現れた。草創期の出版物が高額で、民衆に普及していなかったため、情報に飢えた民衆の集まる場所がカフェだった。特に、図6のように、反王党派が集まるカフェは、政治・経済権力の制約を受けず、反王政を批判する出版物が読まれ、政治・経済権力が介入する余地はなかった。そこにはジャーナリズムの機能もうかがえる。ジャーナリストがカフェで情報を拾っていたことは、情報の双方向性を物語っている。出版物を作る側と受ける側の間で政治が語られたことは、メディア利用者の間で対話が頻繁に行われたことを示している。こうして反王政の公論が拡大する状況に、ハーバーマスは「システム」から自律した公共圏の姿を見たに違いない。権力を監視するメディアによって情報が行き来し、人々が民主的な議論を行う空間だったと言える。ただ、発信される情報が事実とは限らず、多分に誇張された政治談議が流布することになり、それが民衆を暴力に駆り立てる一因になったと言える。

留意すべきことは、カフェには同様の意見を持つ人が出入りし、カフェが異なれば、政治色が異なっていたことである。つまり、上記の空間の相互関係は、反王党派が集まる空間であり、王党派が集まる空間では、相互関係が変化する。また、カフェに出入りしない民衆

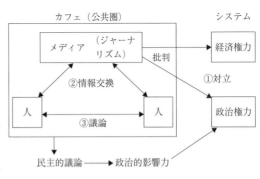

図6　18世紀末のカフェにおけるメディア公共圏

も多く、そこには全く異なる空間が存在していた。さらに、当時新聞を読める層が少なかったことを考えると、図6の公共圏が民意を反映し、革命を推進した空間になったとしても、時代の大勢を象徴的に反映した空間とは言えないだろう。

3. 扇動される民衆

一部売りの低価格化

前章で示したように、19世紀中盤に入ると、新聞は印刷機の改良で、大量に印刷することが可能になった。高額だった価格は下がり、定期購読から一部売りが主流となり、部数は飛躍的に伸びた。1870年の合計部数は、パリの日刊紙が100万部で、1852年比で6.7倍となり、地方の政論日刊紙は90万部で、1853年比で2倍となった（Albert 2018 p. 44）。新聞の「黄金時代」を前にした第二帝政から第三共和政に至る1860～1870年代において、主な新聞と市民の閲読状況をみてみる。

ナポレオン3世の帝政を支持する新聞としては、フランス革命以来、政府支持の立場をとるル・モニツール・ウニヴェルセルがあった（以下、表14参照）。ナポレオン3世は帝政支持の世論を強化するため、ル・ジュルナル・オフィシエル・ドゥ・ランピール・フランセ（Le Journal Officiel de l'Empire Français）を創刊し、これが帝政期の正式な官報となった。このほか、ナポレオン3世支持の新聞としては、王政復古時代に創刊され、ポーリン・

表14　帝政派と反帝政派の主な新聞

創刊年	帝政派
1789	ル・モニツール・ウニヴェルセル
1815	ル・コンスティチュショネル
1869	ル・ジュルナル・オフィシエル・ドゥ・ランピール・フランセ

創刊年	反帝政派
1863	ル・プティ・ジュルナル
1865	ラ・リベルテ
1865	ラヴニール・ナショナル

3. 扇動される民衆　　　　93

表15　新聞の性格の違い

時期	印刷	価格	読者	主な閲読場所
18世紀後半	少量	高価	教養人	カフェ
19世紀後半	大量	廉価	労働者・農民も	自宅

リマイラックが編集長を務めたル・コンスティチュショネル（Le Constitu-
tionnel）、カサニャック親子が運営し、論争的な紙面で知られたル・ペイ（Le
Pays）、中立からナポレオン主義に転じたル・ゴロワ（Le Gaulois）やル・フ
ィガロなどがあった。

　反政府派としては、エミール・ドゥ・ジラルダンが1866年に買収した
ラ・リベルテがあった。複数の新聞を発行したジラルダンは、共和政支持で
知られており、1872年に買収したル・プティ・ジュルナルでも共和政を擁
護する論調を展開した。共和派のアルフォンス・ペイラが運営するラヴニー
ル・ナショナル（L'Avenir National）は、反教会の紙面を展開した。このほ
かの反政府派としては、リュニベール、ラ・ガゼット・ドゥ・フランスなど
があった。

　様々な新聞が発行され、部数を伸ばした背景には、新聞を購入する読者が
増加した事情がある。識字率の向上や、地方に新聞を輸送する鉄道網の整備
とともに、前章で紹介した大量印刷と広告費の導入で、新聞の価格は安くな
った。内容も政治一色ではなく、商況、社会、芸術、文化、スポーツの記事
も掲載された。連載小説は話題となり、読者獲得につながった。多様なニュ
ースを読みやすく報道する編集方針が主流となり、読者層は労働者や農民と
いった低所得者層にも広がった。一部売りに対応するため、市内各地に販売
所が設けられた。表15で示したように、高額の新聞を読むため、カフェや
読書室を訪れる必要はなくなり、自宅や街角で新聞を読む習慣が定着した。
結果として、パリの読書室は1875年、全盛期の半分となった。価格破壊と
ともに、一部売りも可能となったため、もはやそこに出入りして新聞を読む
必要はなくなったのだ。ゾイニック・ドナンは、当時の状況について、「犯
罪や話題性のあるニュースを満載した大衆新聞が、より厳格な政治新聞を押
しのけて地歩を固め、勝利を収めた」と書いた（Donin 2012 p. 4）。

　大量印刷と広告収入を必要とする新聞の発行には、多額の資本が必要とな

った。新聞は経営状況の良し悪しによって、19世紀後半から20世紀初頭にかけて、前章で紹介した4大紙に淘汰されていく。この過程で、経営の改善が優先課題とされ、ジャーナリズムの価値が置き去りにされる事態が生じた。ジャン・シャラビーは、フランスの新聞がロシア政府から巨額の広告を得て、ロシア批判を控えた点を挙げ、「経営面で脆弱な状態によって、情報発信が大きく制限され、資金のために報道しないということもあった」と指摘した（Chalaby 2001 p. 293）。ハーバーマスは、この時代について、「新聞は資本主義的経営体へ発展するにつれて、新聞に影響力を行使しようとする経営外の利害関係の緊張場面へも引きだされることになる。（中略）新聞は商業化にともなって、それ自身も外部からの操作を受けやすくなる」と記している（ハーバーマス 1994 p. 253）。ジャーナリズムにとって試練となる環境が形成されていたのである。

新聞の影響力の拡大

1860年代に新聞が部数を伸ばす中、反対派メディアは、第二帝政への攻撃姿勢を強めていく。その影響力を知るため、この時代に国民議会議員兼ジャーナリストだったアンリ・ロシュフォールを実例として挙げる。

ロシュフォールは1869年12月、隔週紙ラ・マルセイエーズを創刊した。1868年7月に創刊したラ・ランターンの後継紙で、第二帝政に反対し、ナポレオン3世を攻撃していた。ラ・マルセイエーズが、ヴィクトル・ノワール暗殺事件の発生に関係した。以下、事件の経緯をひもとく。

ナポレオンの出身地、コルシカ島では、帝政支持のラヴニール・ドゥ・ラ・コルス（L'Avenir de la Corse）と、反帝政派のラ・ルヴァンシュ（La Revanche）の両紙が対立していた。ナポレオン3世のいとこで、かつてコルシカ島選出の国会議員だったピエール゠ナポレオン・ボナパルトは、ラ・ルヴァンシュの編集者を殺害すべきという記事をラヴニール・ドゥ・ラ・コルスに掲載した。これに激怒したラ・ルヴァンシュのパリ特派員が、記事の撤回と決闘を求めるため、1870年1月、21歳のジャーナリストだったノワールをピエールの自宅に派遣したところ、ピエールがノワールを銃殺した。この時、ピエールは、ラ・マルセイエーズの記事に反発し、ロシュフォールに

決闘を申し込んでおり、ノワールとは別に、ロシュフォールの使者が決闘の条件を話し合うため、ピエールの自宅を訪れる予定だった。当時、決闘とは、対立する2人が、名誉を守るため、事前にルールを決めた上で戦うもので、どちらかが死傷しても刑事責任は問われることは少なかった。

　状況によっては自分の使者が殺害されたかもしれないロシュフォールは衝撃を受けたに違いない。ロシュフォールは事件の翌日、所有するラ・マルセイエーズの紙面で、1852年に始まった第二帝政を強烈に非難した（Dupuy 1959 p. 24）。反帝政派の新聞は、こうした論調で、事件を機に第二帝政を激しく糾弾した。

　パリの民衆はそれに刺激された。ノワールの葬儀に10万〜20万人の群衆が押し寄せたのは、新聞を読み、市井で情報交換が行われた結果だった（Bruchard 2022 URL）。1789年7月のバスティーユ牢獄襲撃事件の直前、カミーユ・デムランがカフェ・ドゥ・フォワで、ジャック・ネッケル財務長官の更迭を批判し、行進に参加した市民が1000人規模だったことを考えると、民衆の反応の桁数の違いがうかがえる。もちろん、事件の性格や社会情勢の違いから単純に比較できないが、「殺害のニュースが広がるにつれ、パリで市民の興奮は最高潮に達した」（Ben-Amos 2000 pp. 97-98）という状況は、新聞の媒体力が格段に増し、自宅や街角でメディアと市民との公共圏が形成されていたと言えるだろう。こうして帝政への怒りが示され、第二帝政の崩壊を求める民意は、徐々に形成され、実際にそれが政治を動かす現象となっていく。

廃位を後押しした群衆と新聞

　ここでは、新聞が群衆を鼓舞し、政変のきっかけを作る別の状況をみていく。

　1860年代には、フランスとプロイセンの対立が深まった。きっかけは、スペインで1868年9月に起こった革命で、女王イサベル2世がフランスに逃れ、王位が空位となった事件である。国力を増強していたプロイセンの首相オットー・フォン・ビスマルクが、プロイセン国王ヴィルヘルム1世のホーエンツォレルン家の家系を引き継ぐレオポルトをスペイン王に就けようと

表 16　プロイセンに対する好戦派新聞の論調

日付	新聞	論調
7月13日	ル・ペイ	「我々は（外交結果を）待ちわびている。我々は今、フランスの国益と帝政の必要性から緊急に強く戦争を求める」
7月15日	リュニベール	「世論は大胆な行動を要求することで一致している。世論は外交的な解決に失望するだろう」
7月15日	ラ・リベルテ	「プロイセンが戦いを拒むなら、我々はその背中に一撃を加え、ライン川に後退させ、左岸を開放するだろう」

（Dupuy, Aimé, 1870-1871 La guerre, la commune et la presse, から作成）

画策した。レオポルトが王位に就けば、プロイセン・スペイン連合が誕生し、フランスは挟撃されることになる。このため、ナポレオン 3 世はこれに反対し、プロイセンに推薦を取り下げるように圧力をかけた。1870 年 7 月 12 日にレオポルトが王位を辞退したことで事態は収束するかにみえた。しかし、翌 13 日、フランスの外相アジェノール・ドゥ・グラモン公爵はラーン川沿いの保養地バート・エムスに滞在していたヴィルヘルム 1 世に大使を派遣し、今後もホーエンツォレルン家からスペイン王位の候補者を出さないよう明文化することを要求した。ヴィルヘルム 1 世はこれを拒否し、一連の経緯を電報でビスマルクに伝えた。ビスマルクは、この会談で大使が無礼な態度で明文化を求め、ヴィルヘルム 1 世が毅然とした態度で大使との引見を拒否したという印象を与える内容に簡略化し、外務省を通じて一連の経緯をジャーナリストに公表した。プロイセンではこれをフランスの非礼とする世論が高まった。一方のフランスでは、翌 14 日の革命記念日にヴィルヘルム 1 世が下士官を通じて大使に拒絶の意を伝えたと報じられ、これを大使への無礼とする好戦的なナショナリズムが高まった（表 16）。後世の歴史家が名付けたエムス電報事件である。開戦で内政への不満をそらそうとしたナポレオン 3 世が、世論を味方につけるために電報内容を公表し、民衆の怒りを誘ったとの説もあるが、仮にナポレオン 3 世が開戦を望まなくても、「エムス電報事件後、世論によって戦争は起こっただろう」（Stengers 1956 p. 745）という見方が根強い。エメ・デュプイは、当時の有力紙の論調を分析し、7 月 14 日以降は、「当初は非戦派だったル・プュブリック紙も含め、新聞は好戦的で軍事力を求める論調で一色となった」と書いた（Dupuy 1959 p. 37）。

　こうした中、フランス上院は開戦を議決し、ナポレオン 3 世は 1870 年 7

月 19 日にプロイセンに宣戦布告した。周到に開戦の準備を進めていたプロイセンとは異なり、フランスは準備不足との声が多く、戦争反対を訴える論調も存在したが、ヴィクトル・ノワール暗殺事件などで批判にさらされてきたナポレオン 3 世の決断には、国内政治への不満を国外にそらす、あるいは好戦論に抗すれば政権運営がもたない、という計算が働いたのかもしれない。

　普仏戦争の開戦後、プロイセンに対する世論は硬化し、多くの新聞は、戦況が好転しているという参謀本部の発表をそのまま伝えた。宿敵プロイセンとの戦争継続がメディアの最大の関心となり、ナポレオン 3 世や第二帝政への批判は影を潜めたかに見えた。しかし、戦況の悪化が国内政治に影響を与えていく。1870 年 8 月 4 〜 6 日、フランス軍がアルザス北部ヴィサンブールの戦いで敗北すると、共和派系の新聞 10 紙の編集長は結束を呼び掛けた。これが後の国防政府発足の前触れと言われている。

　フランス軍はその後も北フランスでプロイセン軍に圧倒され、9 月 1 日にはセダンの戦いで敗北し、ナポレオン 3 世も拘束された。戦意を喪失したナポレオン 3 世は、プロイセンに降伏の意を伝え、3 日には捕虜としてドイツに移送された。対応策を協議するため、9 月 4 日未明から、パリのブルボン宮殿（現：国民議会議事堂）で、議会の審議が始まった。共和派左派のレオン・ガンベタやジュール・ファーブルがナポレオン 3 世の廃位を訴えたのに対し、共和派右派のアドルフ・ティエールが王位を存続させたまま国防政府の樹立を主張した。こうした中、朝になり、廃位を呼びかける新聞の主張に触発された市民が、宮殿の前に押し掛け、「廃位、廃位」と叫びながら、宮殿の中になだれ込むと、ガンベタは宮殿から市庁舎に向け、市民を扇動した（Martin 2020 URL）。こうしてガンベタはパリ市庁舎前で、ナポレオン 3 世の廃位と国防政府の樹立を宣言した。同時に、コンコルド広場では、ファーブル派の議員ジュール・シモンが、共和政を宣言したが、そこに集まった群衆は、10 万〜 15 万人に達していた（Bouloc 2008 URL）。

　議会での議論が決着しない中で、群衆が第三共和政の成立を後押しする形となった。ティエールは、国防政府の成立を容認せざるを得ず、議会を閉会させた。集まった群衆の大半は、ナポレオン 3 世の廃位を求める 4 日付朝刊を街角や自宅で読んだ市民だった。例えば、リベラル派の日刊紙ル・タンは

4日付朝刊の一面トップで、「フランスを帝政から引き離さなければならない。(中略) 議会は直ちに、フランスを侵略者に引き渡そうとしている王朝を除去しなければならない」と書き、議会が帝政を終結させることを訴えた (Le Temps 1870 p. 1)。こうした論調に民衆が扇動され、廃位が実現したとみられ、「いくつかの新聞は、政治的な世論形成で積極的かつ有用な役割を果たした。(中略) 新聞の経営者は、共和政の発足に大きく貢献した」(Dupuy 1959 p. 214) のだった。前章で指摘したように、印刷ビジネスの普及に乗って、急速に普及した新聞が、政治的な知識と意見を持つ群衆を増やし、街頭でそうした群衆同士が合流し、議会を飛び越えて政治的に扇動する力となったのである。

国防政府は、パリ軍事総督のルイ=ジュール・トロシュ将軍を首班として船出し、プロイセンとの戦争を継続した。主要紙の論調も、戦争継続だった。当時、30万部を超える部数を持ったル・プティ・ジュルナルは9月5日付で、「大きな不運が祖国を襲った」としてセダンでの敗北を認めながら、「この (敗北の) ページを破り、新しいページの準備をしよう。(中略) 多くの血が流れたが、それは我が土地を豊かにし、新しい戦いに備えることになる」(Le Petit Journal 1870 p. 1) と国防政府の発足を支持した。

19世紀後半のメディア公共圏

印刷能力の向上、識字率の上昇、鉄道網の整備は、新聞に価格破壊と読者の増加をもたらした。定期購読から一部売りの販売スタイルも、新聞ビジネスの拡大に伴い、新聞の大衆化を後押しした。読者は必ずしもカフェや読書室を必要とせず、自宅や街角で気軽に読むという閲読習慣が広がった。この中で、反対派メディアの公共圏をみると、

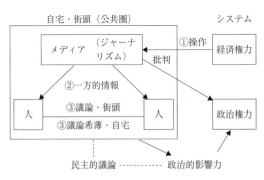

図7　19世紀後半の自宅・街頭におけるメディア公共圏

3. 扇動される民衆　99

政治権力からは自律しているが、新聞発行の合理化により多額の資本を必要
とするため、経済権力への依存が目立ち始めた。ユルゲン・ハーバーマスは
この時代について、「それまで私人たちが公衆として利用する機関であった
新聞は、特定の公衆参加者が私人として利用する機関となり、すなわち特権
をもつ私的利害が公共性へ侵入してくる水門となる」と形容している（ハー
バーマス 1994 p. 253）。また、メディアは、幅広い取材ネットワークを構築し
て集約した情報を大量発信するため、情報の流れは読者に向けて一方的なも
のとなった。人々は自宅で新聞を読む機会が増え、読者同士の議論は低調と
なった。一方で、新聞情報を基に街頭の抗議行動に出た市民の間では、一定
の議論が行われたことが推定される。こうした状況を図式化すると図7のよ
うになるだろう。フランス革命期の 18 世紀末のブルジョワ公共圏に比べる
と、①自律性、②双方向性、③対話性のいずれも欠ける状況となる。従って、
民主的な議論が十分に行われたとは言い難く、この公共圏がもたらす政治的
影響は時に暴力を伴うものであった。また、情報量や読者数など新聞公共圏
の規模の拡大は、必ずしも民主的議論を経ないまま、新聞の主張に扇動され
る多数の民衆と民意を生み出し、それが政治を大きく左右することになった。

第II部

現代メディアの自律性・双方向性・対話性と民主主義

第4章 主要メディアの信頼喪失と
　　　　民主主義

　本章では過去のメディア公共圏の特徴を踏まえ、現代のメディアの特徴と、
それが直面する課題を検証する。第1節では、ジャーナリストへの暴力や脅
迫が近年相次ぐとともに、主流メディアへの信頼が低下している点を振り返
る。第2節では、その背景や理由をメディア関係者10人へのインタビュー
から解明していく。第3節では、主流メディアの信頼喪失が、民主主義の後
退につながりかねない状況を説明する。第4節では、主流メディアへの不信
感とは対照的に、極右思想を持ったメディアが注目を集めている現況を概観
する。第6章で分析する極右公共圏の時代背景として、今日のフランス・メ
ディアの問題や課題を探り、新しい時代の変革を展望することを狙いとする。

1. 信頼度と暴力

世界有数のメディア不信

　ロイター研究所が2015年以降、毎年行っている主要なニュース・メディ
アに対する信頼度調査で、フランスは30%前後で推移し、欧州でも有数の
低さとなっている（図8）。例えば、2022〜24年の場合、その割合は西欧と
北欧の12か国で最低だった。2021年におけるその割合は31%で、東欧を
除く欧州18か国で最低であり、調査した全46か国・地域のうち43番目だ
った（Reuters Institute 2021 pp. 78-79）。
　2022年の調査結果をみると、関連調査として、メディアが「政治の影響
を受けない」と回答したのは21%、「企業の影響を受けない」との回答は
19%にとどまった。メディア不信の背景として、メディアは政治や企業の

第 4 章　主要メディアの信頼喪失と民主主義

図 8　フランスにおけるメディアへの信頼度

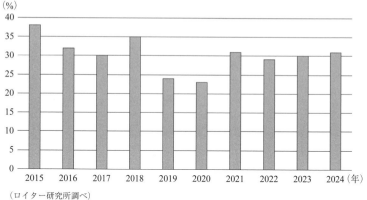

（ロイター研究所調べ）

影響を受けて運営されているとみられているようだ。

　メディア別に信頼度をみると、図 9 のようになる。地方紙や国営テレビ・ラジオの信頼度が高い反面、ニュース専門チャンネルの BFM や C ニュースの信頼度が低いことが分かる。

　同様に低い信頼度となった 2019 年のピュー・リサーチ・センターの調査では、フランスで「ニュース・メディアをよく信頼している」と回答した割合は 4% に過ぎず、調査対象の欧州 8 か国の中ではイタリア（3%）に次いで低かった（図 10）。メディアの機能に関する調査では、「政府の活動を調査する」が 51%、「企業の影響から独立した報道を行う」が 47%、「政治的に中立な報道を行う」が 43% で、8 か国ではいずれも下位となった。ピュー・リサーチ・センターは、こうした結果について、「ポピュリスト主義で反エリート」の考え方を持っている人ほどメディア不信の割合が高いと分析している。フランスにおいては、ニュース・メディアを信頼する割合は、「ポピュリスト主義で反エリート」の考え方を持っている人が 26% だったのに対し、「ポピュリスト主義で反エリート」の考え方を持っていない人が 47% に上った。また、ピュー・リサーチ・センターは、メディア不信の一因として、左派と右派で利用するメディアが異なっている点を挙げた。両派の政治勢力が激しく対立してきた歴史が背景にあるだろう。

1. 信頼度と暴力

図9 主要メディアを「信頼していない」割合（単位：%）

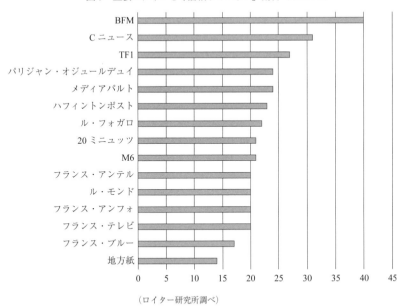

（ロイター研究所調べ）

図10 「ニュース・メディアをよく信頼している」割合（単位%）

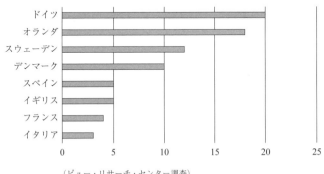

（ピュー・リサーチ・センター調査）

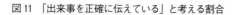
図11 「出来事を正確に伝えている」と考える割合

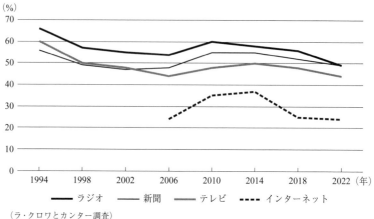

（ラ・クロワとカンター調査）

　低い信頼度は、フランス国内での調査にも表れる。日刊紙ラ・クロワと調査会社カンターが1987年以降行っているテレビ、ラジオ、新聞に対する信頼度調査では、2000年代に入り、減少傾向が目立っている。「出来事を正確に伝えていると考える」割合をみると、ラジオは2022年の調査で初めて50％を下回って49％となり、新聞は49％、テレビは44％だった（図11）。
　フランスの調査会社イプソス（IPSOS）の2019年の調査によると、フランス人のメディアへの信用度で、テレビやラジオは37％、新聞や雑誌は36％、インターネットは18％に過ぎなかった。この結果を受け、同社は「フランス人の3人に1人は、情報収集において、もはや伝統メディアを信頼していない」と結論付けた（Ipsos 2019 URL）。
　長期的にみると、メディアへの信頼度は低下傾向にあり、世界的にみても低い水準にあることがうかがえる。

「ジャーナリストへの暴力が懸念される国」

　フランスで近年、ジャーナリストに対する暴力や脅迫が相次いだ。世界的に注目を集めたのは、2015年1月に起こった週刊紙シャルリー・エブド（Charlie Hebdo）本社への襲撃事件だろう。イスラム教の預言者ムハンマド

の風刺画を掲載した同紙に対
し、2人のイスラム教徒が乱
入して銃を乱射し、編集長ら
12人が殺害された事件であ
る。「報道の自由」を訴える
デモがフランス国内外で起こ
り、宗教への冒涜と表現の自
由の間の論争に発展した。
　また、汎欧州の国際機関・
欧州評議会（Le Conseil de
l'Europe, 加盟46か国）が

写真4　襲撃されたシャルリー・エブド本社
（筆者撮影）

2020年4月に発表した年間報告書によると、フランスはジャーナリストへ
の暴力が懸念される11か国に入った（Conseil de l'Europe 2021 p. 45）。国内
35のジャーナリスト協会は2021年11月、極右勢力からジャーナリストへ
の脅迫が増加しているとして、「報道の自由を真剣に守り、状況の重大性に
鑑みて対策を講じる」（Le Figaro avec AFP 2021 URL）ことを政府に求める声明
を発表した。
　2021～22年には、新型コロナ・ウイルス・ワクチン接種を証明する「衛
生パス」の携帯義務化に反対するデモが各地で起こったが、この取材現場で
もジャーナリストへの暴行は続いている。主な事件をみると、2021年3月
27日には、テレビチャンネル・フランス3のジャーナリストが、アルデシ
ュ県レ・ヴァンス村で、政府の新型コロナ対策への抗議デモに発展しそうな
集会の取材に取り掛かろうとした際、男が「政府に協力（するようなこと
を）して恥ずかしくないのか」とジャーナリストに襲い掛かり、カメラを殴
打した。ジャーナリストはそのカメラの直撃を受けて負傷した（20 Minutes
2021 URL）。男は現場から立ち去ったが、その後逮捕された。フランス3の
地元支局と親会社のフランス・テレヴィジョンは抗議の声明を出した。
　2021年7月22日には、パリの上院前で行われたデモを取材していた
BFMテレビのジャーナリスト2人が、100人規模のデモ隊に囲まれ、「真実
を伝えていないと非難され」、デモの撮影を許されなかった。被害を受けた

ジャーナリストは「あんな光景はこれまでほとんど見たことがない」と振り返った（BFMTV 2021 URL）。RTL ラジオは 2021 年 8 月 6 日、自社のジャーナリストへの暴力や脅迫が 2 件起こったと発表した。1 件目は、7 月 24 日にパリでデモを取材していたジャーナリストが、マイクを奪われ、地面に投げつけられた。2 件目は、8 月 5 日にマルセイユで、ジャーナリストがデモ隊から「（政府の～筆者補足）協力者だ、ろくでなし」と罵声を浴びた（BFMTV 2021 URL）。

2022 年 1 月 15 日には、パリで「衛生パス」反対デモを取材していた AFP 通信のジャーナリスト 2 人が、約 50 人のデモ隊に取り囲まれ、暴言を浴び、暴行を受けた（Le Monde avec AFP 2022 URL）。AFP は翌日、検察当局に告訴する方針を公表した。

ジャーナリストへの暴力は、新型コロナ対策への抗議や反発の現場だけではない。報道の自由を目指す非政府組織「国境なき記者団」（Reporters Sans Frontières：RSF、本部：パリ）によると、2018 年から 20 年まで、ジャーナリストに対する暴行事件は 12 件に上る。このうち 8 件は、抗議デモ「黄色いベスト運動」を取材するジャーナリストに対する事件である（Reporters sans frontiers 2021 URL）。2018 年 11 月 24 日、トゥールーズで「黄色いベスト運動」のデモを取材していたテレビ局 C ニュースのジャーナリストが、デモ隊の一部に「政府の協力メディアだ」と罵倒され、唾を吐きつけられ、足蹴りされた。監視カメラの映像や証言などから、男は逮捕され、ジャーナリストの背中とカバンを蹴ったことを認めた。このジャーナリストは後日、「25 年間のジャーナリスト生活で、人々の憎しみをこれほど感じたのは初めてだった。これほどの恐怖も感じたことはなかった」と振り返った（Ph.L. avec AFP 2019 URL）。段った 29 歳の男は 2019 年 5 月、暴行罪で禁固 5 か月（執行猶予付）の有罪判決を受けた。

「国境なき記者団」が調査した前述の 12 件の事件うち、「黄色いベスト運動」以外の 4 件の襲撃現場も集会だった。このうち、2 件は、高校生のデモを取材しようとしたジャーナリストが高校生に襲われた。結局、12 件の大半に共通するのは、政府や当局への抗議や反発の現場で起こった点である。調査機関ヴィアヴォイスや隔週紙ル・ジュルナル・デュ・ディマンシュなど

が 2019 年 3 月に発表した世論調査結果によると、メディアが「黄色いベスト運動」を正しく伝えていないと考える割合は 53% となり、メディアが全てを公平に扱っていないとみる割合は 72% に上った（Viavoice 2019 URL）。抗議行動の参加者は、メディアが自分たちの運動を正確に伝えず、政府や当局寄りにその運動を報道しているとみているようだ。「国境なき記者団」のクリストフ・デロワール事務局長は 2022 年 1 月、「ジャーナリストに暴力で敵意を示すことが増えている。（中略）極めて深刻な事態だ」（Le Prioux 2022 URL）と警告した。

　そもそも、ジャーナリストはメディアとは異なる存在だ。1918 年に初めて採択され、その後改正されたジャーナリストの職業倫理憲章は、批判精神や正確性や公平性の堅持といった「原則や倫理的規範は、所属する編集局やメディアにおける役割や責任とは無関係にジャーナリスト個人を拘束する」（前文）と規定している。ジャーナリストは所属するメディアの事情よりも、原則や規範に従う存在だが、相次ぐ事件を見る限り、暴力や侮辱を行う加害者は、メディアの代弁者としてジャーナリストをみる傾向が強い。

2.　メディア不信の背景

メディア関係者 10 人へのインタビュー

　メディア不信やジャーナリストへの暴力や脅迫の背景について、メディア関係者や専門家へのインタビューから明らかにしていく。インタビューは、一部でフランスの調査会社フォーラム・エチュードの協力を得ながら、2021 年 10 月から翌 22 年 3 月にかけて、オンライン、電話、メールで行った。対象となった 10 人は、読者・視聴者への浸透度、報道の傾向、属性、規模のバランスを考慮し、伝統的な主流メディアが 5 人、極右系の代替メディアが 2 人、急進左派系の代替メディアが 1 人、フランスを代表するメディアの専門家が 2 人とした。伝統的主流、極右系代替、急進左派系代替の分類は、パリの政策提言機関・モンテーニュ研究所の区別を参考にした。同研究所は 2019 年に公表した報告書「フランス流のメディア分極化（Média Polarization

110　　第4章　主要メディアの信頼喪失と民主主義

表17　メディア不信と暴力の背景と対策について、メディア関係者10人へのインタビューの概要

属性	名前	媒体・肩書	メディア不信とジャーナリストへの暴力・脅迫の背景	対策
主流メディア	ジル・ヴァコツゥ	ル・モンド（新聞）委任局長	メディアを敵とみているためだ。メディアが実業家に支配されていると感じている。ジャーナリストは高学歴のエリートで、政治家からの圧力に屈しているとの印象を持つ。メディアとジャーナリストへの不信感は19世紀にも存在した。	我々は、メディア経営から独立した編集局を持ち、読者とジャーナリストの間に対話の空間を作っている。それによって、ジャーナリストがエリートという考えを正してもらっている。
	匿名	ル・フィガロ（新聞）ベテランジャーナリスト	暴力は冷静な判断に基づくものではなく、ジャーナリストに対する敵対的な感情の表れだ。市民は、政界、経済界、メディア業界のなれ合いを目撃、想像することで、ジャーナリストを権力者の代弁者とみている。	メディアとジャーナリストの違いを誤解されている面がある。ジャーナリストは、宣伝巧みに事業を展開するメディアと同一視されており、自分の信条に従って働くことが重要だ。
	匿名	レ・ゼコー（新聞）若手ジャーナリスト	ジャーナリストが発信する記事は、客観よりも主観に軸足を置いた報道が多く、信頼できないとみられている。特に、自分の意見をあまりにも強く打ち出す記事が散見される。	出来る限り事実を確認し、より信頼性の高い記事を提供できるように努力すべきだ。そのためには、一番早くニュースを発信する意識を捨て去る必要がある。
	匿名	TF1（テレビ）若手ジャーナリスト	理由としては、権力と癒着し、権力者の代弁者とみられていること、メディアが話題性を重視して扇動的にニュースを報道していることが挙げられる。	権力から介入を受けないように、メディア企業が、強い編集局の運営に努力しなければならない。また、ジャーナリストに対し、多様な視点を提供できるように研修を行うことも大切だ。
	匿名	フランス・ブルー（国営ラジオ）中堅ジャーナリスト	ジャーナリストの報道に客観性が欠如しているとみられているためだ。我々は、権力の「声」と思われている。メディアとジャーナリストの間の距離も近いとみられ、メディアへの敵意がジャーナリストにも向けられている。	メディアの編集責任者が、様々な圧力をはねのけ、多様な意見を報道する姿勢が必要だ。「政治的に正しくない」と思う意見も扱うべきだ。報道の現場の内情を知ってもらう試みも大切だ。
極右系メディア	ジャン＝パトリック・グランベーグ	ドゥルーズ（ネットニュース）ジャーナリスト	ジャーナリストの大半は、同じ環境、同じ学校出身で、同じ価値観を持っており、同じ時期に同じ情報を提供している。フランス人口の半分の意見を代表するメディアが存在していないのだ。	我々は自由主義と資本主義の維持を一貫して掲げている。同時に、扱う内容は事実のみであり、事実に見せかけて個人的な意見を挟むことを慎むべきだ。

2. メディア不信の背景

（表17 つづき）

属性	名前	媒体・肩書	メディア不信とジャーナリストへの暴力・脅迫の背景	対策
極右系メディア	マーシャル・ビルド	テーヴェー・リベルテ（テレビ）役員	デモ隊が殴るカメラやジャーナリストこそがこれまで、多様な意見を封印し、彼らを排除し、侮辱してきた。意見の多様な表明がなくなっているのだ。メディアから画一的な思考のみが伝えられており、メディアは横暴になっている。	ジャーナリストの権利と義務を定めた1971年のミュンヘン憲章に立ち返るべきだ。しかし、実際には伝統メディアがそれを行うのは難しく、新しいメディアがその役割を担うしかない。
急進左派系メディア	ポール・ジョリオン	ブログ・ポール・ジョリオン（ネットニュース）創設者	大企業に買収されたメディアに対する人々の印象が変わった。質が低下したため、人々はそうしたメディアを利用しなくなったのではないか。それが暴力の背景にある。ジャーナリストが一部のエリート校出身者に偏っていると思われている。	メディアの独立を保証する必要がある。これまでの大資本メディアとは違う新しいメディアが民衆の声を代弁していくべきだ。
識者	ジャン＝マリ・シャロン	社会運動学センター名誉研究員	ジャーナリストへの暴力はかつても存在した。近年の特徴は、SNSがメディアと権力の依存や癒着、億万長者によるメディア支配やメディア資本の集中に関する情報を流している。政治家や政党・政治勢力も、ジャーナリストを批判している。メディア不信は、一つの理由だけではなく、様々な要因が複雑に絡み合って起こっている。	メディア不信は民主主義の脅威だ。対応策として、メディア・リテラシー教育、編集局の仕事の仕方やニュース発信の手順の説明、ジャーナリスト、大学、組合、出版社を結び、「報道評議会」の結成が考えられる。
識者	フランソワ・ジョスト	パリ・ソルボンヌ＝ヌヴェル大学名誉教授	新聞、テレビ、ラジオといった主流メディアが自分たちの主張を伝えないと思っているためだ。彼らのメディア観は、1980年以降、実業家により支配されているというものだ。デモ参加者の中には、ジャーナリストを「別世界のエリート」と思っている人が少なくない。	経営面で独立するメディアとジャーナリズムが大切だ。読者・視聴者との信頼を醸成する努力が求められる。暴力を放置すれば、民主主義に甚大な影響を与えるだろう。

"à la française"?)」の中で、メディアを読者・視聴者への到達度別、政治的な思考別に9つのグループに分類し、その中で主流、極右系、左派系に言及していた（Institut Montaigne p. 25）。今回インタビューした10人のうち4人は、経営陣の主張や見解と異なる可能性があることから、匿名でのインタビューを希望し、それを受け入れた。

10人の回答の内訳（表17）を分析すると、メディア不信や暴力・脅迫の背景として、メディアとは異なる業界の企業による買収や、異業種企業による経営を挙げたのは6人に上った。次に、政治や権力との関係が5人、ジャーナリストをエリートとみる一般市民の意識が4人、かつても暴力が存在したという意見が2人だった。その他、報道に客観性が欠ける、扇動的な報道が目立つといった意見もあった。以下、回答数の多かった4つの背景（異業種支配、権力との関係、エリート像、歴史）について分析する。

実業家によるメディア支配

フランソワ・ジョストはインタビューで、メディア不信とジャーナリストへの暴力・脅迫の一因として、「実業家によるメディア支配」を挙げた[10]。また、ル・フィガロのベテランのジャーナリストは、暴力の背景として、「政界、経済界、メディア業界のなれ合い」を挙げ、メディアを本業としない経営者がメディア経営に乗り出している点に触れた[11]。メディアの経営形態をみると、2017年時点で、10人の富豪が所有するメディアの割合は、全国日刊紙販売の90%、テレビ視聴率の55%、ラジオ聴取率の40%に達したとの調査結果があり（Rousseaux 2017 URL）、2025年現在もそうした寡占が続いている可能性がある。フランスの全国日刊紙で発行部数の上位7紙のうち、少なくとも5紙が経営難から異業種の企業に買収されている。また、2022年に公開されたドキュメンタリー映画「Media Crash: qui a tué le débat public?（メディアの崩壊　誰が公共議論を抹殺したのか、の意）」は、フランスでは9人の富豪が主要メディアの90%以上を所有している、と批判した。

---

10) 2021年12月13日、筆者がオンラインでインタビューした際に答えた。

11) 2022年1月20日、調査会社フォーラム・エチュードが、オンラインでインタビューした。

2. メディア不信の背景 113

図12　フランス日刊紙の発行部数推移

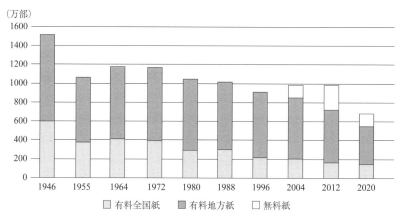

（フランス文化省調べ）

　背景には、主要メディアの業績や経営状況が芳しくなく、買収の対象になりやすいという事情がある。テレビの場合、その証左として、視聴時間の減少が挙げられる。社会問題を提言する社会観察センターは、メディア関連調査会社メディアメトリのデータを基に、市民1人あたりが1日にテレビを視聴する時間の経年変化をまとめた。それによると、4歳以上の場合、2010年代前半は1日220分を超えていたが、年々減少し、自宅以外での視聴を含めても、2022年はようやく200分を超える程度である。15～34歳だけみると、時間数はさらに減り、2022年は80分超に過ぎない。いずれもインターネットの普及が影響しているとみられる。

　新聞の場合、発行部数の減少が挙げられる。フランス文化省のメディア・文化産業総局（Direction générale des médias et des industries culturelles）によると、第二次世界大戦後の日刊紙の総発行紙数と総発行部数（図12）は1946年の203紙・1512万部をピークに下落し、2020年は70紙・682万部の最低水準まで落ち込み（Ministère de la Culture 2021 p. 2）、戦後の半分以下となった。

　新聞経営者は近年、ページ数を増加させたり、カラーページを導入したりして読者増加を目指すが、パリや都市部の若者や労働者を中心に閲読習慣が

なくなり、地方紙よりも全国紙の購読契約が減少した（D'Almeida & Delporte 2003 pp. 249-250）。主要全国紙の経営状態は悪化し、他業界の企業によって買収されるケースが相次ぐ（Lyubareva & Rochelandet 2017 p. 12）。20 世紀後半以降、速報性に優れたテレビのニュース報道が広がり、21 世紀に入ると、スマートフォンの普及で、持ち運び自由な新聞の優位性が崩れたことが、その一因と言えるだろう。

　ここでは主要なテレビや新聞で、業績の悪化を遠因とした「実業家によるメディア支配」について、イーテレ（I-Télé）、リベラシオン（Libération）、レ・ゼコー（Les Echos）の事例を紹介する。

イーテレ

　1984 年に設立されたグループ・カナル・プリュスが運営していたニュースチャンネルで、1999 年に放送を開始した。中立報道を展開し、視聴率競争では、TF1 傘下のニュースチャンネル、LCI と互角に戦ったが、BFM テレビには及ばなかった。赤字額は年間 2000 万ユーロとなり、収支改善が課題となっていた。グループ・カナル・プリュスは 3 年間で黒字化を目指す方針を示したが、視聴率は上向かず、収支改善には至らなかった。

　この時、買収に乗り出したのが、複合企業ボロレ・グループ（Bolloré）である。同社は元々、1863 年創業の紙の製造業者だったが、グループを率いるヴァンサン・ボロレは 2005 年、広報企業大手アバス（Havas）の持ち株を増やして最大株主となり、その他のメディアや通信企業の買収も進めた。2015 年以降には、グループ・カナル・プリュスを傘下に持つヴィヴェンディ（Vivendi）の持ち株比率の割合を高め、イーテレを実質的に支配するに至った。ヴィヴェンディの最高意思決定機関、取締役会議長を務めるのが、ヴァンサン・ボロレの次男、ヤニック・ボロレである。

　現経営陣の資質と新たな買収に反発した従業員は 2016 年 10 ～ 11 月、1 か月間のストを起こした。同時に、買収を嫌い、退職するジャーナリストは全体の 7 割に上った。1% 台だった視聴率は 2017 年 1 月には 0.6% まで下落した。しかし、買収手続きは進み、イーテレの名称は 2017 年 2 月、C ニュースに変わった。

2. メディア不信の背景

リベラシオン

哲学者ジャン＝ポール・サルトルらが1973年、パリで創刊した。従業員が株式の大半を所有する左派系の全国紙としてスタートし、人種差別などの社会問題を取り上げたほか、社会党のフランソワ・ミッテラン政権による盗聴疑惑などを特報した。しかし、その後は経営難による株式譲渡を繰り返し、めまぐるしく

写真5　パリの地下鉄で新聞を買う女性。販売部数は低迷している（筆者撮影）

所有者が変わった。2022年の平均発行部数は9万6551部で、有料の全国日刊紙で5位である（ACPM 2023 URL）。

2000年代に入り、部数が減少し、経営難に陥ると、編集長のセルジュ・ジュリは2005年、実業家エドゥアール・ドゥ・ロスチルドによる38％の株取得を認め、支援を受けた。こうして株式は外部の投資家に流れ、やがて従業員の持ち株比率は1％を下回った（Cagé 2015 p. 107）。

2011年には、不動産業を営むブルノ・ルドゥらが出資し、経営に口をはさむようになった。ルドゥが2014年、リベラシオンをSNS（ソーシャル・ネットワーク・サービス）化する計画を明らかにすると、ジャーナリストがこれに反発してストに入った。

2014年に経営に参加した実業家パトリック・ドライはその後、増資によって事実上の経営権を握った。ドライは、通信グループ、アルティス・フランス（Altice France）を創設した人物で、紙からインターネット報道への転換を図った。しかし、収支は好転せず、ドライは2020年、リベラシオン紙の保有株式を非営利の財団に移し、経営から離れると発表した（Jédor 2020 URL）。5000万ユーロとも言われた債務が、決断の背景にあったようである。

レ・ゼコー

フランス最大の経済紙で、部数の減少から経営状況が悪化し、異業種のファッション企業体、モエ・ヘネシー・ルイ・ヴィトン・グループ（LVMH）に買収された。

元々は、文筆家だったロベールとエミールのセルバン＝シュレベール兄弟によって、1908 年に創刊された。実家が金物類の輸出の仕事を手掛けていたことから、当初は「レ・ゼコー・ドゥ・レクスポルタシオン（輸出の響き）」という 4 ページの月刊紙だった。販売が好調だったため週刊紙となり、1928 年には日刊紙に衣替えし、現在の題号となった。本社はパリに構えた。

第二次世界大戦後は、セルバン＝シュレベール兄弟の子息が事業を引き継ぎ、広範な経済ニュースを扱うようになった。しかし、経営方針を巡り、ロベールとエミールの家系が対立し、社内が混乱した結果、1963 年に薬剤会社オーナーのピエール・バイトゥが買収することになった。バイトゥの死後は妻ジャクリーンが紙面を統括したが、1988 年に英国の教育会社ピアソン（Pearson）に経営権を譲渡した。ピアソンは当時、フィナンシャル・タイムズ（The Financial Times）も所有していた。

2000 年代に入り、全国紙 8 紙のうち、財務状況が比較的良い 3 紙に入っていたが、部数は徐々に減少し、経営を圧迫していた（Brino 2006 p. 73）。ピアソンは 2007 年、2 億 4000 万ユーロで、LVMH に経営権を譲渡することを決めた。ファッション大手の買収にあたり、レ・ゼコーの編集局は、編集の独立が脅かされるとして反対し、これを阻止するために別の企業との連携を模索した（Scalbert 2007 URL）。しかし、LVMH が編集の独立を保障し、買収が決まった。

LVMH は 2015 年、パリの有力紙ル・パリジャン（Le Parisien）も買収した。LVMH が出資するレ・ゼコー・ル・パリジャン・グループが両紙を経営することになった。レ・ゼコーの発行部数は有料全国日刊紙で第 4 位の 13 万 8421 部（2022 年）、ル・パリジャンは有料地方日刊紙で 3 位の 18 万 5588 部（同）に上っており（ACPM 2023 URL）、2 紙の合計は 32 万部を超える。LVMH は 2021 年、18 万部を超す経済週刊誌チャレンジ（Challenges）の株式の 40% を買収し、雑誌にも関心を広げており、同誌編集局から編集の独

立が脅かされるとの懸念が出た（Franque 2021 URL）。一連のメディア買収の背景として、グループの事業を PR または支援していく狙いがあるのかもしれない。

　以上、3 メディアの状況をみると、視聴率や発行部数の低迷が買収劇を招いている関係が分かるだろう。パリ政治学院の公共政治評価学際研究所と「国境なき記者団」の共同調査では、紙やオンラインの主要メディアの所有者の 51％が、金融・保険部門になっており、調査を主宰したジュリア・カジェとオリヴィエ・ゴディショは「メディアの所有状況は、メディアが提供するニュースの質、ジャーナリストの独立、そして最終的には民主的な討論の質に影響を与える」と言及した（Sciences Po 2017 pp. 22-23）。カジェは別のインターネット・メディアとのインタビューで、「市民がメディアに不信感を持つ大きな要因は、現在の株主構成だ。それは一部の産業がメディアを所有しているということだ」とも発言した（Germain 2022 URL）。異業種支配が民主主義を劣化させるわけではないが、現場のジャーナリストの間で、買収により編集権の独立が脅かされるとの声が出ていることなどを踏まえ、異業種の実業家の参入に懸念を示した見解である。

　メディアが経営面で自立できず、組織外に依存を強めていることと、メディア不信が関連するとの分析がある（Merlant 2011 p. 15）。資金を提供する組織の意向が報道内容に影響を与えるとの懸念から、その内容や解説の客観性に疑義が生じるという意味だ。フランスの全国日刊紙で発行部数の上位 7 紙のうち、少なくとも 5 紙が財務的困窮から異業種の企業に買収されており、メディアが信頼を失う一因になっていると言えるだろう。

　そして、こうした買収が、フランスだけでなく、欧州全体で起こっていることを踏まえる必要がある。宇田川悟は既に 1990 年代、欧州各地のテレビ業界に商業主義が広がり、テレビ局の再編が起こっている点に注目し、「今後、生き残りをかけた公共テレビと商業テレビの闘いがさまざまな局面ですます凄まじく演じられるだろう」と予測し、商業主義がテレビ業界を覆う可能性に言及した（宇田川 1998 p. 23）。事態は宇田川の予想した通りに進んでおり、グローバル化の時代において、メディア業界の再編は世界規模で進んでいる。

政治家と経営者

ル・モンドのジル・ヴァコツゥ委任局長（読者関係担当）はインタビューで「一般市民は、ジャーナリストが政治家からの圧力に屈しているとの印象を持っている」と発言した[12]。また、TF1 の若手のジャーナリストは、暴力の背景として、「ジャーナリストは権力者の代弁者とみられている」と解説した[13]。

政治家とメディア経営者との親密な関係は、報道の中立性を脅かす要因として、歴史的に指摘されてきた。主な例をみてみる。ヴァレリー・ジスカール・デスタン大統領は、1950 ～ 70 年代に新聞を次々に買収したロベール・エルサンに対し、秘密資金の提供を支援したと言われている（Grosser 1985 p. 15）。エルサンは下院議員として、ジスカール・デスタンの 1974 年の大統領選当選に一定の役割を果たしていた。大統領が、意の通じた実業家の買収を支援し、政権寄りの報道を期待したとの見方が出た。

ここでは、政治家とメディア経営者の関係を示す一例として、ル・フィガロと BFM を取り上げる。

ル・フィガロ

2022 年の発行部数は 35 万 1526 部（ACPM 2023 URL）で、全国日刊紙の中ではル・モンドに次ぎ、第 2 位となっている。元々は、戯曲「フィガロの結婚」から名前を取り、1826 年に週刊紙として創刊された。1854 年以降、ジャーナリストのイポリット・ドゥ・ヴィルメサンが編集長として政治や文芸の記事を増やし、1866 年に日刊紙となった。批判や風刺を持ち味とし、19 世紀末のドレフュス事件では、スパイ容疑で逮捕されたユダヤ系のアルフレッド・ドレフュス大尉の冤罪を訴え、陸軍と対決したことで知られる。1922 年に、化粧品を販売する事業家フランソワ・コティに買収されると、ピエール・ブリッソン編集長は政治面を拡充し、論評で保守系を代表する新聞とな

---

12) 2021 年 11 月 26 日、筆者がオンラインでインタビューした際に答えた。
13) 2022 年 2 月 7 日、調査会社フォーラム・エチュードがオンラインでインタビューした。

った。第二次世界大戦中は、ナチス・ドイツの占領から南部リヨンに逃れ、占領に抗議して休刊したが、1944 年のパリ解放により復刊した。権力と対峙するメディアとして、保守層の読者を獲得し、1960 年代の発行部数は 60 万部を超えた。

しかし、1975 年にエルサンに買収されると、内部対立が起こり、著名な政治ジャーナリストが退社するなど、編集局が動揺した。さらに、若者の新聞離れによって、部数が下落傾向となって財務状況が悪化すると、1999 年にはアメリカの投資ファンド、カーライル・グループの支援を受けた。1988 〜 2004 年にかけて、発行

写真 6　ル・フィガロの本社
(筆者撮影)

部数は 17.77% 落ち込み、資本の集中を招く一因となる（Brino 2006 p. 72）。

そこで新たに買収に乗り出したのが、軍事・電子機器大手ダッソー・グループの最高経営責任者（PDG）、セルジュ・ダッソーである。創業者マルセル・ダッソーの息子で、1987 年に会社を継承し、2004 年にル・フィガロの発行株式の 80% を取得した。ダッソーは、ニコラ・サルコジ大統領と私的な関係を築いた。ダッソーはこの年、サルコジが党首を務めた政党・民衆運動連合（UMP）に所属する上院議員となった。サルコジはダッソーを「友」と呼んだ（Europe 1 2018 URL）。ダッソーは、ル・フィガロの編集権の独立を宣言したが、編集会議にも出席するなど、編集室で常に存在感を発揮している（L'Obs 2008 URL）と言われ、編集方針がサルコジ寄りになるのではないかという懸念が出た。2010 年にサルコジ政権のエリック・ブルト労相の金銭疑惑が広がった際、ル・フィガロは、疑惑追及を「やめよう」という論調を展開した。ル・フィガロのジャーナリスト協会は 2012 年、ダッソーに近いエティエンヌ・ムジェオット編集長に対し、フィガロが政権与党の事実上の広報紙になっていると非難した（L'Obs 2012 URL）。

BFM

エマニュエル・マクロン政権でも、政治とメディアの関係に懸念が出ている。マクロンは、通信グループ、アルティス・フランスを創設したドライと親しい。アルティスが出資するメディアの一つが、BFM テレビである。所属するジャーナリストは、「黄色いベスト運動」や反「衛生パス」デモの取材現場で暴行または脅迫を受けている。デモ隊の多くは、BFM のジャーナリストが一部デモ隊による破壊行為を印象付けるように映像を編集しているとみており（Z.L. 2019 URL）、その不信感が暴力になって表れたとみられる。マクロンはまた、ル・モンドの主要株主の 1 人、実業家ハヴィエ・ニールとも親交がある。ニールは 2018 年 12 月、マクロンについて「素晴らしい大統領であり、フランスを改革することが可能だ」と発言した（Huet 2018 URL）。そうした関係から、「メディアは、公営であろうと民営であろうと、反権力の役割を放棄しようとしている」との論調も出ている（Beauvalet 2019 URL）。

揺らぐ監視機能

政治とメディアの親密な関係の背景として様々な指摘が出ている。その一つが、第 2 章で言及したメディアの多元主義である。複数のメディアを維持するため、定期出版物の付加価値税（税率 18.6%）を 2.1% に軽減したり、新聞の無料配布に補助金を出したりする政策は、メディアの政府への依存を強めた。前述したダニエル・アリンとパウロ・マンチニは、フランスの新聞が部数を伸ばした 1930 年代でも、その広告収入は、アメリカやイギリスの 10% 台に過ぎなかったとしており（Hallin and Mancini 2004 p. 92）、経営面から国家権力の支援が必要な状態だったとみる。新聞もテレビと同様、権力に支配されやすい存在だったという分析だ。インターネット新聞・メディアパルトの編集長、エドヴィ・プレネルが、メディア企業の「収益に占める補助金の割合が高まるに連れて、しだいに政府批判を自重する傾向が表れてきた」と指摘したように（菊池・後藤 2014 URL）、政府支援が中立な報道をゆがめるとの意見が出てくる。

別の背景として、フランスのメディアが歴史的に政治色を帯びており、国民は長年、自らの政治的見解に近いメディアに接してきた（中村 2011 p. 64）

ことと無縁ではないだろう。第2章では、フランス・メディアが政治的主張を展開する手段として広がった経緯を明らかにした。また、新聞は本来、政治の手段であった（佐藤 2018 p. 66）。政治家とジャーナリストは党大会や議会取材を通じて、行動日程を共にし、「政治好きの一族」として親しい関係になりやすいのだ（Neveu 2002 p. 24）。近年は社外出身の新たな経営者と政治家の接近が目立ち、メディアの政治性がより鮮明になっているように見える。

　結果として、メディアの権力監視機能が弱まり、メディアへの不信感は強まる。例えば、「黄色いベスト運動」では、デモ参加者の一部が、現場で取材するジャーナリストに対し、「政府に買収されたやつ」と非難し、暴力や妨害行為に及んだと伝えられた。この問題で政府批判を抑えた主流メディアが存在したためで、「黄色いベスト運動と伝統的なメディアとの関係は最悪になった」との論評も出ている（RT France 2018 URL）。その一因として、現場のジャーナリストよりも論説（社論を掲げる責任部門）を重視するメディア企業の「裏切り」により、デモ隊の不信感が醸成された（Joux 2019 p. 10）との指摘もある。

　こうしたメディア経営者と政治家との関係ゆえに、主流メディアへの風当たりは強まり、メディアで働くジャーナリストはその権力の制約を受けているとみなされるのだろう。アルノ・メルシエとローラ・アミーゴは、メディアに対する差別用語として、《merdia（マスゴミ）》、《journalope（あばずれ新聞）》、《presstituée（売春報道）》の3語を取り上げ、2017年5〜8月にこのいずれかに言及したツイートが44,579件に上ったとの調査結果を紹介した。こうしたメディア批判が起こるのは、「メディアが意識的に権力に好意的であるか、あるいは自分が権力によって操作されていることを理解できない愚か者か、のどちらかであるためだ」とした上で、「憎しみの言葉は、政治的な過激主義と関係している」と述べ、極右勢力の中で多用されると分析した（Mercier et Amigo 2021 pp. 79, 82）。権力と適度な距離を保つことがメディア批判を抑え、信頼を回復するために重要ではないかと思える。

エリート視されるジャーナリスト

　ポール・ジョリオンはインタビューで、「ジャーナリストが一部のエリー

122 第4章 主要メディアの信頼喪失と民主主義

ト校の出身者に偏っていると思われている」と述べ[14]、ジャーナリストが
エリート層という意識がメディア不信やジャーナリストへの暴力の背景にあ
るとした。ドゥルーズのジャーナリスト、ジャン＝パトリック・グランベー
グも「ジャーナリストの大半は、同じ環境で過ごし、同じ学校出身と思われ
ている」と答え[15]、社会の多様な価値観を反映していないとの考え方を示
した。

　フランスでは第二次世界大戦後、ニュースへの需要に比例する形でジャー
ナリストが増えるとともに、メディア間の競争を経て次第に資本の統合が進
んでいった。1955年に4,500人だったジャーナリストの人数は、1974年に
はほぼ倍増して8,900人となる一方で、1946年に32紙あったパリの日刊紙
は、1981年には9紙まで淘汰された（Rémy 1983 pp. 465-466）。結果として、
大手メディアがジャーナリストを多数雇用する状況となり、採用形式として、
5月または6月に行われる1次試験でフランス語、外国語、時事問題、文化
一般、記事作成を問い、これに合格した者に対し、7月の2次試験で実務に
関する問題や面接を課すようになった。合格すると、有期雇用契約（contrat
à durée déterminée：CDD）として最長1年半働き、評価されれば、無期雇用
契約（contrat à durée indéterminée：CDI）に移行する。

　大手メディアは採用基準として、日本の大学学部卒にあたるBAC+3（学
士課程3年修了）を必要条件とし、さらにジャーナリズム学校の修了を求め
る場合が多い（Richard 2019 URL）。ジャーナリズム学校の中で、最も信頼
されているのが、ジャーナリスト雇用国立同数委員会（Commission paritaire
nationale de l'emploi des journalistes：CPNEJ）が認定する14校である。内訳
をみると、公立はパリ政治学院ジャーナリズム学校（Ecole de Journalisme de
Sciences Po Paris）、情報通信高等学校（École des hautes études en sciences de
l'information et de la communication：CELSA）など11校、私立はリール・ジ
ャーナリズム高等学校（École supérieure de journalisme de Lille：ESJ Lille）や
パリ・ジャーナリズム訓練センター（Centre de formation des journalistes de
Paris：CFJ Paris）など3校となっている。BAC+3の資格者に試験を課し、14

14）2021年11月23日、筆者がオンラインでインタビューした。

15）2021年10月10日、筆者の質問に対し、電子メールで回答した。

校合わせて合格者は 400 人、合格率 8% の狭き門となる（Actuel cidj 2019 p. 10）。ル・モンドのヴァコツゥは、社内でジャーナリズム学校の出身者は「ジャーナリストの 7 割を超える」と明らかにした[16]。

14 校の学費は安価とは言えない。パリ政治学院ジャーナリズム学校は、BAC+3 の資格者を対象にした 2 年間のコースで、年間 14,000 ユーロかかる。パリ・ドフィーヌ・ジャーナリズム実務研究院は、BAC+3 の資格者に 2 年間のコースを用意し、費用は年間で最高 6,350 ユーロとなる。私立校では、リール・ジャーナリズム高等学校が年間 4,500 ユーロ、パリ・ジャーナリズム訓練センターが年間 6,790 ユーロの費用だ（Actuel cidj 2019 pp. 11-14）。フランス人の平均年収（24,640 ユーロ）（INSEE 2021 URL）の 18 ～ 56% に達する。

14 校の修了者は、メディアの新規採用者の 2 割前後とみられ、いわゆる有名校出身者ではないジャーナリストも多数存在する。ただ、記者証を新たに持ったジャーナリストの中で、高等教育機関でジャーナリズムを学んだ人の割合は 2019 年の調査で、1998 年当時より 19 ポイント増の 63% に上った（Actuel cidj 2019 p. 2）。レミー・リフェルは、ジャーナリストの 90% が、貴族階級、高級官僚、実業家といった上流・中流のブルジョワ階級出身で、残る 10% が、労働者階級や農家の出身であるという調査結果をまとめた（Rémy 1983 p. 466）。レンヌ大学とパリ第 1 大学の学生がまとめた調査では、ジャーナリズム専攻の学生の半数が、両親の月収は 3,000 ユーロ以上だと答えた（Lafarge et Marchetti 2008 p. 69）。経済的に比較的豊かな家庭の出身者である方が、ジャーナリストになりやすいという現実がみえてくる。

ル・モンドは、ジャーナリストが一般的に受ける印象として、「金持ちだ」「特権がある」など 11 項目を列挙し、その実情を分析した。「金持ちだ」については、職業ジャーナリスト身分証明書委員会（CCIJP）の統計から、額面の月収は、ラジオ局勤務が 1,567 ユーロ、テレビ局勤務が 4,190 ユーロとした上で、「業種や地位によって差がある」と、印象と現実の乖離を指摘している。また、「特権がある」については、記者証の提示によって、美術館や博物館などの文化施設の入館料が無料となったり、映画の上映会やスポー

16）2021 年 11 月 26 日、筆者がオンラインでインタビューした。

ツイベントの入場が自由になったり、招待で旅行する「取材ツアー」が存在したりしている点を挙げた（Vaudano et al. 2019 URL）。ジャーナリスト特有の権利を認めた形だ。

フィリップ・メランは、「ジャーナリストという職業は、フランス社会を反映していない」とし（Merlant 2011 p. 16）、そういう人々によってメディアが運営され、報道内容と読者の意識との乖離を生んでいるとみる。今回のインタビューで、フランソワ・ジョストは「ジャーナリストを『別世界のエリート』と思っている人が少なくない。メディアは、受けている試練（黄色いベスト運動での暴力）に責任を負う。人々の感覚とジャーナリストの仕事には不均衡が存在する」と語っていた[17]。

メディア不信の歴史的蓄積

インタビューの中で、ジャン＝マリ・シャロンは、記者への暴力の背景としてメディア不信に触れ、「記者は以前から批判され、時に暴力を受ける存在だった」とした上で、「メディアの所有に対する不信感が歴史的に醸成された」との見方を示した[18]。

第2章でみたように、メディア業界では19世紀後半以降、資本の集中が本格化した。高速の印刷機が普及したことで、購読価格を下げて、発行部数を増やし、それをPR材料に広告収入を稼ぐビジネスが主流となった。出版の自由に関する1881年7月29日法が成立し、出版業界での自由競争が本格化すると、豊富な資金力を持つ実業家が経営する少数の新聞が市場を拡大した。ル・プティ・パリジャン、ル・プティ・ジュルナル、ル・マタン、ル・ジュルナルの4大紙がその主役だった。しかし、第二次世界大戦中、ル・プティ・パリジャンはナチス・ドイツに融和的な報道を行い、ル・プティ・ジュルナルは、ナチスに協力したヴィシー政権から補助金を受け取った。両紙とも臨時政府による1944年のパリ解放後は廃刊となり、民衆はナチスを支えた大手新聞に不信感を抱いたに違いない。

第二次世界大戦後のメディア不信の例としては、第2章で紹介したように、

---

17) 2021年12月13日、筆者がオンラインでインタビューした際に答えた。
18) 2021年12月10日、筆者の質問に対し、電子メールで回答した。

1970年代、エルサンによる新聞の買収劇がある。エルサンは地方紙を手始めに有力紙を次々に買収した。メディアの寡占には批判的な論調が相次いだ。こうした経緯を経て、左派のミッテラン政権は、1986年8月1日法を成立させ、日刊紙の買収や支配の上限を日刊紙の全国総部数の30%とした（第11条）。ジョストは今回のインタビューで「エルサンの買収劇はメディアの信頼低下につながった」との認識を示した[19]。

こうした例から、メディアは実業家ら一部の既得権益のために存在するもので、自分たちの声を代弁しないという見方が根強く残ったのだろう。シャロンは、メディア不信が暴力に発展した近年の例として、「郊外の若者の暴動や、極右政党の集会」を挙げた。2005年にパリ郊外で移民系の若者による暴動が発生した際には、現場で取材した記者が襲撃された。2015年には、国民戦線（国民連合の前身）の集会で、支持者が取材中の記者の背中や首を殴打した。いずれも、主流メディアが好意的に取り上げない人々の暴力行為であり、取材が敵対的に見えたのだろう。

現代の一般メディア公共圏

現代のジャーナリズムを覆うのは、深刻なメディア不信と、それゆえのジャーナリストへの暴力と侮辱である。10人のメディア関係者・識者に対するインタビューでは、その主な要因として、メディア企業の市場寡占が進み、報道の内容が経営者の意向を反映していること、政府によるメディア支援を伏線にして、メディアと政治権力との結託が進んでいること、ジャーナリストが大衆とは別世界のエリートとみられていること、メディア不信には歴史的な蓄積があることが指摘された。その

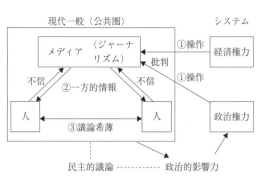

図13　現代における一般的なメディア公共圏

19）2021年12月13日、筆者がオンラインでインタビューした際に答えた。

状況を公共圏にあてはめると、図13のように、政治・経済権力の「システム」からの操作が進んで、「権力が浸透したアリーナ」となり、ジャーナリズムの基盤は危うくなっている。その影響を受けた情報に対する大衆側からの不信感が広がっていると言える。メディア業界全体でみると、18世紀後半の革命期や19世紀中盤の混乱期に比べて、情報を受ける人々からの不信感が、情報を送る媒体に注がれているようにみえる。圧倒的な資本力と影響力を持つ主流メディアからの情報発信は一方的であり、民主的議論が起こっているとは言い難い。公論が希薄なまま、メディアは政治的影響力を示し、政治権力にアプローチしている。権力から自律したメディアが、大衆と情報を双方向にやり取りし、より多くの大衆が対等に議論するという理想とはかけ離れた空間となっている。

3. 民主主義への懸念

経済からの圧力

メディア不信が問題になるのは、それが民主主義の行方に影響するためであろう。アンリ・ルクレールは、日刊紙ウェスト・フランスとのインタビューで、出版の自由に関する1881年7月29日法を「民主主義の絶対的な根幹」と定義した（Ouest-France 2021 URL）。1950年に成立・施行された日本の放送法は第1条で、「放送が健全な民主主義の発達に資するようにする」と定めている。新聞やテレビへの不信感は民主主義を棄損する。林香里は、メディア不信を検証する中で、マス・メディアが、「市民にかわって権力の監視をし、市民同士の自由な議論の場（フォーラム）を提供し、世論形成のリードをする」役割を指摘し、「メディア不信という状態は、民主主義や、民主主義で成り立つ社会設計に疑念を抱く民主主義不信へと連鎖することになりかねない」と警告した（林 2017 pp. 13-14）。

そのメディア不信の背景として、前節では様々な要因を分析する中で、異業種企業によるメディア所有を取り上げた。メディアが産業であり、産業として存続するために、経済的事情を無視できないことが、結果として、民主

3. 民主主義への懸念

主義をわきに追いやることになりかねない。1995年にアラン・ジュペ首相の社会保障制度改革案に対する抗議デモが起こった際、ピエール・ブルデューはデモ支援の演説を行った。この演説は、政府に迎合するメディアへの不満と受け取られた。その後、メディア批判を強めたブルデューは「テレビは政治と民主主義を危険に晒している」と断じた。その証左として、「最大多数の視聴者の獲得を追求するあまり、テレビ、そしてそれに追随する一部の新聞が、排外主義的で人種差別主義的な言動の扇動者をいかにもてはやし、扱っているかを分析すればよい」と言及した。具体的には、「雑事件に重点を置いて、この貴重な時間を空白、無あるいはほとんど無に近いものによって埋め、(中略) 市民が自らの民主的な権利を行使するために持っていなければならないはずの適正な情報を排除してしまっている」と指摘した (ブルデュー 2000 pp. 9, 10, 26)。安田尚はブルデューの真意について、「進歩的な社会運動にとってこれ (市場主義) が障害になる」との見方を示した (安田 2008 p. 57)。

「最大多数の視聴者の獲得」を求めるメディアの市場主義が、民主主義に危機をもたらすというブルデューの主張は今日も新鮮な響きを持つ。読者や視聴者を獲得できず、経営者が入れ替わった時期と、メディアの使命でもある権力者のスキャンダルを報じなくなった時期が重なることは、単なる偶然なのだろうか。

日刊紙ラ・クロワと調査会社カンターは2022年1月、メディアと民主主義に関する世論調査の結果を公表した (図14)。それによると、民主主義が良好に機能するために、「経済的利益や経済界から独立している」が「きわめて重要または重要」と挙げた割合は91%に達した。このほか、民主主義のために「きわめて重要または重要」とした割合が高かった項目として、「信頼できる検証可能な情報」(96%)、「読者・視聴者

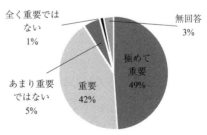

図14 「民主主義が適正に機能するため、メディアが経済的利益や経済界から独立している」への賛否

(ラ・クロワとカンター調査)

の獲得よりも情報の質を優先」（94%）があった（Kantar 2022 p. 33）。読者・視聴者の獲得は、メディアが経済的利益を優先していることを含んでいるとみられ、それが結果的に民主主義に不利益をもたらすという認識がある。現実に今日のメディアにとって、読者・視聴者の獲得は最大級の優先課題に見える。

政治からの圧力

メディア不信が深刻化する中、エマニュエル・マクロン政権下では、新聞を含むメディアに対する攻勢が目立っている。

マクロンは 2018 年 1 月、報道機関への演説で、「誤った情報から民主主義を守るため、法的手段を取ることを決めた」と述べ、フェイク・ニュースの流出を防ぐため、メディア関連法を改正する方針を示した（Elysée 2018 URL）。改正案によると、選挙期間中に政党または候補者が、フェイク・ニュースの申し立てを行った場合、裁判官は 48 時間以内にその真偽を判断し、場合によっては報道を禁止できるという内容である。2017 年 5 月の大統領選では、マクロンがタックスヘイブン（租税回避地）に隠し口座を持っていたとの誤った報道が出ていた。改正案は、適用を選挙期間中に限定しているため、再選を目指すマクロンが、2022 年の次期大統領選を念頭に対策に乗り出したと受け取られた。

2018 年 6 月に、与党多数の国民議会（下院）で審議が始まり、野党は表現の自由を脅かすとして反発した。セルジュ・アリミは、改正案を「無益で危険な法的措置」と非難した（Halimi 2018 p. 1a）。報道関係者の懸念は、改正案が、フェイク・ニュースという幅広い範囲を対象とし、当局の裁量によって報道規制につながる可能性がある点だろう。しかし、法案は 2018 年 11 月に国民議会で可決され、翌 12 月に、情報操作との戦いに関する 2018 年 12 月 22 日法として公布された。

ロマン・バドゥアールとシャルル・ジラールは、この法律に似た法案が欧州各国で成立しているとして、「邪悪に解釈された規則は、真に開かれた公正な議論なく、オンライン上の表現の自由を損なう危険性を持つ」と警告している（Badouard et Girard 2021 p. 34）。また、ジュリ・セデルらの研究グルー

プは、こうしたフェイク・ニュースを取り締まる法律がもたらすものとして、「誤報や有害と判断される情報を急増させる懸念、ジャーナリストの職業倫理、新興メディアに対する批判」を挙げ、ジャーナリストの質の低下を招きかねないと警告した（Sedel 2021 p. 6）。

　マクロン政権のメディア対応はこれにとどまらない。大統領府は 2018 年 3 月、大統領府のジャーナリスト協会に対し、大統領府の敷地内にある記者室を敷地外に移転させると通告した。記者室に出入りするジャーナリストは、大統領府の高官と容易に接触し、訪問した外国首脳を間近に取材できる。このため、通告の狙いとして、情報漏洩を防ぎ、メディアの監視を遠ざけることが考えられる。ジャーナリスト協会がこの通告に対し、「政治の透明性を損なう」と反発した。大統領補佐官は 2019 年 7 月、ジャーナリスト協会あてに計画の撤回を伝える通知を出し、最終的にメディアに歩み寄った。

　このほか、強制捜査への懸念もある。インターネット上で調査報道を展開するネット新聞・ディスクローズ（Disclose）の創設者ジェフリー・リヴォルシら 3 人のジャーナリストは 2019 年 5 月、内務省傘下の情報機関、国内治安総局（Direction générale de la sécurité intérieure：DGSI）から事情聴取を受けた。サウジアラビアなどにフランス製武器が輸出され、イエメンの内戦で市民に対して使用されている状況を報告した 2019 年 4 月の記事「フランス製」に対し、国家機密文書を暴露した疑いがあるというのが理由だった。2018 年 12 月に創刊されたディスクローズは事情聴取に抗議した。

　2023 年 9 月には、ディスクローズの別のジャーナリストが DGSI に拘束された。このジャーナリストはその 2 年前に、フランス当局の情報がエジプト当局による民間人殺害に利用されたと伝えていた。欧州ジャーナリスト連盟（European Federation of Journalists：EFJ）は、情報源への尋問が行われた可能性に触れ、「報道の自由だけでなく、情報源を守るという基本的な民主主義の原則に対する深刻な違反である」と非難した（European Federation of Journalists 2023 URL）。

　マクロン政権とメディアとの関係について、エドヴィ・プレネルは「サルコジ政権で政治とメディアの関係が悪くなり始め、マクロン政権下でその関係は急速に悪化した」と指摘する（Peillon 2019 URL）。サルコジ政権が誕生

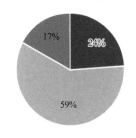

図15 「ジャーナリストは政党や権力の圧力から独立しているのか」への賛否

（カンター・インサイト・フランス調査）

した2007年以降は、新聞の部数減が深刻化し、異業種企業による買収が相次いだ時期である。時に新聞への敵対的な発言で知られるマクロンは、一段とメディアへの統制を強めているようである。

　国民はこの状況をどのように見ているのだろうか。世論調査会社「カンター・インサイト・フランス」が2023年1月に発表した調査結果（図15）によると、ジャーナリストが政党や権力の圧力に屈しているとみる割合は59%に達しており、屈していないとする割合は、ここ数年20%台で推移している（Kantar 2023 p. 29）。前項で紹介したラ・クロワとカンターによるメディアと民主主義に関する世論調査によると、民主主義のために「きわめて重要または重要」とした割合が高かった項目として、「政治権力からの独立」（92%）があった（Kantar 2022 p. 33）。つまり、政党や権力から独立していないジャーナリストが所属するメディアは、民主主義の存続に貢献するのか疑わしいということになる。

　こうした現状の分析として、マリオン・ボヴァレは、新聞の多くが権力者の友人によって所有されている点を挙げ、「仲間内では攻撃しない」と解説した（Beauvalet 2019 URL）。権力者に近い企業人による新聞支配は、新聞から反権力という編集方針を奪い取り、権力者が実質的にメディア規制を強めることを可能にしている。民主国家における権力は、メディアを強制的に従わせるのではなく、支援や知己を通じて友好的な関係を築き、メディアの攻撃をかわすのである。

ジャーナリズムの現状

　メディアが、他の産業と異なるのは、ジャーナリズムを背負っていることである。第2章で触れたように、新聞は、「新しさ」を売る商品として登場した。「1日、あるいは1週という、切り取られた時間ごとの新しさであり、毎日、毎週"変化する"新しさ」が商品となり、その「知の快楽を大々的に

3. 民主主義への懸念　　　131

表18　公衆の政策関与とメディアとの関係

欧州の公共政治の概念		政策決定における公衆の参加度	
		低い	高い
メディアを通じた政策決定の透明性	低い	執行部主導	利益団体主導
	高い	エリート主導	公衆主導

産業化したのがジャーナリズムであり、ジャーナリズムこそインダストリーの世紀19世紀が生んだ最大の産業の一つ」なのである（山田 1991 pp. 14-15）。そして、ジャーナリズムは「知の快楽の産業化」だけではない。非営利団体・民主主義財団（Democracy Fund）は、ジャーナリズムの意義について、投票行動につながる利点などを挙げながら、「我々の民主主義にとって極めて前向きな結果をもたらす」と言及している（Democracy Fund 2022 URL）。中村督も、ジャーナリズムと民主主義との関係については、「ジャーナリズムは、近代社会が内包する民主主義と資本主義という二つの要請にたえず応じてきた」と述べている（中村 2021 p. 9）。ジャーナリズムは民主主義の行方を左右する存在なのである。

　双方の関係については、ルード・クープマンとポール・スタットハムが共同研究で明らかにしている。2人は、欧州統合が進む中で、メディアが統合をどのように報じ、それが民主的な政策決定プロセスにどう影響されるのかを調査した。それによると、表18で示したように、メディアを通じて政策決定のプロセスが明らかになればなるほど、公衆が政策決定に関与する確率が高まるとした。これにより、「政策決定者、市民、政党、利益団体、社会運動、マス・メディアといった欧州公共圏の担い手が効率的に連動することが期待される」のである。その上で、「マス・メディアに通じた公衆の会話は、組織の領域からより広い公衆の領域に広がる相互作用を考える上で極めて重要である」とした（Koopmans & Statham 2010 pp. 279, 284）。ジャーナリズムが、民主主義の根幹となる公衆の政治参加を促進するという結果だった。

　一方で、歴史は、ジャーナリズムが常に権力の脅威にさらされてきたことを示している。フランス革命を主導したジャン＝シルヴァン・バイイを例に挙げよう。バイイは、フランス革命前の1789年6月、三部会の第三身分が

132　　第 4 章　主要メディアの信頼喪失と民主主義

ヴェルサイユ宮殿の球戯場に集まり、憲法制定まで解散しないことを誓約した「球戯場の誓い」で指導力を発揮し、その功績から、翌 7 月にパリ市長となった。しかし、ルイ 16 世とマリー・アントワネットがオーストリアへの逃亡を図り、東部ヴァレンヌで拘束された 1791 年 6 月の「ヴァレンヌ逃亡事件」後、国王廃位への要求が高まると、こうした論調や主張を封じる姿勢を強めた。パリ中心部のシャン・ド・マルスで同年 7 月、立憲君主派の国民衛兵が、共和派を主体とするデモ隊に発砲する「シャン・ド・マルスの発砲事件」を引き起こした。バイイはこれを機に人気を失い、1793 年 7 月に逮捕され、同年 11 月にシャン・ド・マルスで処刑された。プレネルは、バイイの浮沈に触れ、当時の権力とジャーナリズムとの関係から、「選挙によって民主主義の仮面をかぶった権力は、反抗的で自由で独立したジャーナリズムをたたき、抑圧し、迫害する」と書いている（Plenel 2020 p. 105）。民主的なプロセスで生まれた権力が、民主主義を擁護するジャーナリズムと対峙することもある。前項で紹介したフランスのマクロン政権によるメディア対応もその一例となる。

　権力は経済権力もあてはまるだろう。前節で触れたように、近年、新聞社やテレビ局の経営は厳しさを増している。伊藤明己は、これについて、「憂慮しなければならないのは、ジャーナリズムの衰退と言論の自由のゆくえである。民主主義下の国での言論の自由は、新聞社や放送局に属するプロの取材記者と編集者に多くを負ってきた。そのシステムが衰退傾向にある。（中略）問題は、人びとの日常生活では目の行き届かない権力の抑制、政治の監視、企業の不正、社会の弊害の指摘と共有といった、ジャーナリズムの果たすべき大きな役割を誰が担うのかという点にある」と述べ、ジャーナリズムへの影響を懸念する。インターネット上のブログや掲示板での情報発信がその代替になるとの議論があるが、伊藤は「インターネット上でやりとりされるものの多くは、たわいのない娯楽に費やされている」と懐疑的だ（伊藤 2014 pp. 214-215）。

　権力と対峙しながら、民主主義を擁護するという重要な任務から、フランスでは、「ジャーナリストの職業倫理憲章」によって、ジャーナリズムを実践するジャーナリストに条件を課している。表 19 にその概略を示した。こ

の憲章は 1918 年に発表
され、1938、2011 年 に
それぞれ改訂された。最
新版は、ジャーナリズム
について、「良質な情報
について、調査し、確認
し、背景を説明し、優先
順位をつけ、形式を整え、
分析を行い、発表するこ
とである」としており、
それを実現するためにジ
ャーナリストが表中の
様々な制約に配慮しなが
ら、仕事を行っているこ
とが分かる。

表 19　ジャーナリストの職業倫理憲章が定めたジャーナリ
　　　ストの条件の概略

| 匿名も含め、全てのコンテンツに責任を負う |
| 推定無罪の人物の尊厳に配慮する |
| 批判精神、真実性、正確性、潔白性、公平性、公正性を持つ |
| 情報発信前に、情報源を最大限確認する |
| 発信する情報について追求権を行使できる |
| 法律違反に対して裁判所で対応する |
| 表現、意見、情報、論評、批判の自由を擁護する |
| 不当な方法あるいは金銭による情報取得を行わない |
| 取材に関連する組織から金銭を受け取らない |
| 利己のために報道の自由を利用しない |
| ジャーナリズムとコミュニケーションの混同を避ける |
| 盗作を行わない |
| 同僚のポストを求めない |
| 職務上の秘密と情報源を守る |
| 警察や裁判官の役割を担わない |

　さらに、フランスでは、メディアが権力に飲み込まれても、ジャーナリス
トがジャーナリズムを維持していくための備えを与えている。労働法典第
L.761-7 条は、所属するメディアで譲渡、発行停止、方針の変更のいずれか
があり、ジャーナリストとしての「良心」が脅かされる場合、解雇手当を受
けた上で退職できると規定する。いわゆる「ジャーナリストの良心条項」で
ある。大石泰彦はこの条項について、「マス・メディア企業内部におけるジ
ャーナリストの精神的自由（内部的自由）の実質化にさほど寄与するもので
はないが、この条項の意義が彼らによって集団的・組織的に理解され、発動
される場合には、そうした自由への足掛かりとなる可能性を秘めている」と
一定の評価を示している（大石 1999 p. 143）。実際にメディアが買収され、編
集方針の変更を余儀なくされる中で、多くのジャーナリストが「良心」に従
い、メディアを去っている。
　ニクラス・ルーマンは、ジャーナリズムの具体的な形態としてニュースや
ルポルタージュを挙げ、「正確であり、真実であるということが前提とされ、
またそうであると信じられている」とした上で、「この職業は、真実でもっ

て（それ自身をも含めた）社会に奉仕する」と書いている（ルーマン 2005 p. 46）。フランスのジャーナリズムは、この真実の追求を職業倫理とし、所属する組織の論理よりも優先するとしている。

4. 極右系メディアの登場

20世紀のナショナリズム報道

　極右メディアが増えるのは20世紀に入ってからである。世界大戦が二度起こるなど、ナショナリズムや国家主義的な主張が支持された時代背景があるだろう。

　ピエール・アルベールは、1900年以降で最も重要な極右系出版物として、「レコー・ドゥ・パリ（L'Echo de Paris）」を挙げている（Albert 2018 p. 70）。1884年に創刊された日刊紙で、読みやすい文体で愛国主義的な論調を展開した。極右の政治団体、フランス愛国連盟（Ligue de la patrie française）の支持者を読者とし、第一次世界大戦の頃には好戦派として発行部数は40万部に増えた。しかし、1937年に社内対立が起こり、ル・ジュール（Le Jour）と合併したル・ジュール・エコー・ドゥ・パリ（Le Jour-Écho de Paris）と、レポック（L'Epoque）に分裂した。

　レコー・ドゥ・パリに次ぐ規模としては、ラントランシジャン（L'Intransigeant）がある。1880年にアンリ・ロシュフォールによって創刊された日刊紙で、当初は極左勢力を支持するメディアだったが、編集長の交代で次第に極右的な論調となり、1920年代には発行部数が最大で40万部に上った（Albert 2018 p. 79）。しかし、名編集者と言われたレオン・ベルビが退社し、1932年にル・ジュールを創刊すると、ラントランシジャンも部数を減らした。

　このほか、週刊誌では、キャンディード（Candide）が反共、反ユダヤ人、反共和政を訴え、発行部数は50万部に上った（Albert 2018 p. 96）。

　極右メディアは、極右思想を喧伝するため、政治団体とのつながりが濃厚となる。代表的な例が、日刊紙ラクション・フランセーズ（L'action française）だろう。ドレフュス事件を受け、反ドレフュスと反共和政の思想を広

4. 極右系メディアの登場　　　135

めるため、1899年に政治組織、ラクション・フランセーズ（L'action fran-
çaise）が創設されると、その機関紙として1908年に発刊された。編集方針
は、反ユダヤ、反共和政、国家主義であり、発行部数は1914年の第一次世
界大戦開戦時に4万部に上った（Richard 2017 p. 122）。1930年代に入り、国
家主義思想がフランスにも広まると部数を増やし、1934年2月に極右支持
者が、与党の共和・急進・急進社会党（Parti républicain, radical et radical-
socialiste）のスキャンダルに反発し、国民議会の前で抗議行動を起こした際
には、史上最多の約20万部に達した（Schor 1985 p. 11）。

　第二次世界大戦中にはナチス・ドイツとの協調を訴える新聞が多く、例え
ば、週刊紙ジュ・スイ・パルトゥ（Je suis partout）は「ドイツに団結する」
と宣言した。レポック紙のように、対独姿勢を鮮明にするメディアは少なか
った。

　1944年6月に臨時政府が発足すると、ラクション・フランセーズなど極
右系メディアは廃刊処分となった。極右主義が主張していたユダヤ人排斥は、
ナチス・ドイツによるユダヤ人虐殺の発覚により支持を失った。国家主義が
国際紛争をもたらすという反省から、極右運動は下火となり、それを支える
メディアの存在感も低落した。しかし、1970年代に入り、戦後復興による
経済成長が鈍化し、移民の社会統合が問題になると、極右勢力の伸長が再び
目立つようになる。ジャン＝マリ・ル・ペンが国民戦線の党首になったのは
この頃である。以後、極右は伸長と低迷を繰り返し、近年になって、存在感
を示し始めている。

　極右の主要な攻撃対象は移民・外国人である。メディアが情報提供によっ
て、人々をこうした攻撃に向かわせるわけではない。そこには、移民や外国
人を毛嫌いする感情がある。ミュリエル・ジョリヴェは「人種差別はより巧
妙になっただけで、消えたわけではない。特にはっきりわかるのは、雇用の
ときだ」と言う（ジョリヴェ 2003 p. 277）。直接的な侮辱や中傷といった人種
差別は目立たなくなったが、雇用の際にアラブ系や黒人はそれを理由に採用
されないというのだ。フランスでは、形を変えて「ごく普通」に人種差別は
存在するのであり、メディアを通じた極右情報は、こうした人々の潜在意識
を揺り動かすことになる。メディア情報はすべてではないが、極右勢力の伸

長に力を貸すことになる。

代替メディアの情報改変

21世紀に入ると、極右系メディアの存在が注目されるようになる。AFP通信は、その特徴として、「市民に改変した情報を与える（réinformer）ことである」と分析している（AFP 2016 URL）。AFP が指摘した情報改変（réinformation）とは、主流メディアへの不信感の裏返しである。ニュースの伝え方や扱い方が偏向的であると考え、自分たちが正しいとみなす方向にニュースを改変することを意味する。特に、ニュースが左派寄りに伝えられていると考える極右支持者の間で使われる言葉である。まず主なメディアを挙げてみる。

雑誌コズール（Causeur）は2007年、イスラエル出身の歴史家でジャーナリストのジル・ミヘーリーや、反左派のジャーナリスト、エリザベス・レビーらによって創刊された。重要なテーマについて、毎月100ページ相当の独自取材を提供すると謳う。レビーは「多元主義は我々の DNA に刻まれている」（Lévy 2021 URL）と強調しており、あらゆる主張を扱うという原則の下、主流メディアが扱わない極右報道を積極化させている。実際、反イスラム主義の政教分離に力点を置いている。最近では、国民連合所属の欧州議会議員、ジャン＝ポール・ガローの投稿を掲載しており、国民連合支持の論調で知られる。紙の販売部数は8000部前後だが、後に導入したオンラインの閲覧者は月40万人前後とみられる（Causeur 2021 URL）。

編集方針が変更となり、大きく右旋回したメディアもある。隔週誌ヴァルール・アクチュエル（Valeurs actuelles）は1966年、極右支持だったジャーナリストのレイモン・ブルジンによって創刊された。ブルジンは後に共和国連合（RPR）所属の上院議員となる。同誌を所有したのはヴァルモンド・グループ（Groupe Valmonde）である。当初は株式市場のニュースを扱い、金融関連情報が中心だったが、徐々に一般ニュースを扱う論壇誌となった。2012年にイヴ・ドゥ・ケルドレルが、ヴァルモンド・グループの最高経営責任者（PDG）兼ヴァルール・アクチュエルの編集局長に就任し、報道内容が変化した。マリーヌ・ル・ペンや極右関連のニュースを多く扱うようにな

り、新たな読者を得ることになった。発行部数は8万部台から10万部台に増加し、雑誌としては有数の規模となった。

また、2017年9月には、月刊誌ランコレクト（L'incorrect）が創刊された。実業家のシャルル・ベブデらが出資し、「右派の政治的文化的プログラムを再建する」ことを目指した（Izambard 2017 URL）。国民連合の元下院議員マリオン・マレシャル＝ル・ペンの広報担当者だったアルノー・ステファンが同誌の広報局長を務めたことから、極右系雑誌とみられている。約7000部が発売された創刊号は、ジャック・シラク大統領時代に国防相を務めたシャルル・ミヨンや、フランス統治時代のアルジェリアを懐かしむ歌手ジャン＝パックス・メフレらにインタビューし、保守色を強烈に打ち出した。

上記のような組織としてのメディアだけでなく、個人として、改変した情報を発信し、影響力を持つケースも出ている。エッセイスト、映画監督、出版者と複数の肩書を持つアラン・ソラルは2005年、国民戦線に加わり、第二次世界大戦におけるナチス・ドイツによるユダヤ人虐殺（ホロコースト）を明確に否定せず、反ユダヤ主義を展開した。2007年には、国民戦線と共闘する政治組織「平等と和解（Égalité et Réconciliation：E&R）」を創設し、同名のウェブサイトを開設した。国民戦線を離党した後も、書籍出版や動画出演を通じて活動を続けた。人種差別を扇動したとして、裁判所から何度も罰金刑を受けたが、若者を中心に人気を得た。日刊紙ラ・クロワは、「平等と和解」を「フランスにおける初めての情報改変のサイト」と形容している（La Croix 2020 URL）。ソラルと協力関係を築いたのが、カメルーン系の俳優のデュードネ・ムバラである。ユダヤ人を非難し、2006年にジャン＝マリ・ル・ペンと知り合い、国民戦線と良好な関係を築いた。舞台を中心とした活動で、ホロコーストを揶揄し、裁判所が舞台の禁止を命じる判決を下す騒ぎとなった。2人はサイトや舞台でそれぞれの支持者を得ており、ヴァレリー・イグネは「デュードネ・ムバラとアラン・ソラルの存在によって、国民戦線に新しい視界が開かれようとしている」と分析した（Igounet 2014 p. 397）。

こうしたメディアやインフルエンサーが登場する背景には何があるのか。調査会社ハリス・インタラクティブは2012年5月、4～5月に行われた大統領選で、ジャーナリスト105人に投票した候補を尋ねた（図16）。4月の

図16 2012年大統領選第1回投票でジャーナリストの投票動向

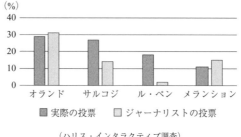

(ハリス・インタラクティブ調査)

　第1回投票では、候補10人のうち、最多はフランソワ・オランド（社会党）の31%で、続いて、ジャン＝リュック・メランション（不服従のフランス）が15%、ニコラ・サルコジ（民衆運動連合）が14%となり、ジャン＝マリ・ル・ペンは下位グループの2%に過ぎなかった。5月の決選投票では、オランドが55%、サルコジが19%だった（Harris Interactive 2012 URL）。実際には、第1回投票での得票率は、オランド（28.63%）、サルコジ（27.18%）、ル・ペン（17.9%）、メランション（11.1%）の順で、決選投票はオランド（51.64%）、サルコジ（48.36%）だったことを考えると、ジャーナリストの左派志向がうかがえる結果となった。極右支持者が、ジャーナリストは左派寄りであり、報道内容は右派に厳しいと考える根拠になっている。

メディア関係者10人へのインタビュー

　さらに、インタビューを通じて、極右メディアの登場の背景と政治への影響の分析を試みる。インタビューの対象は、主流メディアが4人、代替メディアが2人、フリーのジャーナリスト・編集者が2人、識者が2人の計10人で、読者・視聴者への浸透度、報道の傾向、属性、規模のバランスを考慮した。2021年12月から2023年6月にかけて、対面、オンライン、電話、メールで行った。本章第2節でインタビューした10人とは2人が重複する。10人のうち3人は、経営陣の主張や見解と異なる可能性があることから、匿名でのインタビューを希望し、それを受け入れた。

　10人へのインタビューの概要を表20に示した。

4. 極右系メディアの登場   139

表20　代替メディアの台頭の背景と極右・急進左派勢力への影響について、メディア関係
者10人へのインタビューの概要

属性	名前	媒体・肩書	代替メディア台頭の背景	極右・急進左派勢力への影響
主流メディア	フランソワ＝グザヴィエ・メナジュ	TF1（民間テレビ）中堅ジャーナリスト	フランス人は今、見方が異なり、話し合わず、同じ現実世界におらず、同じ国土におらず、フランスは列島になったという専門家がいる。TF1を見る人がいれば、インターネットだけを利用する人もいる。	小規模のメディアを懸念している。彼らはジャーナリズムではなく、ミリタリズムに属する。意見をいうメディアであり、ジャーナリストの仕事ではない。
	匿名	フランス5（国営テレビ）中堅ジャーナリスト	時代の変化だ。ソーシャル・メディアは十分に組織されておらず、誰でもジャーナリストになれる。このため、流行の仕掛け人とジャーナリストを混同することがある。だから、読者と視聴者は、公式のメディアから出された情報でなければ、その信憑性を疑うべきだ。	代替メディアには若者が関与している。ソーシャル・ネットワークとともに育ち、ニュースをそこから得る。政党はその影響を理解して活用しているため、政党への支持率アップに貢献している。
	匿名	フランス・ブルー（国営ラジオ）中堅ジャーナリスト	ソーシャル・ネットワークとその匿名性により、誰もが独自の配信チャンネルを持てるようになったためだ。彼らは、ジャーナリストが守るべき一般的な倫理規程とは無縁であり、事実に関して独自の見解を持っている。	代替メディアの利用者の多くは過激派政党の有権者であり、彼らは伝統的な政党が、既成の秩序を守る権力の一部であると考えている。
	匿名	ル・フィガロ（新聞）若手ジャーナリスト	伝統メディアは、読者や視聴者の期待に応えられず、部数や視聴者数を落としている。このため、大衆はデジタルニュースに目を向けている。問題は、デジタル空間が無秩序であり、法的・倫理的な規制を受けずに情報発信を行えることだ。	貢献している。過激な政党はこれまで、伝統的なメディアにほとんど取り上げられなかった。しかし、代替メディアは、それを伝えることで一般の人々の好奇心を煽っており、ジャーナリズムとは言えない。
代替メディア	ヤン・ヴァレリー	ブレッツ・アンフォ（インターネット）ジャーナリスト	我々は、主流メディアの情報操作に対抗するため、インターネット・サイトを開設した。また、真に自由で独立したメディアが必要であるという要望が存在した。伝統的メディアと代替メディアの双方の報道に接し、情報を照合し、分析し、自ら判断することが重要だ。	（未回答）

140　　　第4章　主要メディアの信頼喪失と民主主義

(表20　つづき)

属性	名前	媒体・肩書	代替メディア台頭の背景	極右・急進左派勢力への影響
代替メディア	アントナン・アマド	ポリティス（雑誌）元編集長	主流メディアに対抗する代替メディアはかつても存在しており、代替メディアには長い歴史がある。しかし、経済的に持続できず、数年で終わる代替メディアが多い。	メディアは政党から財政支援を受けているわけではない。影響は限定的ではないか。
フリー	マチュー・ロシェ	フリー・ジャーナリスト	特に極右的な思考を持つ人は、メディアを信用していないので、新しいメディアを作る傾向がある。例えば、子供に起こった犯罪について、ジャーナリストが報じることを信用せず、別の情報として伝えようとするものだ。	代替メディアによって、極右支持者は自分の考えに確信を持つ。ただ、急進左派の場合はそれが当てはまるか不明だ。極左の代替メディアはまだ発展の段階で、視聴者数はそれほど多くないと思う。
フリー	エリック・ル・レイ	フリー編集者	伝統メディアに対する不信だけでなく、技術革新の歴史が影響している。インターネットと人工知能により、我々は新しい文明と向き合っており、それらを使って、自分のメディアをつくり、情報を送受信し、インフルエンサーとなっている。	新しいメディアは、右派や左派だけでなく、全ての極右勢力にとって有効だ。人々は、伝統的なメディアに不満で、裏切られたと思い、自分たちの意見を代弁していないと考えている。ソーシャル・メディアの中で、その不満を晴らし、意見を表明している。
識者	アルノ・メルシエ	パリ・パンテオン＝アサス大学教授	メディアは左翼であり、ゆえにゆがんだ情報をただすべきだという考え方があり、新しいメディアとして、ブログや新しいサイトが生まれている。この後の段階として、右翼メディアが登場し、これが大規模化する可能性がある。	代替メディアは、エリック・ゼムールら極右勢力に力を与えるだろう。つまり、「汚い情報の洗浄（blanchiment de l'information sale）」が進行することになる。
識者	フランソワ・ジョスト	パリ・ソルボンヌ・ヌヴェル大学名誉教授	メディア不信が代替メディアをつくっている。特に、若者はインターネットを好み、ツイッターなどに大きな力を与える。	Cニュースのようなメディアは、ゼムールの発言を放映し、彼の党を助けている。他メディアもこれを伝えている。

　10人の回答（複数選択）の内訳を分析すると、代替メディアが広がる背景として、7人がソーシャル・ネットワークなどインターネットの普及を挙げ、6人が主流メディアへの不信や不満を指摘した。その他には、様々な意見を反映させる手段との意見が1人、以前から代替メディアは存在していたとの言及が1人だった。インターネットとメディア不信が要因分析として圧

倒的に多いことが分かる。このうち、インターネットは将来的にも重要になるとの見立てから、次章で多面的に議論する。メディア不信については、本章で指摘した通り、主流メディアの政治・経済権力への依存など様々な要因があるが、その結果として、読者や視聴者が代替メディアを利用することになったとみられている。

　また、代替メディアの広がりが、極右や急進左派政党に与える影響については、明確に「影響がある」と回答したのは6人で、「影響があるとみられる」「限定的だが、影響がある」も含めると、未回答の1人以外の9人となった。メディア関係者と識者は、極右勢力や急進左派勢力の政治的伸長の一因として、代替メディアを含めていると言える。

　主流メディアへの不満を背景に広がりをみせる代替メディアは、存在感を増している。大統領もそれを無視できなくなったということだろう。エマニュエル・マクロン大統領は2019年、ヴァルール・アクチュエルと単独会見し、国内で増加するイスラム系移民について、「こうした課題を掌握する必要がある」と述べ、対策に乗り出すことを示唆した（Coupeau 2019 URL）。フランスではこれまで、大統領の単独会見は珍しく、実現しても国営テレビや大手紙に限られてきた。特に、極右や極左の政治勢力に近いメディアを無視することは、大統領の当然の政治行動だった。それだけに今回のインタビューは注目を集め、マクロンには「右派の保守票を固める狙いがある」（Le Gal 2019 URL）との見方が有力となっている。再選を目指す大統領が、代替メディアに歩み寄る状況は、メディア業界の地殻変動を如実に示している。

　ただ、代替メディアがジャーナリズムを体現しているかについては、メディアによって異なる。ジュリアン・ルコントゥは、ジャーナリストの職業倫理を無視したり、外国政府から補助金を受け取ったりする代替メディアが存在する点を挙げ、「主流メディアと代替メディアの分類は抽象的なものであり、情報を扱うメディアの状況は複雑である」としている（Lecomte 2021 URL）。ル・フィガロの若手ジャーナリストは、主流メディアが取り上げない極右報道を代替メディアが行い、人々の好奇心を煽っているとして、「それはジャーナリズムとはいえない」と話した[20]。

　20）2023年3月24日、筆者がパリでインタビューした。

第5章　インターネット公共圏の台頭

　極右のメディア公共圏を分析する上で考慮しなければならないのは、インターネット空間である。前章で紹介した極右系メディアの広がりは、インターネットの普及とともに加速したためである。インターネットの利用者の推移を考えると、今後、インターネット・メディアが極右勢力により大きな影響を与えることが予想される。このため、第6章で極右公共圏を総合的に分析する前に、本章では、インターネット上の極右メディアを紹介し、その内容や傾向を検証する。第1節では、インターネットの広がりとともに、それに後押しされたネット上の代替メディアの台頭と政治や社会への影響を紹介する。第2節では、インターネットの公共圏が持つ特性、メリットとデメリット、政治とインターネットの関係を取り上げる。

1. ニュースとインターネット

利用者の拡大

　インターネット調査会社ウィ・アー・ソーシャル（We are social）は2022年、インターネットとソーシャル・メディアに関する世界規模の調査結果に基づき、フランスにおける双方の使用状況をまとめた（BMD 2022 URL）。それによると、インターネットの利用者は6092万人に達し、総人口に対する利用率は前年比2.4%増の93%となった。ソーシャル・メディアの利用者は5260万人で、総人口の80.3%に上る（図17）。1日にネットを利用している時間は5時間34分に上り、そのうち2時間19分が携帯電話を通じてであり、ソーシャル・メディアの利用時間は1時間46分に達した。その手段として、

第 5 章　インターネット公共圏の台頭

図 17　インターネット利用者の割合

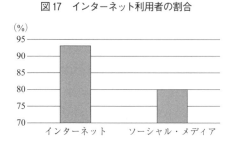

（We are social 調べ）

16-64 歳で、スマートフォンを所有しているのは 95.1%、コンピューターを使用するのは 79.5% に達した。インターネット利用者の 89.3% はストリーミングでテレビを視聴しており、32.5% はストリーミングで音楽を聴いている。ウェブサイトへのアクセスで多いのは、グーグル（ページビュー：293 億回）、ユーチューブ（同：93 億回）、フェイスブック（現：メタ、同：73 億回）の順だった。また、インターネットを利用する理由としては、情報収集（70.5%）、物事の習得（60.6%）、ニュースの取得（59.9%）が多かった。フランスにおいても、政治状況を知る手段として、インターネットが利用されていることが分かる。

　日刊紙ラ・クロワと調査会社カンターによる 2022 年の調査（図 18）では、国内外のニュースを得る手段として、テレビが最多の 48%、続いてインターネットが 32%、ラジオが 13%、紙の新聞が 6% だった。インターネットの内訳は、スマートフォンが 22%、パソコンが 8% だった。ただ、世代間でみると大きな格差が生じる。35 歳以上はテレビが最多の 55% だったが、35 歳未満ではインターネットが最多の 66% となった（La Croix et Kantar 2022 p. 18）。将来にわたり、こうした層が増えていくにつれ、インターネットでニュースを得る割合が最多になるのは確実だろう。

図 18　ニュースを得る手段（ラ・クロワとカンター調査）

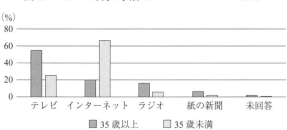

インターネットの影響力は既に最多という調査結果もある。ロイター研究所の 2022 年版デジタル調査によると、フランスでは、ニュースの入手方法について、オンラインが 69% で、テレビより 5 ポイント、出版物より 44 ポイントそれぞれ多かった。ニュースを得る手段として、インターネットは既に中心的な存在になっているようだ。

ネット・メディアの飛躍

インターネットがニュースを入手する主要な手段になる中、読者を増やすオンライン・メディアも目立ってくる。その一例として、エドヴィ・プレネルが 2008 年に開設したメディアパルトを取り上げる。2022 年の有料購読者数は 21 万 589 人に達しており（Mediapart 2023 p. 8）、「全国政治紙」としてはル・モンド、ル・フィガロに次ぐ第 3 位に成長したことになる。同年中にメディアパルトのサイトを訪れた人は 406 万 6194 人に上っており、読者や視聴者を増やす代替メディアの代表格と言えるだろう。

プレネルはパリ政治学院を卒業後、1976 年に極左政党・革命的共産主義同盟（Revolutionary Communist League：RCL）の機関紙でジャーナリストとなった。1980 年にル・モンド紙に移り、調査報道を得意とし、2000 ～ 04 年には編集局長を務めた。翌 2005 年に退社し、大学で教鞭をとった後、新メディアの創設を目指した。プレネルは、伝統的なメディアが批判精神を失ったのは、経営難から大資本に買収され、政府の補助金への依存体質を強め、経営や編集の独立を失ったことが理由だと考えた。このため、メディアパルトは「不偏不党」を掲げ、広告を取らず、政府の支援も受けず、1 か月で 11 ユーロの購読料だけで運営することにした（菊池・後藤 2014 URL）。新聞が買収問題の是非を話し合う討論会を開催する際、買収企業に討論会のスポンサーを依頼できない（メナール 2004 p. 71）ことと同じだろう。ただ、民間企業のままでは、いずれ経営環境が厳しくなる可能性がある。このため、これからのメディアは、企業と財団の中間に位置する非営利組織を新たな経営モデルとすべきであるという意見もある（Cagé 2015 p. 14）。

記事配信で心掛けたのは独自情報である。ネット上に無料のニュースがあふれる中、読者に購読料を払ってもらうには、メディアパルトだけが発信で

きる情報を増やすしかないと判断した。速報よりも解説記事やルポルタージュを重視し、他のメディアにない「独自ネタ」の発掘にこだわった。これが、3年も持たないと言われたメディアパルトを救った。2010年、化粧品大手ロレアル創業者の娘で大富豪のリリアン・ベタンクールの脱税疑惑をきっかけに、2007年の大統領選でニコラ・サルコジ陣営への秘密献金疑惑を報じた（Arfi & Lhomme 2010 URL）。これに対し、既存の新聞は、ル・フィガロがサルコジ政権を擁護するなど、政府を批判できなかった（国末 2010 p. 9）。

　2012年12月には、フランソワ・オランド政権で予算相を務めたジェローム・カユザックが、スイスの銀行に巨額の隠し口座を持っていると伝えた（Arfi 2012 URL）。カユザックはラジオで疑惑を否定したが、2013年3月に予算相を辞任した。その後、起訴され、2016年に脱税とマネーロンダリング（資金洗浄）の罪で禁固3年の有罪判決を受けた。さらに、2019年には、エマニュエル・マクロン政権で環境相を務めたフランソワ・ドルジが国民議会（下院）議長時代、私的な晩さん会や工事などの費用を公費支出し、正当な支出と証明できないと伝え、ドルジは環境相辞任に追い込まれた（Mediapart 2019 URL）。

　調査報道によって問題点を指摘する報道は、「解決型のジャーナリズム」と呼ばれ、読者とジャーナリズムを近付ける効果を持っている（Amiel 2017 p. 321）。メディアパルトが有料購読者を増やしたのは、その手法だった。

　2022年の調査で、メディアパルトの読者として、政党支持者の利用する割合が高かったのは、欧州・エコロジー＝緑の党（16%）、不服従のフランス（15%）、国民連合（10%）、共和国前進（7%）だった。左派系の読者が多い一方で、一部で極右系の読者もつかんでいることが分かった。

　メディアパルト以外の新興ネット・メディアとしては、マルセイユで2010年に創刊されたマルサクチュ（Marsactu）がある。「地域の民主主義を守る」ため、不法投棄や環境汚染などの調査報道を行うインターネット新聞で、ジャーナリストが独自の論評も発信する。トゥルーズのテレビ局「テレ・トゥルーズ」の最高経営責任者（PDG）だったピエール・ブコーが、簡易型株式会社（société par actions simplifiée : SAS）のラジオ・メディアを運営会社として開始したが、同社が2005年に破綻したため、編集局にいたジ

ャーナリスト5人が新たなSASを創設し、メディアパルトや読者からの出資を受けた。2020年には、有料購読者が5000人に達し、収益は購読料金の85%に上るようになった（Sénat 2022 URL）。

さらに、2018年には、別のインターネット新聞として、ディスクローズが創刊された。広告や政府支援を受けず、独自取材を続け、1300人以上の寄付により運営されている。

こうして近年存在感を強めるメディアの特徴の一つは、政治・経済権力からの独立を掲げていることである。換言すれば、主流メディアが、政治・経済権力に従属しているとみられていることを念頭に、新しいメディアの形を模索したと言えるだろう。

もっとも、独立系メディアの成功には先行例もある。1915年に創刊された週刊紙ル・カナール・アンシェネ（Le Canard enchaîné）は「左派でも右派でもない」との立場を取り、あらゆる権力を批判の対象とする。少数のジャーナリストにより毎週8ページの紙面を作り、購読料だけで運営されている。堅調な販売の理由は「大きなスキャンダルを暴いたことによる」（Martin 2000 p. 52）と分析されており、権力との対峙が新聞の生命線になっている。

若者の後押し

前々項でインターネットの利用者に若者が多いことを示したが、若者の存在が、インターネット・メディアの普及を後押ししている。例えば、動画ニュース専門のブリュット（BRUT）は、「黄色いベスト運動」で主流メディアとは異なる存在感を示した。ブリュットは2016年11月、TF1のジャーナリスト出身で、動画配信会社ストゥジオ・バジェルを運営していたギュローム・ラクロワらにより創設された。1日平均30本の動画ニュースを製作し、フェイスブックなどSNS上で配信する。音声を流さず、字幕で映像の流れを説明するため、外国語の聞き取り能力がなくても視聴が可能だ。世界の閲覧者は2億5000万人、月間の閲覧件数は4億回に上り、視聴者の7割が30歳以下の若者となっている（El Azzaz 2018 URL）。

ラクロワはブリュットの視聴者が短期間で急増した理由として、「若者は自分に合うメディアとつながっていたいと考えている」と語る（Lacroix 2019

p. 39）。現状では若者が主流メディアと「つながって」いないことが背景に
あり、ブリュットがそうした若者の受け皿となっている。

その証左が、「黄色いベスト運動」にある。燃料価格の上昇への抗議に端
を発するこのデモは、富裕層への増税やマクロン大統領の辞任を要求するよ
うになり、デモ隊の一部は破壊活動を行うなど過激化した。主要メディアは、
長時間のデモの中で破壊活動の映像を切り取って報道したが、ブリュットの
ジャーナリスト、レミー・ブイジンは、現場でデモの様子を長時間撮影し、
解説をつけずに生の動画をそのままフェイスブックに投稿した。その新鮮さ
が話題を集め、11 月 24 日午後の生中継では、900 万回の視聴があったほど
だ。ブイジンは「敵でも味方でもない中立的な報道が気に入られた」と分析
した（Lefilliâtre 2018 URL）。視聴者は、テレビ中継が放送局の意向に沿うよ
うに編集されるものと感じており、偏向しない生のニュースへの需要が高い
ことを示している。調査会社フォーラム・エチュードによるインタビューで
は、レ・ゼコーの若手記者が「より信頼性の高い記事を提供すべきだ」と述
べており[21]、ニュースをそのまま提示する試みは有効と言える。

ブリュットの影響力を感じたマクロンは 2020 年 12 月、そのインタビュー
に応じ、政教分離、新型コロナ・ウイルス、環境問題、女性への暴力など
様々なテーマについて発言した（Elysée 2020 URL）。ブリュットは質疑応答を
編集せずにそのまま投稿した。

ブリュットの成功に後押しされるように、2020 年 11 月にはニュース動画
配信サービス・ネオ（NEO）がサービスを開始した。食や建築などフラン
ス文化に関する話題、有名人へのインタビュー、政治や社会問題に関するニ
ュースを多く扱い、ユーチューブやインスタグラムなどのソーシャル・メデ
ィアに動画を配信している。

本節で若者のインターネット利用の実態を調査したラ・クロワは、18 歳
の高校 3 年生のニュースの入手方法を紹介している。朝は両親がラジオのニ
ュースに耳を傾けている間、スマートフォンにインストールしたポッドキャ
ストを通じて、ニュースや好きなコンテンツを聞いている。学校から帰ると、

21）2022 年 1 月 15 日、調査会社フォーラム・エチュードが、オンラインでインタビュ
ーした。

テレビをつけずに、スマートフォンを通じて、好きなメディアのニュースを見て、ブリュットの動画を視聴する（La Croix 2021）。視聴する全てのコンテンツはスマートフォンを通じて得ているのである。

フランス文化省などが2018年、15〜34歳に対して行った調査結果によると、日常的に利用するメディアは、インターネットが79%、テレビが64%、ラジオが43%、新聞が32%だった。93%がニュースに関心を持っていると回答しながら、利用メディアの割合は、テレビが21ポイント（2006〜2016年）、新聞が3ポイント（2010〜2016年）それぞれ下落していた（Ministère de la Culture pp. 13, 14, 19, 23）。若者はニュースに関心を持っているが、テレビや新聞ではなく、インターネットを通じて入手しているのである。

2. インターネット公共圏の特徴

メリットとデメリット

ニュース・メディアが依拠するインターネットの公共圏について、米欧日における主な識者の見方や分析を紹介する。共通するのは、メリットを指摘しつつも、多くのデメリットに言及している点である。

アメリカでは、キャス・サンスティーンが、インターネットを「20世紀最大の技術革新のひとつ」と認め、「差し引きすれば民主主義にプラスになる」と評価した（サンスティーン 2003 pp. 5-6）。一方で、討議型の民主制度が、「広範な共通体験と多様な話題や考え方への思いがけない接触を必要とする」とし、「共通体験と不意の接触」が望ましいと主張した。新聞の場合、偶然に素晴らしい記事に出会ったり、予想外の発見に遭遇したりすることを意味するセレンディピティ（serendipity）という言葉を使い、既にその特性が確保されているとする。紙面でふと目にした記事が、生活や人生に影響を与えるという状況を指す。「共通体験、とりわけマス・メディアを通じての共通体験は、社会の接着剤の役割をしている」という考えである。ところが、インターネット上で自分の興味・関心のある話題のみを集める情報の個人化は、そうした体験と接触を阻み、「民主制度への大きなリスクとなる可能性があ

る」と言及した。それは「同じ考え方の人たちとだけ会話をしていれば陥りやすい分裂や過激主義」という問題意識であり、「インターネットは、考えの似た者同士の交流を技術的に容易にするという理由だけで、集団分極化への高リスクを生み出している」と警鐘を鳴らした（サンスティーン 2003 pp. 29, 195, 199）。

バラク・オバマ政権で行政管理予算局の情報政策及び規制政策担当官を務めたサンスティーンは結論として、①無制限にフィルタリングできる能力を各自に授ける情報通信システムは、過度の分裂を生む危険性がある、②無制限のフィルタリングは、人々に共通の情報や体験をほとんど生み出さない、③無制限のフィルタリングは、民主的な観点から見れば、自由への犠牲を強いる可能性がある、の3点を指摘した。その上で、共和制が依拠しているものとして「体験、将来の展望、善悪の価値観等の違う人たちが出会って話し合える場」であると強調した（サンスティーン 2003 p. 201）。「集団分極化」を阻むには、自分が関心を持たないテーマや、意見が異なる論調に触れることが重要となり、そのための具体的な提案として、「公開フォーラム」を挙げ、それをネット上に創設すれば、「不意の接触」にもつながるとした。

ドイツのユルゲン・ゲハードは、スイスのマイク・シェイファーとともに、公共圏には、①市民の日常的な対面コミュニケーション、②公的なイベント、③マス・メディア——の3つの舞台があるとした上で、「インターネット・コミュニケーションは、旧来のマス・メディアよりも、公共圏をより良いものにしている」と指摘した。その理由として、資金が少なくても情報発信が可能であること、情報発信への参加が開かれていることを挙げた。しかし、その一方で、社会への影響が小さい点に懸念を示した。その理由として、「かなり多くの視点はインターネット上に流れているが、平均的な利用者がその内容を見つけることは難しい」とし、検索エンジンによって露出度が異なる点に言及した（Gerhards & Schäfer 2010 pp. 3, 4, 14）。

フランスでも、インターネット公共圏の議論は行われてきた。ドミニク・カルドンは、従来の公共空間では、公衆が受け手の役割に終始し、世論調査を通じて意見が代弁されるだけだったが、インターネットの公共空間では、公衆が個人を自由に豊かに表現することが可能となり、「代表者による政治

という、これまでの軌道から脱した」と特徴を挙げた。その一方で、インターネットが、沈黙する人やネットに接続していない人を排除する危険性に言及し、それを防ぐためには、「インターネットの精神は、何よりもまず全員に同等の発言権と正当性を認めるという、平等を実現することだ」と提唱した（カルドン 2012 pp. 152-153, 155）。政党や企業がインターネットを駆使して影響力を確保する中、多くの人々が大きい力に左右されず、自ら発信し受信する平等な機会を得る重要性を強調したものである。

　ドミニク・ウォルトンは「コミュニケーションの状態は、科学技術だけでなく、文化的、社会的側面に依存している。評価すべきはこの3つの特徴の総体である」とした。インターネットの影響も、技術的な側面だけでなく、それが普及する文化や社会を分析する必要があるとの意見である。その上で、文化的社会的背景が同質であれば、メディアの新旧はあまり問題とならず、「コミュニケーションを技術に結び付け、新旧メディアの間に誤った階級をつける考えをやめるべきだ」と強調した（Wolton 2000 pp. 195, 198）。

　フランスでは1990年代後半以降、インターネットの普及に伴い、情報発信の主体に応じて、様々な公共圏が言及されるようになった。例えば、ブロガーによる空間・blogosphère（ブログ圏）に始まり、カトリック教会の信者による cathosphère（カトリック圏）、右派勢力による droitosphère（右派圏）、左派勢力による gauchosphère（左派圏）といった具合である。Sphère は「圏」を意味し、英語にも存在する言葉だが、フランスにおける文献や資料、またネット上における使用が目立っている。

　例えば、カトリック圏は、キリスト教カトリックの信者が集う公共圏である。フランスでは歴史的にカトリック信者が多く、2020年の統計では、信徒数は人口の29%に上り、同国最大の宗派となっている（INSEE 2023 URL）。これまでは、国内各地の教会がコミュニティーの核となり、地域住民をつなぐ役割を果たしてきたが、地域社会を越えたつながりには限界があった。しかし、インターネットが広がるにつれ、より大きな範囲で信者が結び付くことが可能になり、その空間は「カトリック圏」と呼ばれるようになった。例えば、西部の都市レンヌでは2022年、カトリック教徒の夫婦が、教会に関する情報をまとめたアプリを開発し、話題を呼んだ。アプリには、信仰内容、

教会が開催するイベント情報、貧しい人々への支援などの情報が集められ、1600人の登録者を集めた。夫婦は「教会には素晴らしいネットワークがあるのに、活用されてこなかった」と意義を強調した（Ouest France 2022 URL）。こうした状況を踏まえ、ジョスラン・トリコーは「カトリック圏のブロガーは、ある種の宗教的または準宗教的なカリスマ性を訴えている」と分析し、オンライン上でネットワークを形成するブロガーが影響力を増していると強調した（Tricou 2015 p. 27）。トリコーは、その影響力は、「新たな宗教的権威」を形成しているとみている。

　日本でも、こうした欧米の議論を受けた研究が盛んに行われてきた。吉田純は、インターネットの普及による二面性（アンビヴァレンスな志向性）を「生活世界」と「政治／経済システム」に分けて分析している。「生活世界」では、情報資源へのアクセスが平等化されるというメリットがある一方で、情報格差を広げるとともに、実名性の原則が薄れ、それにより個人への誹謗中傷や著作権の侵害が相次いでいるというデメリットを挙げた。「政治／経済システム」では、NGO（非政府組織）やNPO（非営利組織）が影響力を拡大させている一方で、インターネットへの介入が強化され、国民への監視に利用される弊害を指摘した。また、パソコン通信やインターネットの特性として、①不特定多数が双方向・多方向のコミュニケーションで結びつくネットワーク性、②見知らぬ者同士の匿名性、③現実社会とは異なる新たなリアリティが形成される自己言及性、を挙げた。また、インターネットが民主主義に与える影響として、アクセス権と表現の自由がより重要になるとし、この2つの問題を「解決するための合意形成は、理念的にはそれらの当事者全員が参加しうる公共圏を基盤としてなされなければならない」と言及した。しかし、「これらの問題の定義や解決策は、結果的に政治システムによる制御に委ねられてしまう」として、政治システムの機能がインターネットと民主主義の関係を左右するとの考えを示した（吉田 2000 p. 140）。

　吉田は、ハーバーマスの公共圏概念の平等性、公開性、自律性という3つの特徴をインターネット社会の中で検討する。平等性については、インターネット空間が、既存の社会関係から離れ、自由に参加できることから、その確保は可能との立場だ。アクターとオーディエンスは、明確に分化されず、

「相対化する」という意味で、平等性が存在することになる。ただ、インターネットにアクセスできる「情報強者」とアクセスできない「情報弱者」の格差を生むことから、アクセス権の不平等が存在するとしている。公開性については、一定の技術的基盤の所有と知識が前提となるが、それ以外に参加を制約する条件は存在せず、確保されているとみる。しかし、政治システムによる監視と規制が強化されれば、公開性は脅かされることになる。自律性については、インターネットの匿名性によって、自律的な規範形成が困難になる可能性があるとした。結論として、インターネット空間には、ハーバーマスの公共圏の理念型に接近していく可能性と、逆に理念型から離反していく可能性という両面があり、「こうした諸要因をいかにしてコントロールし、平等性、公開性、自律性という理念を実現に近づけていくかという課題として問われなければならない」と指摘している（吉田 2000 p. 154）。

　遠藤薫は、インターネットの信頼性について、「ネット世論」に関する調査を通じて、インターネットを通じた意見表明の一定の有効性を認めながら、「人びとの問題意識は、メディア間の複雑で錯綜した相互作用（これを「間メディア性」とよぶ）のなかで形成される」とし、その個々のメディアについて、「新聞メディアも、テレビメディアも、当然ネットも、多様な〈小公共圏〉群から構成されており、それらのダイナミズムを無視して〈世論〉を論ずることは、重大な過ちにいたる危険がある」と主張した（遠藤 2010 p. 123）。間メディア性とは、小公共圏が連鎖したものという意味で、遠藤は、「ネット世論」が動かしたという社会的現象も、他メディアが伝えるという相乗効果の中で広がりを持ったとみた。「小公共圏は、また、その流動性と現代における個人の多重帰属によって、他と連結し、また他に開かれた圏としてある」とし、「現代の社会的言説の運動は、複合的メディア環境のなかで生成される。したがって、インターネットにおけるコミュニケーションを動的に把握し、それを複合メディア環境の動学として構築する必要がある」と結論付けている（遠藤 2005 p. 10）。インターネットを通じた世論形成や社会的現象は、他のメディアを通じた世論や意見と関連付けながら検証すべきとの立場である。

メディアの党派分立

　極右思想を掲げるメディアは長く危険視され、主流メディアの影に隠れ、注目されることはなかった。しかし、インターネットの普及に伴い、読者や視聴者を獲得しているように見える。前章で取り上げた極右系と急進左派系の代替メディアをインターネットの中で検証していく。

　パリの政策提言機関・モンテーニュ研究所は、前章で取り上げたように、2019 年に報告書「フランス流のメディア分極化」を公表した。フランスの代表的な 391 のウェブサイトに掲載されたニュースが、ツイッター（現：X）でツイートされた計 5200 万回の傾向を分析し、相互にツイートされるサイトとしてメディアを 9 グループに分類した。このうち、大半のサイトは、ル・モンドやル・フィガロなど主流メディアが入る第 1 グループ、ル・メディアなど左派系が多い第 2 グループ、ブログが多い第 3 グループ、ロシア・トゥデー・フランスなど極右系の第 4 グループのいずれかに入った（Institut Montaigne 2019 p. 25）。モンテーニュ研究所の調査によると、第 4 グループの極右系メディアは 62 に上っており、その影響力は少なくないだろう。同研究所は、メディア分極化における「フランス流」の特徴として、「体制擁護者と反エリート派の対立」を指摘した（Institut Montaigne 2019 p. 51）。メディアの分極化は、反エリート感情も増幅させているのである。

　メディアが分断された背景として、フリー・ジャーナリストのマチュー・ロシェは「特に極右的な思考を持つ人は、メディアを信用していないので、新しいメディアを作る傾向がある」とみている[22]。代替メディアに詳しいロシェによれば、インターネットの活用は、テレビやラジオが必要とした大きな資本や国家による電波の付与に依存しておらず、新しいメディアを始める際の障壁は低いという。この特徴が、極右系や左派系のメディアが多い一因になっているようだ。

　モンテーニュ研究所はさらに、このツイートで、調査期間の 3 か月間のうち、3 回以上ツイートされた政治家と上記グループとの関連性を調べた。その結果、エマニュエル・マクロンは第 1 グループ、ジャン゠リュック・メラ

22）2023 年 3 月 24 日、筆者がパリでインタビューした。

2. インターネット公共圏の特徴　　　　155

表21　主要政治家が最も言及されていたメディア群 (モンテーニュ研究所調べ)

	最も言及されていた メディア・グループ	メディア数	主なメディア
エマニュエル・マクロン	第1	53	BFMテレビ、ル・モンド、 ル・フィガロ
ジャン＝リュック・ メランション	第2	69	リベラシオン、ル・メディア、 メディアパルト
マリーヌ・ル・ペン	第4	62	スプートニク・フランス、 エフドゥスュ、 バルール・アクチュエル

ンションは第2グループ、マリーヌ・ル・ペンは第4グループのサイトで、それぞれ最も多く言及されていることが判明した。表21は、主流、左派系、極右系に大別されるメディア・グループが、それぞれ共鳴する政治家との公共圏を形成していることを示している。

　特に、この報告書は、第4グループとその他とのグループとの相互交流が少ない点を指摘している。つまり、極右メディアの公共圏は、他のメディアに関わらない独自の空間になっている。以前であれば、泡沫の存在に過ぎなかった極右系メディアが、主流、左派系に対峙するグループを形成していることは、インターネットの威力を示すものと言える。

　極右系メディアを利用する人々が一つの固まりとなるのは、経済的・社会的背景が絡んでいる可能性がある。マルコ・マナコルダらロンドン・スクール・オブ・エコノミクス（London School of Economics : LSE）の研究チームは2007～2017年、欧州22か国の計8万4564自治体で、インターネット通信の携帯電話が政治に与える影響を分析し、「オンラインによる交流は最初に気の通じた個人の間で起こり、特に彼らが脅威にさらされていると感じる場合、グループ以外に対する偏見と敵意が強まるものである」と指摘した。その上で、「こうしたメディアの広がりは、特に経済成長の恩恵を受けていない地域において、政治的に極右の保護主義や国家主義の宣伝の効果を高めることになる」とし、経済的に恵まれない人々がインターネットを通じて極右系メディアに影響される可能性に言及した（Manacorda, Tabellini & Tesei 2022 p. 25）。

　さらに、ピエルジウセップ・フォルトゥナトとマルコ・ペコラロは、ソー

シャル・メディアと利用者の教育水準、欧州懐疑派との関連を調査し、「特に教育水準の低い市民の間では、オンライン上で政治情報にさらされると、欧州懐疑派となり、欧州の諸制度を信用しなくなる」とし、「欧州の諸制度に対する不信感は、インターネットそれ自体の使用にあるのではなく、教育水準の低い市民が政治的活動のためにソーシャル・メディアを使用することに関連している」と結論付けた（Fortunato & Pecoraro 2022 p. 11)。オンラインによる情報伝達は、受け手の所得や教育水準によっては、政治的な排外主義を広めることになり、結果として、極右勢力の追い風になるとの分析である。

　一方で、公共圏では常に理性的な議論が行われるわけではない。ジェームズ・ヴァン・ホーン・メルトンは「公共圏の広がりは、資本主義の発展と切り離すことができないように、ナショナリズムの出現と別々にすることができない」と指摘する（Melton 2001 p. 274)。メルトンによれば、公共圏はコミュニケーションのネットワークによって形成されるものであり、「情報革命が生み出すもの」である。その際に、全てが正当で理性的な生産物ではあり得ない。例えば、近代欧州で印刷革命が起こった時、誤った情報が流れる一因となり、国外での侵略戦争を正当化することに一役買ったのである。

　これは現代で言えば、フェイク・ニュースにあてはまる。遠藤薫は、実業家だったドナルド・トランプが、ソーシャル・メディアを駆使して、2016年のアメリカ大統領選で当選し、その情報発信の中に多くのフェイク・ニュースが含まれていたことを念頭に、「われわれは、〈公共圏〉どころか、われわれが長い歴史のなかで築きあげてきた文明そのものを失うのではないかとさえ危惧される」と警鐘を鳴らした（遠藤 2018 p. 233)。メディアを通じて流れる情報が真実でなければ、真実の情報を前提とした理性的な対話が行われなくなり、民主主義は改めて危機にさらされることになる。メルトンはその一例として、情報革命による「公共圏の公開性と統合性が新しいネットワークをもたらすだけでなく、新しい排外性をもたらす」と書いている（Melton 2001 p. 275)。

極右系メディアの特性

　フランスには、主にインターネット上で極右思想を伝える空間として、フ

アチョスフェール（fachosphére）という言葉がある。ファッショやファシストを意味する facho と、領域や圏を意味する sphère の造語で、ファシスト圏、右翼圏、極右圏と訳される。インターネットの普及とともに、2000 年代後半に広まった。フランスのウェブ調査会社、リンクフルエンス（Linkfluence）によると、政治ウェブサイトのうち、このファチョスフェールに属するサイトは 2013 年には 230 あったという。

　この圏の存在感を示す初期の例として、ニコラ・サルコジ政権で文化相を務めたフレデリック・ミッテランの少年買春疑惑を挙げる。ミッテランは、フランソワ・ミッテラン元大統領のおいで、2005 年に小説『La mauvaise vie（不道徳な人生、の意)』を出版し、主人公がタイで少年を買春する場面を描いた。小説が自伝的だったため、極右系インターネット・メディアのエフドゥスシュ（Fdesouche）などが、ミッテランがタイで少年を買春したのではないかという疑惑を報じ、極右系のサイトやブログに広がった。これをマリーヌ・ル・ペンが取り上げ、ミッテランの進退問題に発展した。ミッテランは結局、買春を認めたが、相手が少年だったことを否定し、閣僚辞任を逃れた。極右系メディアが騒動の発端となったことから、週刊誌レクスプレスは「ファチョスフェールがフレデリック・ミッテランを小児性愛で告発」と伝えた（L'Express 2009 URL）。

　このファシスト圏について、ドミニック・アルベルティーニとデイビッド・ドゥセは「極右の宣伝というインターネット上で最も活発に動く部門の 1 つ」とみなし、その特徴として、現代のリベラル化と、開かれた社会への対抗と定義した（Albertini & Doucet 2016 pp. 8, 15）。2 人によると、ファシスト圏の中で最も有名なのは、エフドゥスシュである。2005 年にピエール・ソタレルが創設したウェブサイトで、「根っからのフランス人」をもじった元々の題名「François Desouche」を短縮した。第二次世界大戦後にフランスにやってきた移民や外国人を敵視し、何世代にもわたってフランスに住むフランス人のためのニュースサイトを目指す。移民の犯罪をテーマにした記事を大きく扱うため、極右政党寄りのサイトと認識されている。ソタレルは2018 年、コズール誌とのインタビューで、サイト創設の理由として、「メディアのうそ」を挙げ、主流メディアが移民問題の実情を正確に伝えていない

と批判した（Boughezala 2018 URL）。サイトの法務上の所在地をインドの首都ニューデリー南部にあるゴビンド・プリにしているのは、誤った情報を流した罪で、少なくとも 2010 年代前半から、治安当局の捜査対象となっているためとみられている。サイト責任者は、インド人の「ティラック・ラジ」だが、捜査でラジは実在しないことが分かった。スタッフは、ソタレルを含めて 5 人で、編集室はなく、それぞれ別の場所で仕事をしている。記事を書かず、他の記事を再利用することが多い。記事に扱いの大小はなく、公開順に並べるスタイルで、内容としては、移民や外国人に関するものが多い。

　エフドゥスシュと極右政党とのつながりは、ソタレルの経歴からうかがえる。ソタレルは 1980 年、パリ 14 区で生まれ、サッカーチーム「パリ・サンジェルマン」のサポーターと交流するうちに、国民戦線の存在を知り、10 代でそのデモに参加するようになった。インターネットに興味を持ち、国民戦線のサイト立ち上げや、国民戦線党首だったジャン＝マリ・ル・ペンの選挙サイト開設にも参加した。2005 年にソタレルの私的なブログとして誕生したのが、エフドゥスシュである。移民や有色人種を敵視する内容であるため、当局から目を付けられる存在になったようだ。エフドゥスシュは 2011 年 6 月、移民・難民を支援する団体「亡命地フランス（France Terre d'asile）」の事務局長、ピエール・ヘンリーに対し、暴力や脅迫を誘発するようなコメントを掲載したことから、司法当局が名誉棄損罪でソタレルを追及するきっかけとなった。

　エフドゥスシュは国民戦線のために積極的に報道すると同時に、ソタレルは国民戦線本部の広報室で、朝から晩までコンピューターの前で作業していたという。マリーヌ・ル・ペンは「ソタレルが我々に対し、動画が有効で、我々の考えを簡単に広げることができると保証した」と述べており（Albertini & Doucet 2016 p. 41）、国民戦線のインターネット戦略に貢献したようだ。ソタレルは 2014 年 10 月、エリック・ゼムールとも面識を得て、電話番号やメールアドレスの連絡先を交わした。

　エフドゥスシュの影響力は、徐々に知れ渡るようになった。2016 年 5 月、ベルダンの戦いから 100 周年を記念し、黒人の人気ラッパー「ブラック M」がコンサートを開こうとしたところ、エフドゥスシュは、ブラック M が以

前、フランスを「信じられない国」と発言したことを取り上げ、「ブラック Mはベルダンに来るべきではない」と報道した。以後、ベルダン市役所には、コンサートの中止を求める電話が殺到し、国民戦線幹部もこれに呼応し、コンサートは最終的に中止となった。また、2021年5月には、中部トゥールでデモ行進を予定していた性的少数者の一部が、参加者の感情に配慮し、白人の参加を求めないとしたところ、エフドゥシュがこの方針を大きく伝え、デモへの反対世論を巻き起こし、最終的にデモを中止に追い込んだ。サイトの1日の閲覧者数は10万人に上っており（Bousquet 2021 URL）、極右系インターネット・メディアの代表格と言える。

　オンライン上の雑誌・スレート（Slate）は、エフドゥシュについて、「極右の主張を裏付けるようなニュースを絶えず追いかけている」とした上で、「国民戦線の前線に位置するウェブサイトである」と形容した（Slate 2010 URL）。アルベルティーニとドゥセは「ウェブサイトによって、政治的に脇に置かれてきた政治勢力が、最大多数の公衆に接近することが可能になったのである」と論評した（Albertini & Doucet 2016 p. 296）。極右系メディアが、読者や視聴者を極右政党につなぐ役割を果たしたということになる。

　読者や視聴者からみると、偶然に極右系メディアに接したわけではない。ナタリー・ジョミニ・ストラウドは、2004年のアメリカ大統領選の結果から、インターネットを含め、どのメディアに接触するかは政治的信条に関連していると結論付けており（Stroud 2008 pp. 358-361）、極右的思想に共鳴する読者や視聴者が、自ら極右系メディアを選択するという仮説に言及している。第4章で紹介したアルノ・メルシエとローラ・アミーゴのメディアへの差別用語調査では、ツイートに、イスラム教やその信徒を蔑称する《islamo-》《muz》といった言葉が使われ、反イスラム主義と結びついていた。極右勢力はこうした言葉が飛び交う空間を《patriosphère（愛国圏）》と呼んでいる。彼らは「自分たちの恨みや要望がジャーナリストに伝わっていない」とみており（Mercier & Amigo 2021 p. 88）、主流メディアへの不満が極右系メディアにつながる推進力になっているのである。

急進左派系メディアの特性

　モンテーニュ研究所の報告書「フランス流のメディア分極化」によると、ツイッター（現：X）によるサイト分類で、第2グループの左派系メディアは70に上った。第1グループの主流メディアと重複して利用するケースが多くみられ、主流メディアと左派系メディアにはある程度の親和性があるようだ。換言すれば、極右系メディアほど、独自の公共圏を形成していないことになる。

　左派系メディアの中で、急進左派と位置付けられる一つに、2018年に創設されたニュースサイト、ル・メディア（Le Média）がある。政治活動家のソフィア・チキルーらが、政治家や実業家の影響を受けやすくなっているメディアを「救出する」ため、サイト開設にあたり、独立、複数主義、反差別、フェミニスト、環境優先を掲げた。右翼サイトに対抗する狙いもあった。チキルーは2017年の大統領選で、メランション選対の広報責任者を務め、サイトの協力者には、メランションのほか、環境政党「欧州・エコロジー＝緑の党」の下院議員を務めたイザベル・アタールや、ミッテラン政権で内相だったピエール・ジョクスら政治家も含まれている。

　このル・メディアで働いていたジャーナリスト、ドゥニ・ロベールは2021年1月、パリでニュース専門の動画サイト「ブラスト（Blast）」を創設した。権威主義的な政府に対抗し、「真の左派」を目指すメディアとして、政治、経済、社会問題、移民など様々なニュースを伝える。報道の軸に据えるのが、調査報道である。話題になったのが、マクロン政権の内幕を8回のシリーズで放映した「エマニュエル、エリゼ宮の実業家（Emmanuel, un homme d'affaires à l'Élysée）」で、マクロンのロビイストの秘密資金の流れなどを伝えた。サイトの運営費は個人・団体からの寄付金を見込んでおり、創刊月には6500人から62万ユーロを集めた（Le Meneec 2021 URL）。

　こうした報道が脚光を集めるのは、「主流メディアの逆を提示するメディア」（Le Meneec 2021 URL）として注目されているためだろう。第4章で指摘したように、現在のマクロン政権に対し、公然と批判キャンペーンを行う主流メディアは極めて少ない。代替メディアの一部は、政治・経済権力からの

2. インターネット公共圏の特徴   161

独立を掲げ、そうした権力を厳しく追及する姿勢が好感を持たれているのである。

　また、マチュー・ロシェは、左派系メディアが創刊される背景として、「左派政党の選挙結果は芳しくない。しかし、環境問題に関心のある若者が多く、彼らの要望に応える形で、サイトが生まれている」と語った[23]。ル・フィガロ・エチュディアンが 2022 年 9 月に 18 ～ 25 歳の 1001 人に対して行った調査によると、地球温暖化を心配する割合は 90% に達した（Mérat 2022 URL）。欧州では、スウェーデンの高校生が 2018 年に始めた「環境のための学校ストライキ」運動が広がり、フランスでも、若者を中心に環境保全対策を訴えるデモが起こった。こうした中、2007 年にジャーナリストのエルベ・カンフが創設した環境重視のインターネット・ニュース「ルポルテール（Reporterre）」は、主に寄付金で運営され、年々読者を伸ばした。2022 年 7 月にはサイトへの月間訪問者数が 160 万人に達した（Franque et Coulaud 2022 URL）。2020 年 5 月には、ジャーナリストのルー・エスパルジリエールらがニュースサイト「ヴェール（Vert）」を開設し、環境問題に特化したニュースを配信した。購読者数は 2022 年、サイト開設当時から 3 倍の 1 万 5000 人に達した（Franque & Coulaud 2022 URL）。

　政治権力や自由主義経済への弊害を指摘するインターネット上のメディアは、政治的には、「不服従のフランス」を創設したメランションの主張に近い。フランソワ・オランド政権で人気を落とした社会党とは距離を置いている。メランションは 2022 年の国民議会選で、「欧州・エコロジー＝緑の党」も含めた左派連合を率いており、環境派の若者にも訴える。このため、左派系インターネット・メディアは、メランションや「不服従のフランス」を好意的に取り上げることになる。

---

23) 2023 年 3 月 24 日、筆者がパリでインタビューした。

第6章　極右政治勢力の公共圏分析

　現代のメディアが置かれた状況を踏まえ、極右政治勢力のメディア公共圏を分析する。分析の手法として、フランスの調査会社オピニオン・ウェイに委託し、政治とメディアに関する意識調査を実施し、平均的なフランス人や極右勢力支持者のメディアの利用状況を精査する。また、メディア関係者や専門家らにインタビューを行う。定量と定性の両調査から極右政治勢力とメディアとの関係を明らかにする。第1節では、世論調査の実施状況と、その結果から、極右支持者が利用するメディアの傾向と特徴を割り出す。第2節では、公共圏分析の3つの制度的基準のうち、自律性に着目し、極右支持者の利用するメディアが政治・経済権力から独立しているかを検証する。第3節では、3基準のうち双方向性を調査対象とし、極右支持者が利用するメディアとその読者・視聴者・利用者との関係に焦点をあてる。第4節では、3基準の最後として、当該メディアの利用者同士の情報交換の現況を明らかにする。第5節では、こうした公共圏を構成する人々が実際の投票行動でどの程度メディアの影響を受けたのかについて考察する。

1. 世論調査の実施

人口動態の反映

　オピニオン・ウェイ社に依頼した第1回目の調査は、2022年2月2-3日に行い、18歳以上のフランス人1016人の回答を集めた。調査形式としては、オンライン上でインタビューを行うシステム「コンピューター支援ウェブ・インタビュー（Computer Assisted Web Interview：CAWI）」の手法で、6284人

表 22　世論調査対象者の属性

【性別】	2022 年	2023 年
男	48%	48%
女	52%	52%

【年齢】	2022 年	2023 年
18-24 歳	10%	10%
25-34 歳	16%	15%
35-49 歳	25%	24%
50-64 歳	25%	24%
65 歳以上	24%	27%

【居住地】	2022 年	2023 年
パリ首都圏	19%	18%
北西部	23%	23%
北東部	22%	22%
南西部	11%	12%
南東部	25%	25%

【職業】		2022 年	2023 年
無職	退職者	26%	28%
	その他	17%	14%
一般職	従業員	17%	17%
	労働者	13%	12%
上級職	中級専門職	14%	15%
	士師業・幹部	9%	10%
	技術者・実業家・企業経営者	3%	3%
農業		1%	1%

に回答を依頼し、性別、年齢、居住地、職業、年収などフランス人の人口動態を反映する人数として 1016 人を得た（表 22）。

　オピニオン・ウェイ社を通じた第 2 回目の調査は、2023 年 1 月 11 − 12 日に前回と同様の手法で実施し、18 歳以上のフランス人 1009 人から回答を得た。この人数も、フランスの人口動態を反映させた（同表）。

　両年に共通する特徴としては、①男女比が 48% 対 52%、②年齢層が 18 〜 34 歳、35 〜 49 歳、50 〜 64 歳、65 歳以上でほぼ 4 等分される、③居住地はパリ首都圏が 2 割弱で、北部が 4 割強、南部が 3 割強、④職業は、退職者ら無職が 4 割強、労働者ら一般職が 3 割、実業家など上級職が 3 割弱だった。

　質問項目は、第 1 回調査では、「どのメディアを利用しているのか」「どのように利用しているのか」「そのメディア利用によって何が変わったのか」の 3 問（いずれも複数回答可）。第 2 回調査では、「好きなメディアを通じて何をしているのか」「そのメディア名は」「前回の大統領選と国民議会選で投票を決意させたメディアは」の 3 問（いずれも複数回答可）だった。2 回目調査は、新しい設問だけでなく、1 回目調査結果を補完する内容とした。

利用メディアは大手テレビ

第 1 回調査では、「どのメディアを利用しているのか」を尋ね、回答した 1016 人が利用するメディアを支持政党別に分類した。このうち、国民連合と再征服を支持政党に選んだそれぞれ 95 人と 63 人について、利用する割合が高かったメディアをランク付けすると、両党の支持者に共通点があることが分かる（表 23）。

第一の特徴としては、テレビが上位を占めていること

表 23　極右政党支持者が利用するメディアの割合と他党支持者との比較（2022 年 2 月調査）

	国民連合	再征服	共和国前進	不服従のフランス
TF1	① 71%	① 71%	② 75%	① 55%
France 2, 3, 5	② 51%	② 57%	① 77%	② 52%
BFM	③ 35%	④ 45%	④ 53%	⑥ 30%
Cnews	④ 30%	③ 56%	⑦ 25%	
Arte	⑤ 28%	⑤ 39%	③ 58%	③ 48%
C 8	⑥ 27%	⑨ 24%	⑦ 25%	⑤ 36%
RMC	⑦ 26%	⑥ 27%	⑦ 25%	⑨ 23%
TMC	⑧ 22%			⑦ 29%
France Info	⑨ 21%	⑦ 26%	⑤ 44%	
Le Figaro	⑩ 20%	⑦ 26%	⑩ 23%	
Europe 1		⑨ 24%		⑨ 23%
France Inter			⑥ 27%	④ 37%
Le Monde			⑩ 23%	⑧ 27%
Canard Enchaîné				⑨ 23%

とである。国民連合支持者は、上位 8 メディアがテレビであり、ラジオが 9 位、新聞が 10 位となった。再征服支持者も、ラジオが 7 位と 9 位、新聞が 7 位だった以外はすべてテレビである。この傾向は、極右支持者だけでなく、他党の支持者と同様である。例えば、エマニュエル・マクロンの与党・共和国前進の支持者が利用する上位 10 メディアは、テレビが 7、ラジオが 2、新聞が 1 だった。ジャン＝リュック・メランションの「不服従のフランス」支持者の上位 11 メディアも、テレビが 7、ラジオが 2、新聞が 2 だった。テレビは、利用するメディアとして、なお圧倒的な影響力を持つことが分かる。

イタリアの新聞編集者、リカルド・ブリッズィは 2012 年のフランス大統領選の検証で、「インターネットは新たな支配的なメディアとはならず、テレビが選挙戦の運命を左右する決定的な手段になった」と分析した。その根拠として、①選挙情報を入手するメディアとしてテレビが 74% に上り、インターネット（40%）、ラジオ（34%）、全国紙（10%）を大きく引き離した、②テレビが選挙関連報道で数百万人単位の視聴者を集めた、③政治家が重要

な発表の手段としてテレビを選択した、ことを挙げた（Goodliffe & Brizzi 2015 pp. 44, 48）。過去 10 年間で、インターネットによる情報入手が広がったとはいえ、2022 年段階でもなおテレビの影響力は無視できないと言えるだろう。

　ただ、第 4 章でみたように、極右支持者は主流メディアへの不信感が強いはずである。にもかかわらず、利用するメディアの上位が、大手テレビ局であることについて、パトリック・エヴノは「不信感を持ちつつも、圧倒的な情報量を持っているため、見ないわけにはいかない」と答えた[24]。また、ジャン゠イヴ・カミュは「フランスでは新聞の発行部数が多くなく、テレビの影響力は圧倒的だ。極右支持者はそれを見てから、批判している」との見解を示した[25]。

　第二の特徴としては、政治的思考と利用メディアに関連性が見られることである。例えば、テレビの中で、反左派と言われる BFM は、国民連合、再征服、共和国前進の支持者に多く利用されているが、不服従のフランスの支持者にはあまり見られていない。極右政治家の出演者が多い C ニュースは、国民連合、再征服の支持者の割合が圧倒的に高い。新聞でも、右派のル・フィガロには、国民連合、再征服、共和国前進の読者が多く、中道・左派寄りのル・モンドは、不服従のフランスの支持者に読まれている。第 2 章で示したように、フランスでは元々、党派によりメディアが色分けされていた歴史を持つが、その傾向が改めて示されたと言える。

　第三の特徴として、メディアの系列化が進んでいる点である。表 22 のメディア名の列を同じグループで色分けしてみた。一番薄いシャドウが国営・公営、薄いシャドウがブイグ・グループ（Bouygues）、濃いシャドウがアルティス・グループ、一番濃いシャドウがボロレ・グループである。グループの詳細は後段で触れる。また、ル・フィガロはダッソー・グループ、ル・モンドは複数の実業家の連合体である。週刊紙カナール・アンシェネは、1915 年の創刊以来、企業の買収を受けておらず、珍しい存在である。国民連合、再征服の支持者が利用する上位 10 メディアをみると、5 系列のいずれかに属することが分かる。大資本の傘下にあるメディアを極右支持者が利用して

---

24) 2023 年 3 月 26 日、筆者がパリでインタビューした。
25) 2023 年 3 月 27 日、筆者がパリでインタビューした。

2. 政治・経済権力からの自律性の分析

図19　年間視聴率（%）（メディアメトリ調査）

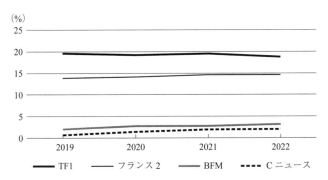

いることになる。

　第四の特徴としては、テレビのうち、ニュースを専門に扱うチャンネルが視聴率を上げている点である。今回ランキング入りしたテレビは、ドラマ、バラエティー、ニュースなど様々な番組を扱う総合チャンネルと、ニュースを基本とする専門チャンネルに大別される。前者は、TF1、全国ネットのフランス2であり、伝統的な主流メディアとして、元々視聴率は高い。後者はBFMやCニュースであり、比較的後進のメディアであり、視聴率は1桁台前半である。図19で2022年の年間視聴率の推移をみると、TF1は18.7%で、2019年比で0.8ポイント減、2007年比で12ポイント減となっている。フランス2は14.8%で、2019年比で0.9ポイント増だったが、2007年比では3.3ポイント減となっており、長期的には減少傾向にあると言える。これに対し、BFMは3.3%で、2019年比で1ポイント増、Cニュースは2.1%で、2019年比で1.3ポイント増となっており、伸び率は高い。

2. 政治・経済権力からの自律性の分析

メディア関係者15人へのインタビュー

　極右政治勢力の公共圏を分析するため、空間を構成する自律性、双方向性、対話性の3基準を個別にみていく。そのために、メディア関係者へのインタ

ビューを行った。対象は、主流メディアが 8 人（テレビ 4 人、新聞 3 人、ラジオ 1 人）、代替メディアが 2 人（極右系 1 人、急進左派系 1 人）、フリーのジャーナリスト・編集者が 2 人、識者が 3 人の計 15 人で、メディアの種類や内外のバランスに配慮した。2021 年 12 月から 2023 年 6 月にかけて、対面、オンライン、電話、メールで行った。15 人のうち 10 人は、第 4 章でインタビューした人物と重複する。15 人のうち 6 人は、経営陣の主張や見解と異なる可能性があることから、匿名でのインタビューを希望し、それを受け入れた。

　15 人へのインタビューの概要を表 24 に示した。

　15 人のインタビューから判明した第一の特徴としては、主流メディアで働く 8 人が、政治・経済権力への依存を否定しつつ、一部で経営者に左右される状況を認めたことである。8 人の多くは現役のジャーナリストであり、報道現場への明確な介入に言及しなかったことは、雇用主に配慮した可能性もある。だが、匿名の証言が含まれていることから、一定の信頼性があると言えるだろう。ただ、TF1 のフランソワ = グザヴィエ・メナジュは「以前働いていた別のテレビ局では、広告主への配慮があった」と話し、テレビ局の経営環境が報道内容に影響したことを明らかにした[26]。また、フランス・テレヴィジョン傘下の放送局、フランス 5 の中堅ジャーナリストは「すべての労働者と同様に、雇用主に経済的に依存している」と述べ、報道活動が制約を受けかねない点を強調した[27]。また、C ニュースの職員は「放送局内ではそのようなこと（独立）がニュースルームにないと語る社員がいる」という表現で、経営者の意向が報道現場を左右している可能性を示唆した[28]。

　第二の特徴として、主流メディア以外の 7 人は全員、主流メディアの報道に政治・経済権力の介入の影をみていた。ブレッツ・アンフォのヤン・ヴァレリーは「我々は寄付金によって運営されており、財務的に独立しているが、大手メディアは違う」と強調した[29]。ただ、7 人のうち 5 人は、個々のメデ

26）2023 年 5 月 10 日、筆者がオンラインでインタビューした。

27）2022 年 2 月 18 日、調査会社フォーラム・エチュードが、オンラインでインタビューした。

28）2023 年 3 月 24 日、筆者がパリでインタビューした。

29）2021 年 12 月 15 日、筆者の質問に対し、電子メールで回答した。

2. 政治・経済権力からの自律性の分析

表24 自律性について、メディア関係者15人へのインタビューの概要

属性	名前	媒体・肩書	自律性（政治・経済権力からの独立）
主流メディア	フランソワ＝グザヴィエ・メナジュ	TF1（民間テレビ）中堅ジャーナリスト	大統領選前に4つの特集番組を作ったが、誰からも指示を受けなかった。（経営者の）ブイグ氏は介入しない人だ。ジャーナリストが自分たちで報道内容を規制するだけだ。
	匿名	フランス5（国営テレビ）中堅ジャーナリスト	テレビ局は、フランス・テレヴィジョンの指示で設立された。すべての労働者と同様に、雇用主に経済的に依存している。
	匿名	フランス・ブルー（国営ラジオ）中堅ジャーナリスト	我々はラジオ・フランスに属しており、ゆえに文化省に依存し、国が資金を提供している。その中で活動しているとしか言えない。
	匿名	BFM（民間ニューステレビ）若手ジャーナリスト	働いている限りは圧力を感じない。私は上司からの指示で取材に出掛ける。デモの取材では、暴力の現場を指示される。その意図は感じるが、強要されているわけではない。
	匿名	Cニュース（民間ニューステレビ）職員	私自身は感じたことはない。ただし、放送局内ではそのようなこと（独立）がニュースルームにないと語る社員がいる。かつてはそれを理由に辞めたジャーナリストもいた。
	アロルド・ティボー	ル・モンド（新聞）編集局次長	2010年に実業家に買収された時、独立性に懸念の声が出たが、幸運なことに、株主の介入を受けていない。しかし、フランスでは、報道内容の選択において、株主の政治的意見を反映する編集局がある。ボロレ・グループがその一例だ。ピエール・ベルジェ（死去した株主の一人）は、報道内容に怒ることがあった。健全なことではないが、編集局に報復することはなかった。彼は、オペラの公演についての記事に対してさえ、自分の意見を言う人なのだ。
	匿名	ル・フィガロ（新聞）若手ジャーナリスト	社主のダッソー・グループによって、私の記事が検閲を受けたことはない。難しい経済状況の中で私が専門分野を取材する手段を提供してくれた。
	匿名	レ・ゼコー（新聞）若手ジャーナリスト	私のメディアは、モエ・ヘネシー・ルイ・ヴィトン・グループによって資金提供を受けているが、我々は広告部門と完全に独立して仕事をしている。クライアントのために、ニュースが否定的な扱いを受けたことはない。
極右系	ヤン・ヴァレリー	ブレッツ・アンフォ（インターネット）ジャーナリスト	我々は私的な寄付金によって運営されている。広告は少量である。記者は3人しか雇用できないが、財務的には独立している。大手メディアはそうではない。
急進左派系	アントナン・アマド	ポリティス（雑誌）元編集長	状況はメディアごとに異なる。TF1は、権力に近いブイグ・グループが所有しており、政治的にも経済的にも独立していない。フランス・テレヴィジョンは、公金を資金とし、幹部も政治権力によって任命されるが、内部に権力に抵抗する文化がある。BFMは、パトリック・ドライが所有しており、経済権力から独立していないし、幹部のマルク＝オリビエ・フォジエルはマクロン政権に極めて近い。Cニュースは最悪で、ボロレが所有する極右のチャンネルだ。

（表24　つづき）

属性	名前	媒体・肩書	自律性（政治・経済権力からの独立）
フ リ ー	マチュー・ロシェ	フリー・ジャーナリスト	大手テレビ局は経営陣との関係において透明性があるが、現実として編集局が独立しているとは言えない。それぞれ特別の利害がある。C ニュースは（経営者の）介入を受けている。TF1 で働いているジャーナリストは独立していると言っている。
	エリック・ル・レイ	フリー編集者	新聞などの課題だ。政府は第二次世界大戦後から新聞・雑誌に補助金を支給している。（新型コロナ・ウイルスの）感染症の蔓延では、補助金対象の大半のメディア、つまり、テレビ、ラジオ、新聞が調査報道の仕事をしなかった。経営的に独立していることで、ジャーナリストの仕事が可能になる。
識 者	パトリック・エヴノ	パリ第1パンテオン＝ソルボンヌ大学名誉教授	反権力か否かが指標となる。BFM の株主は、政府寄りでも反対派寄りでもなく均衡を取ろうとしている。C ニュースは、カトリック教徒で保守的な経営者が、自分の考えを広げる手段にしている。フランス・テレヴィジョンには、1500 人ものジャーナリストが働いており、政府が報道内容を逐一指示することはできない。公共と民間テレビの多元主義の中で全体として均衡がとれている。
	アルノ・メルシエ	パリ・パンテオン＝アサス大学教授	非常に複雑だ。メディアによっては、編集局は独立を維持しており、ジャーナリストが日常的な業務で圧力を感じることはないだろう。しかし、別のメディアでは状況は異なり、経営者に近い編集幹部は、特定の指示がなくても、経営者の意向に沿いながら報道を行っている。
	ジャン＝イヴ・カミュ	ジャン・ジョレス財団政治過激化研究所長、政治学者	フランスのテレビ局は、ジャーナリストが労働組合に所属し、職業倫理を持っており、1970 年代と異なり、現在は多くのメディアが一定の独立を維持しているのではないか。TF1 は総合テレビ局として、情報の質を保ち、中立を維持しようとしている。国営のフランス 2 やフランス 3 はそれほど（権力に）批判的ではない。BFM は、番組に招く人物は様々な意見を持った人だ。C ニュースは番組出演者の 8 割が右派であり、明らかに右派の編成方針を持っている。

ィアによってその程度や状況が異なるとしている。パトリック・エヴノは、極右支持者が利用する 4 メディアについて、権力との距離を個別に解説した[30]。

　前節の調査で、国民連合と再征服の支持者による利用率がいずれも 30% を超えたのは、同じ系列で主要メディアとなる TF1、フランス・テレヴィジョン、BFM、C ニュースの 4 メディアだった。インタビューの結果からも、この 4 メディアを個別に検証していく必要がある。

30）2023 年 3 月 26 日、筆者がパリでインタビューした。

TF1

　TF1 は、1987 年に国営のフランステレビ 1（TF1）が民営化されたテレビ局である。複数の企業体が経営に興味を示す中、放送規制当局・コミュニケーションと自由の国民委員会（CNCL）による審査が行われ、建設・通信大手ブイグを主体とする企業体が 50% の株式を取得することが決まった。ブイグ社は 1952 年にフランシス・ブイグが設立した企業で、パリ郊外の低家賃住宅（Habitation à Loyer Modéré：HLM）を手始めに、シャルル・ドゥ・ゴール空港や国際会議場も手掛ける総合建設企業に成長した。TF1 を買収する企業体には、実業家のベルナール・タピ、イギリスでデイリー・ミラーなどの新聞を所有していたロバート・マクスウェエル、イタリア系の出版社も参加していた。2022 年末現在で、主な持ち株比率は、ブイグ（44%）、職員組織（7%）、アメリカの投資会社ハリス・アソシエーツ（6%）となっている。

　フランシスの第 4 子で、1989 ～ 2021 年にブイグ社の最高経営責任者（PDG）を務めたのがマルタン・ブイグである。2021 年に側近のオリビエ・ルサが後継となった後も、実質的な権限を保持しているとみられる。1994 年に携帯電話会社ブイグ・テレコムを創業するなど、通信・放送事業への投資を増やして、多角経営を進め、欧州有数の企業に成長させた。メディアでは、TF1 のほか、LCI、TMC、TFX を所有して事業を拡大し、テレビ業界で大きな存在感を持つ。

　マルタン・ブイグは、政治家との親密な関係が指摘されてきた。特に、2007 ～ 12 年に大統領を務めたニコラ・サルコジとは、サルコジがパリ郊外のヌイイ市長時代からの知り合いで、サルコジの子供ルイが洗礼を受ける際にはその保証者となる「代父」となった。多くのフランスのメディアは 2 人の関係を「友人」と伝えている。TF1 の報道は、治安や移民に関する番組が多く、右派寄りと指摘されてきた。結果として、移民対策で人気を集めたサルコジを利する内容だったようだ。

　ブイグはエマニュエル・マクロンとも良好な関係にあるとみられる。マクロンは 2017 年 10 月 15 日夜の TF1 のニュース番組に生出演した。大統領は通常、革命記念日の 7 月 14 日に複数の主要テレビから同時にインタビューを受け、それ以外の時期にはほとんどテレビ番組に出演しない。異例のテレ

写真7　TF1 の本社（筆者撮影）

ビ出演の背景として、ブイグの仲介があったとの報道が出た（Faure 2017 URL）。

　TF1 は、大手メディアの中で、極右政党にも比較的寛容である。マリーヌ・ル・ペンが国民戦線の党首となって以来、極右政党を他党と同等に扱うようになってきた。2013 年 9 月 12 日には、ル・ペンとのインタビューを放映し、話題を呼んだ。メディアの中で、まだ極右勢力への警戒感が強かった時代である。ファブリス・ルスロは、リベラシオン紙の編集局長として、「マリーヌ・ル・ペンとのインタビューは決してささいなことではない。（中略）我々は、他の政治指導者のように彼女にインタビューできない。危険なことは、民主主義に有害な極右を普通に扱うことである」と批判した（Rousselot 2013 URL）。視聴覚高等評議会（CSA）は 2017 年、午後 1 時のニュース番組で、司会者ジャン゠ピエール・ペルノーの移民に関する発言について、「差別的な風潮を助長する」として、TF1 に警告を与えた（CSA 2017 URL）。

　マルタン・ブイグは、TF1 の報道方針については、2020 年に米雑誌フォーブスのインタビューを受けた際、「社会に前向きな刺激を与えることが狙いだ。10 年から 15 年前に比べ、不安を与えるような情報は減った」と語っている（Busso 2020 URL）。発言の是非というよりも、報道方針に言及したこと自体が注目に値する。

フランス・テレヴィジョン

　分社化を経て、1992 年に設立された公共放送局で、傘下のテレビ局として全国放送のフランス 2（France 2）、地方ニュースが主体のフランス 3（France 3）、芸術が主体のフランス 4（France 4）、教育が中心のフランス 5（France 5）を持つ。

しかし、公共放送の視聴率は低迷していた。2005年に地上デジタル放送が開始され、民間テレビの放送チャンネルが増えたことが影響したとみられる。2007年の大統領選で当選したサルコジは、公共放送の存在価値を高めるため、2008年2月に改革検討委員会を発足させ、与党の有力下院議員、ジャン＝フランソワ・コペを委員長に起用した。委員会の報告書を基に、2009年3月5日法が成立し、公共チャンネルの番組編成を包括的に行い、夜間（20時〜翌8時）の広告廃止による代替財源として、商業放送事業者の広告収入やプロバイダーら電気通信事業者の収益に課税することになった。また、この法律では、大統領がフランス・テレヴィジョンの会長（任期5年）を指名することも盛り込まれた。これにより、サルコジは、電気通信プレスタリ社長のレミー・フリムランを会長に指名した。

しかし、この指名は、政府が放送の独立性を侵害する行為として批判され、2012年の大統領選でサルコジを破った社会党のフランソワ・オランドは、公共視聴覚放送の独立に関する2013年11月15日法によって、会長指名の権限を視聴覚高等評議会（CSA）に戻した。これにより、2015年4月、通信コミュニケーション会社オレンジ副社長だったデルフィン・エルノット・クンチがCSAによって会長に指名され、8月に就任した。ニュース専門チャンネルとして、2016年9月にフランス・アンフォ（France Info）を開設し、インターネットとの融合を進めた。

課題は、赤字体質の脱却だった。フランス・テレヴィジョンは、サルコジ政権下で2009年以降、夜間広告が廃止されたことなどから、毎年数千万ユーロの赤字を計上していた。文化・コミュニケーション省の監督下で、受信料の増額や電気通信課税を受け、2019年までに収支を改善させた。

最近では、視聴手段の多様化を受けた取り組みを進めている。フランス・テレヴィジョンは2020年10月、TF1とM6の民放2局と共同で、有料の動画視聴サイト・サルト（SALTO）を開設した。アメリカでネットフリックスやアマゾン・プライム・ビデオが視聴者数を増やしていることに対抗し、「放送局連合」を構成したものだった。しかし、契約者数は約50万人にとどまり、事業は当初の想定よりも下回っている。

フランス・テレヴィジョンは、一連の法律によって政治権力からの独立を

写真8　フランス・テレヴィジョンの本部
（筆者撮影）

保証されている。しかし、運営主体の経営委員会（Le conseil d'administration）は、15人のメンバーのうち、最高経営責任者（PDG）の他、5人が政府、5人がCSA（現：視聴覚デジタル通信規制局＝ARCOM）、2人が議会、2人が民間から選出されており、政治権力の声が反映されることが可能である。しかも、事業がうまくいかない場合には権力の介入を受けやすくなる。

　ジェームズ・カランは、公共サービス放送の問題点として、「財政的圧力が公的資金の増額の拒否として行使されたり、政府が放送事業者と公衆との間に楔を打ち込もうとすることによって公然とした袋叩きが起こったり、公式、非公式に自己規制をするように言われたり、放送組織が法的に存在を脅かされたりして、放送機関は政府の支持者によって取り込まれる」としている（カラン 1995 p. 143）。公共放送は、権力の手中にはまりやすいという指摘である。

BFM

　無料のニュース専門チャンネルで、2005年11月に放送を開始した。ビジネスFM（Business FM）の頭文字を名称としたもので、当初は経済・金融情報の提供を想定していた。全国ニュースとともに、パリ、リヨン、マルセイユなどで地域ニュースも発信するようになった。インターネットを通じ、タブレットやスマートフォンによる視聴も可能である。

　事業主体は、実業家のアラン・ヴェイルが創設した放送局、ネクストラジオテレビ（NextRadioTV）だったが、2015年に通信大手アルティスの資本参加を受け、事実上、アルティス社の傘下に入った。アルティスの創業者がモロッコ生まれの実業家パトリック・ドライである。

　ドライとマクロンは相互依存関係が指摘されてきた。携帯電話の競合で収

支が悪化した SFR（La Société Fran-
çaise du Radiotéléphone）が 2014 年
11 月、アルティスに買収された際、
それを承認する立場だったのが、当
時、経済・産業・デジタル相だった
マクロンである。この時、2 人の関
係が深まったとの見方がある。また、
執行役員のマルク＝オリビエ・フォ
ジエルは、2012 年にオランド政権
で大統領府副事務総長となったマク

写真 9　BFM テレビ本部 (筆者撮影)

ロンと知り合い、以後、親しい関係になった（France Dimanche 2019 URL）。
週刊誌マリアンヌ（Marianne）は 2017 年の大統領選関連の報道で、BFM が
2016 年 11 月〜 17 年 2 月に報じた主要候補の演説時間の合計を独自集計した。
それによると、マクロンが 7 時間 6 分だったのに対し、フランソワ・フィヨ
ンが 3 時間 2 分、ジャン＝リュック・メランションが 2 時間 15 分、ル・ペ
ンが 1 時間 3 分で、圧倒的な差があった。ル・ペンがこの間に大規模な演説
を 1 回しか行わなかったなど、演説時間が演説の回数に左右された面はある
が、マリアンヌは、マクロンの特別補佐官を務めたベルナール・ムラが、ア
ルティスの傘下にある通信事業会社、SFR メディアの副社長を務めていた
点を挙げ、「テレビによる集中的宣伝」がマクロンの当選につながったとの
見立てを示した（Marianne 2017 URL）。少なくとも、2017 年当時は、ドライ
とマクロンの関係は親密だった可能性がある。

　ル・ペンやエリック・ゼムールとの関係は微妙である。ル・ペンは、司会
者と 1 対 1 の討論番組、Face-à-Face（対談）に定期的に出演し、持論を展開
している。ゼムールは 2022 年 2 月、別の討論番組《France dans les yeux（じ
っと見るフランス、の意)》に出演した。大統領選を前に候補者の出演時間
を同じにする必要もあるが、フランソワ・ジョストは「BFM は資本主義階
級を支持しているため、中道右派だけでなく、極右にも融和的となる。その
結果、黄色いベスト運動を軽視し、偏向的とみられるようになった」と語っ
た[31]。一方で、2023 年 5 月、国民連合が幹部の BFM 出演を見合わせると

の報道が流れた（HuffPost 2023 URL）。BFM が、反ル・ペンの番組制作で知られていたジャーナリストを雇用し、国民連合の担当記者に指名したことに反発したものだった。

C ニュース

　24 時間ニュース専門チャンネルで、メディア企業、グループ・カナル・プリュスが運営する。カナル・プリュスの親会社が、複合持ち株企業ヴィヴェンディであり、その株式の約 30% を保有する最大株主が、複合企業ボロレである。

　ボロレによるヴィヴェンディへの資本参加で、イーテレから C ニュースに衣替えしたことにより、極右政治家が頻繁に出演することになった。政治に関する調査機関、ポリティク・メディアによると、2020 年 6 月～21 年 6 月に番組に出演した政治家のうち、極右政治家の割合は 36% に上り、主要メディアの中で最多だった（Libre 2021 URL）。中でも、極右思想で知られたゼムールの出演が目立った。持論の反移民や、移民流入によるフランスの衰退論を主張し、2022 年の大統領選では一時、ル・ペンをしのぐ支持率を得た。2019 年 10 月 14 日夜にゼムールが初めて討論番組「ニュースを前に（Face à l'info）」に出演した際の視聴率は 1.4% に上り、通常の 0.5% の 3 倍に上った（Offremedia 2019 URL）。以後、C ニュース自体も視聴率を伸ばし、2021 年 4 月には、ニュースチャンネルでは、BFM を抜き、トップの視聴率を得た。一方で、ゼムールは 2020 年 9 月 29 日の番組で、イスラム系移民の若者が犯罪に走っており、強制送還させるべきと発言し、CSA は C ニュースに対し、20 万ユーロの罰金を科した。

　番組編成の方針の変化は、ヴァンサン・ボロレの信条や政治思想が反映していると言われる。ボロレは、敬虔なカトリック教徒であることが知られている。2018 年には、伝統的な隔週の宗教雑誌フランス・カトリック（France catholique）を買収した。

　フランソワ・ジョストは、ラジオ・フランスが運営するチャンネル、フランス・キュルチュールとのインタビューで、「右派や極右は有権者の 30%～

31) 2023 年 1 月 16 日、筆者がオンラインでインタビューした。

50% に上るのに、多くの人はメディアが自分の考えを反映していないと思っている」と述べ、Cニュースの報道方針は視聴者の意向に応えたものとの考えを示した。さらに、「Cニュースには倫理感がなく、視聴者を獲得するためには何でもやる」と述べ、視聴者獲得を優先させていると非難した（France Culture 2021 URL）。ジョストは、2022 年 1 月 31 日〜2

写真 10　Cニュース本部（筆者撮影）

月 4 日に番組に招かれた政治コメンテーターの 78% が右派または極右の政治思想を持っていたというデータを示した上で、「Cニュースは意見を表明するチャンネル（chaîne d'opinion）であり、フランスのテレビが歴史的に守ってきた多元主義を守っていない」と批判した（Jost 2022 p. 14）。

　Cニュースが「極右ニュース」と批判されていることについて、ボロレの側近で、取締役のセルジュ・ヌジャールはル・フィガロとのインタビューで、「Cニュースは、政党や政治家のためでなく、視聴者のために放映している。我々が攻撃されるたびに、視聴者は増える」と述べた（Sallé 2021 URL）。事実を伝えるだけでなく、視聴者の政治思想に合わせた番組編成を行う方針を示したものである。実際、前述したように、Cニュースの視聴率は 2022 年、2.1% となり、2019 年比で 2.6 倍となった。右派のニュースチャンネルとして視聴率を伸ばす手法は、アメリカのフォックス・ニュースとの類似性を指摘される。

　Cニュースの成功の理由について、エリック・ヌヴーは、月刊誌オルタナティブ・エコノミック（Alternatives Economiques）とのインタビューで、「討論の形を示すことだ」と語った（Alternatives Economiques 2021 URL）。インターネットでニュースを簡単に知ることができる中、その見方や見解を視聴者に示すことが必要とされているという認識である。一方で、ル・モンド紙はCニュースの番組方針を「挑発戦略」と形容している（Le Monde 2020 URL）。

ル・モンド

　ル・モンドのアロルド・ティボーはインタビューで、「ピエール・ベルジュは、報道内容に怒ることがあった。健全なことではないが、編集局に報復することはなかった」と語った。さらに、「ハヴィエ・ニールは、マクロンに近いという評判があるが、編集方針に指示を受けていない」と話した[32]。ティボーが挙げたベルジュとニールは、2010年に新たに株主となった異業種の実業家を指す。フランスを代表する中道左派の有料日刊紙と言われる同紙にとって、経営者の交代は大きな試練だった。

　ル・モンドが創刊されたのは1944年である。発行人のウベール・ブーヴ＝メリは、政党や大資本からの独立を掲げ、編集幹部ら同紙関係者が株式の過半数を所有した（Eveno 2004 p. 17）。この経営スタイルによって、政府のスキャンダルを暴き、厳しい政権批判で知られる米紙ワシントン・ポストよりも公権力と距離を置くことが可能となった（Jeanneney 2000 p. 234）。

　しかし、2000年代に入ると、無料紙に部数を奪われ、赤字経営が深刻化したため、複合メディア企業ラガルデール（Lagardère）が支援に乗り出した。しかし、購読者数が減ったことで、この時期の5年間で、売上は1億4000万ユーロ減となり、負債が増加した（Brino 2006 p. 73）。こうしてル・モンドを買収したのが、ファッション大手イヴ・サン＝ローランを立ち上げたベルジェ、通信系の実業家だったニール、銀行家マチュー・ピガスだった。3人は持ち株会社ル・モンド・リーブルを設立して共同で60%の株式を取得し、筆頭株主となった。メディアパルトが「ル・モンドを売ってはならない」の見出しで、売却が「我々の職業や公共における議論の新たな弱体化を招く」（Mediapart 2010 URL）と警告するなど社会的関心を集めた。結局、ジャーナリストの組織は株式売却にあたり、編集権の独立を認めてもらい、ジャーナリストの持ち株会社などが株式の33%を保持することで決着した（Le Monde 2010 URL）。

　このうち、ベルジュは2015年、金融大手HSBCが富裕層の預金者に脱税をアドバイスしていた事件を追及する編集局について、「彼らに独立を与えたのはこういうことのためではない。私が非難するのは（報道の）やり方な

32）2023年3月27日、筆者がパリでインタビューした。

のだ」と発言したことが明らかになった（Greenslade 2015 URL）。有力経営者による紙面批判は、ル・モンドの編集独立権への脅威と受け取られた。

2018年に入り、チェコのエネルギー会社 EPH のダニエル・クレチンスキーがピガスの持ち株の 49% を取得したことが判明した（Schmitt 2018 URL）。ピガスの持ち株比率は 20% なので、全発行株式の 10% 近くがクレチンスキーに渡った計算となる。クレチンスキーは欧州の石炭ビジネスで成功し、ロシアからのガスを欧州に輸送するパイプラインを所有する。このため、ル・モンドの株式取得に際し、「なぜ国際的なエネルギー王が、気候変動問題を大きく扱う反クレムリンの新聞に興味を持つのか」（Green 2019 URL）との疑問の声が上がった。

写真 11　ル・モンドの本社（筆者撮影）

3. メディアと読者・視聴者間の双方向性の分析

メディア関係者 15 人へのインタビュー

極右支持者のメディア空間を分析する 3 基準の 2 番目として、メディアと読者・視聴者間の双方向性に着目する。前節で紹介したメディア関係者 15 人にインタビューした際、双方向性の現状や課題を尋ねた。15 人の属性は前節と同様である。インタビューの概要を表 25 に示した。

15 人のインタビューをまとめると、第一の特徴として、読者・視聴者との双方向性を確保しようとする試みが多くのメディアで行われている。主流メディアと代替メディアに所属する 10 人のうち、9 人が組織内での試みを証言した。このうち、双方向性の手段として、インターネットを通じた利用者との対話は 8 人に上った。ル・フィガロの若手ジャーナリストは「これまで約 20 年間にわたり、読者との双方向のやり取りを行うデジタル戦略を構

第6章　極右政治勢力の公共圏分析

表25　双方向性について、メディア関係者15人へのインタビューの概要

属性	名前	媒体・肩書	双方向性（読者・視聴者とのやり取り）
主流メディア	フランソワ=グザヴィエ・メナジュ	TF1（民間テレビ）中堅ジャーナリスト	我々には600〜700万人の視聴者がいて、会社役員、弁護士、労働者ら全ての人々を相手にしている。視聴者とやり取りすることはあっても、非常に例外的なことだ。
	匿名	フランス5（国営テレビ）中堅ジャーナリスト	ソーシャル・メディアを使用して、視聴者のレビューを表示している。彼らが何を探し、何を待っているかを分析すると同時に、テレビの電源を切った後もリンクを維持している。
	匿名	フランス・ブルー（国営ラジオ）中堅ジャーナリスト	記事の最後にあるコメント、フェイスブック、ツイッターなどは、ストレスを解消する場所と見なすことができ、実際に起こっていることとして、取材対象の実例を多く得るためのソースにもなる。コメントやリアクションは、複雑なテーマに新たな切り口を開いたり、啓発的な証言を提供したりできる。
	匿名	BFM（民間ニューステレビ）若手ジャーナリスト	あまり意識したことはない。意見は意見として聞くが、それが日常的に行われているわけではない。
	匿名	Cニュース（民間ニュースステレビ）職員	やっている。ただ、テレビなので、全てに応えられるわけではない。
	アロルド・ティボー	ル・モンド（新聞）編集局次長	本社を開放して「フェスティヴァル」を企画し、毎年、読者と接しようとしている。ジャーナリストと読者のチャットも企画し、約1時間、質疑応答が可能だ。狙いは、購読者と双方向の議論ではなく、良い記事を書くことだ。購読してもらうことを目指す。
	匿名	ル・フィガロ（新聞）若手ジャーナリスト	これまで約20年間にわたり、読者との双方向のやり取りを行うデジタル戦略を構築してきた。新しいテクノロジーで、読者が自由に意見表明できることを目指してきた。
	匿名	レ・ゼコー（新聞）若手ジャーナリスト	以前は紙の形式で読者に投稿を募ってきたが、現在はデジタル形式で、読者に記事を読み、意見を提案してもらっている。
極右系	ヤン・ヴァレリー	ブレッツ・アンフォ（インターネット）ジャーナリスト	我々はメディアに何かを言いたいあらゆる人に声を与えようとしている。そうした努力によって、政治家が出会い、議論し、ネットワークを作る場になっている。
急進左派系	アントナン・アマド	ポリティス（雑誌）元編集長	双方向の議論になっていない。平等に立脚した意見のやり取りは大変難しくなっている。
フリー	マチュー・ロシェ	フリー・ジャーナリスト	「Touche pas à mon poste（私のテレビに触らないで、の意）」という番組があり、視聴者に呼びかけて、電話で意見を表明してもらっている。編集現場は、お金を払ってくれる人に影響を受けると同時に、見る人からの影響も受ける。
	エリック・ル・レイ	フリー編集者	テレビでは以前、視聴者に意見を求める番組が多かったが、現在はかなり減った。今は、読者や視聴者がソーシャル・メディアを通じて、意見を表明できる。

3. メディアと読者・視聴者間の双方向性の分析　　181

(表 25　つづき)

属性	名前	媒体・肩書	双方向性（読者・視聴者とのやり取り）
識者	パトリック・エヴノ	パリ第 1 パンテオン＝ソルボンヌ大学名誉教授	双方向性は以前より増えた。かつては、メディアが情報を提供し、世論の方向付けを行った。今は、世論を決めるのは、メディアではなく、公衆である。公衆は、インターネットの登場で、自立し、反メディアとなった。大手メディアは公衆の意見は聞くが、それで意見を変えることはなく、公衆も意見を変えない。
	アルノ・メルシエ	パリ・パンテオン＝アサス第 2 大学教授	インターネットの普及以前は、メディアの力が強く、報道はメディアから利用者に一方的に流れていたが、インターネット時代になると、特に小規模のメディアにおいて、メディアの利用者が発信して報道内容に関与できる余地をつくった。ただし、それを本当に利用するかは、ジャーナリストが何を求めるのかによる。
	ジャン＝イヴ・カミュ	ジャン・ジョレス財団政治過激化研究所長、政治学者	テレビ局のインターネット上のサイトやツイッターでは、多くの反応はあるが、建設的なコメントはあまりない。番組内容に満足できない人が論争を挑むというもので、前向きなものではない。極右支持者はよく、政党指導者が番組に呼ばれていないという批判的なコメントを投稿する。

築してきた」と話した[33]。レ・ゼコーの若手ジャーナリストは「現在はデジタル形式で、読者に記事を読み、意見を提案してもらっている」とした[34]。誰でも発信可能なインターネットの特性を生かした試みと言える。岡村黎明は、メディア業界のデジタル化と多機能化による最大の変化として、「双方向」を挙げ、視聴者参加型の形態が進み、「テレビが一方的に政治的・社会的情報を伝えるメディアから、国民、市民、大衆の考え方、意見を汲みあげるメディアへ、政治的・社会的にも一方通行のメディアから双方向のメディアに転換する」とみている（岡村 2003 p. 29）。現実にそうした方向で動いている可能性はある。

　第二の特徴としては、メディア全体として、読者・視聴者との対話に取り組みながらも、実際の記事執筆や番組制作では、あまり参考にされていない点である。BFM テレビの若手ジャーナリストは「意見は意見として聞くが、それが日常的に行われているわけではない」と打ち明けた[35]。ル・モンド

---

33) 2023 年 3 月 24 日、筆者がパリでインタビューした。
34) 2022 年 1 月 15 日、調査会社フォーラム・エチュードが、オンラインでインタビューした。
35) 2023 年 3 月 23 日、筆者がパリでインタビューした。

のアロルド・ティボーは「良い記事を作るため、読者と双方向である必要はない」と明言した[36]。読者や視聴者の意見が実際に報道に反映されている保証はない。

　極右支持者が利用する主要4メディアについて、双方向性の取り組みを調べた。

TF1

　2009年以降、「私のTF1（MY TF1）」のタイトルで、ウェブサイト上で視聴者との対話を開始した。主なコンテンツとしては、番組の概要を動画で放映する「リプレイ（Replay）」、番組に投稿などの形で参加する「コネクト（Connect）」、番組や出演者を紹介する「TF1とあなた（TF1&Vous）」があった。パリの調査会社、市場研究所（Institut d'études marketing）は2013年、顧客との間で最も良好な関係を築いた組織としてTF1を選んだ。メディア業界では読者・視聴者との関係構築に熱心な組織と言っていいだろう。狙いは、番組のファンを作り、視聴者との間で信頼を高めることにある。意見やコメントを受け付けることで、番組作りに生かすことも可能となる。結果として、広告収入を生み出すことにもなるだろう。

　2023年10月現在の「TF1とあなた」のサイトをみると、「我々はあなたの話を聞きます（Nous sommes à votre ECOUTE !）」というタイトルで様々なサービスが展開されている。この画面には、様々なタブがあり、看板番組の司会者や出演者にカードでメッセージを送るサービス、スタジオでの番組視聴の呼びかけ、テレビ局が企画するイベントへの招待、番組に対する質問や提案をメールで受け付けている。番組の出演者やジャーナリストに対し、郵便物を郵送する住所も明記している。

　ソーシャル・メディアも活用している。フェイスブック、X（旧：ツイッター）、リンクトイン、インスタグラム、ティクトクには、テレビ局を紹介するアカウントが登録され、番組情報が紹介され、関連する動画が放映されている。2023年10月30日時点のフォロワー数は、Xが593万人、フェイスブックが585万人、ユーチューブの登録者数は32万人に上る。2022年の

36）2023年3月27日、筆者がパリでインタビューした。

TF1 グループの発表で、毎週約 4900 万人が視聴したことから（TF1 2022 URL）、最大でその 1 割強がソーシャル・メディアの利用者であることが分かる。その中で、コメント数にはばらつきがあり、フェイスブックの場合、投稿内容に応じて、数件から数千件の幅がある。

写真 12 「TF1 とあなた」のサイト

フランス・テレヴィジョン

　ウェブサイト上では、2016 年に「フランス・テレヴィジョン・クラブ（Le ClubFrance TV）」を開始した。様々な番組を紹介し、会員だけの情報を提供し、視聴者に放送局のファンになってもらうための試みである。例えば、放送局が関係するイベントやプロ・サッカーの試合への招待も行われる。2022 年 1 月までに 12 万人の会員を集めた。2022 年にフランス・テレヴィジョンの番組を視聴した人数は、週平均で 4900 万人に上り、このうち、インターネットを通じて番組を視聴した人数は年間 260 万人増え、1 年間の増加数としては最多となった（France Télévisions 2023 URL）。視聴者総数に占めるクラブ会員の割合は 0.2% に過ぎないが、国営テレビのオンライン化が進んでいる背景に、クラブの存在があるのかもしれない。

　また、特定の領域を扱うサイトとして、2021 年 6 月には、「スポーツ・ファン・クラブ（Club Fans de Sport）」が開設され、2024 年のパリ五輪に向けては、視聴者に様々なイベント情報や番組への招待が行われた。さらに、2022 年 1 月には、「文化ファン・クラブ（Club fans de culture）」を開設した。テレビやラジオで放映されている文化に関するすべての番組を紹介し、視聴者とのコミュニケーションを増やしていく狙いがあるだろう。

　フランス・テレヴィジョンのソーシャル・メディアの活用をみると、2023

年 10 月 30 日時点で、X（旧：ツイッター）のフォロワーが 274 万人、フェイスブックが 29 万人、ユーチューブの登録者数は 35 万人に上る。

一方、同じ国営放送では、ラジオ・フランスの取り組みが興味深い。ラジオ・フランスはフランス・ラジオ・テレビ協会（ORTF）の分割に伴い、1975 年に創設された国営のラジオ放送局で、ニュース、音楽、文化など専門のチャンネルを持つ。ラジオ・フランスは 2022 年、ラジオ局が入るパリのラジオ音楽堂で、ラジオの仕事を知ってもらう企画を年間 750 回行い、計 5 万人を集めた。番組の編成内容や組織の中身を知ってもらう狙いがある。また、メディアの学校も開設し、年間 500 人の生徒を集める（Maison de la Radio et de la Musique 2021 URL）。メディアの内部を公開し、リスナーとの距離を縮めるためである。中部リモージュ近郊では 2022 年 4 月、国民連合の選挙取材をしていた傘下のローカル・チャンネル、フランス・ブルーの記者が、同党支持者から暴行を受けた。今回のインタビューでは、フランス・ブルーの別の中堅記者は一連のイベントについて、「暴力阻止を目指したイベントではないが、視聴者に報道の現場を知ってもらい、我々を理解してもらう狙いがある」と述べており、双方の相互理解が円滑な取材活動につながるとの認識を示した[37]。

BFM

ウェブサイト上のお問い合わせ（Nous contacter）のコーナーには、BFM や BFM ビジネス放送のほか、系列の RMC や RMC スポーツの担当者のメールアドレスが紹介され、質問や意見を受け付けている。実際に担当者と話す場合には、1 分おきに課金される有料の電話サービスもある。

ソーシャル・メディア対応も展開しており、2023 年 10 月 30 日時点で、フェイスブックのフォロワーは 543 万人、X（旧：ツイッター）は 412 万人、ユーチューブの登録者数は 171 万人に上る。TF1 には及ばないが、フランス・テレヴィジョンを上回る規模である。

37）2022 年 2 月 17 日、調査会社フォーラム・エチュードが、オンラインでインタビューした。

Cニュース

　視聴者に「Cニュース・クラブ（Le CNews Club）」への加入を求め、イベントを企画し、賞品があたる仕組みを作っている。過去のニュースを参照するサービスとして、PDFの提供や、放映が終了した番組を再生する「Cニュース・リプレイ（CNews Replay）」がある。携帯電話、フェイスブック、X（旧：ツイッター）、インスタグラムを通じた視聴も可能である。2023年10月30日時点で、Xのフォロワーは238万人、フェイスブックは181万人、ユーチューブの登録者数は46万人に上る。

　これまでの4メディアをみると、ソーシャル・メディアを活用した双方向性の取り組みを行っている。15人へのインタビューで第一の特徴が裏付けられた形だ。パトリツィア・スピナとマクセス・ヴィアロンは「費用をかけずに双方向の活動が可能となり、視聴者を増やし、広告のスポンサーに出資を依頼できる」とメリットを指摘した（Spina & Viallon 2016 p. 111）。こうしたソーシャル・メディアの活用は、このほかの主要メディアも行っている。ソーシャル・メディアは視聴者を囲い込むために有効な手段となっている。

　ただ、それが実際の記事作成や番組制作に活用されているという明確な証拠は見当たらなかった。読者や視聴者と接し、その意見を直接聞くことは、彼らのニーズを知り、報道現場の参考になるはずである。だが、15人のインタビューで第二の特徴として挙げたように、その内容が実際のニュース発信に活用されているとは言い難い。

ル・モンド

　ル・モンドは、読者との対話を前面に掲げるメディアの一つである。ティボーが言及した「フェスティヴァル」は、2015年から始まり、毎年9月、本社建物に読者を招き、記者や編集者と話し、ニュース発信のプロセスを見学してもらっている。7回目となる2021年は、「接点の誕生」というテーマで、パリ13区の本社社屋、近くのフランソワ・ミッテラン図書館や映画館を会場に、計70人の記者が読者を迎え、仕事のやり方、フェイク・ニュースへの対応などを説明した。参加したのは、購読者ら5300人に上った

186 第6章 極右政治勢力の公共圏分析

（Davidenkoff 2021 URL）。9回目の2023年は、9月15〜17日の3日間にわたって開催された。本社社屋や図書館を会場に、ジャーナリストと読者の討論会が行われた。

　オンライン上で読者との対話を可能にする試みもある。新聞社の基本情報を伝えるページ「ル・モンドとあなた」は、新聞社の歴史、職業倫理、購読者数、記者の人数、ソーシャル・メディアの活用方法など、組織に関する質問に答える内容となっている。また、ソーシャル・メディア担当編集者として3人を配置し、ル・モンドの記事や写真をフェイスブック、インスタグラム、X（旧：ツイッター）、ユーチューブに配信している。それに対して、読者から投稿があれば、その一部に返信したり、内容を編集局に伝えたりしている。

　ル・モンドあてに来る読者からのメールは、一日あたり150通、フェイスブックやツイッターには毎日1万5,000通が投稿されるようになった。

　委任局長のジル・ヴァコツゥによると、購読料は約6割の収入をまかない、財務状況は改善し、所属ジャーナリスト数は2021年11月時点で、2010年の買収当時の3倍を超える約500人に上っている。ヴァコツゥは「読者と編集室、記者の間に対話の空間を作っている。それによって、編集局が独立し、我々がエリート集団ではないことを理解してもらっている」と述べ、信頼回復につながっているとの認識を示した[38]。非営利団体、報道メディア統計連合（Alliance pour les chiffres de la presse et des medias：ACPM）によると、2022年の平均購読者数は47万2767部で、有料日刊全国紙ではトップだった（ACPM 2023 URL）。一方で、編集局次長のティボーは、読者との対話について、購読者の増加につなげることが狙いであり、「記事を作るのは我々である」と述べ、編集作業に大きな影響を与えていないとの認識を示した[39]。

一方的な報道

　2022年2月に行った第1回世論調査では、情報を受けるメディアとの双

38）2021年11月26日、筆者がオンラインでインタビューした。
39）2023年3月27日、筆者がパリでインタビューした。

方向性の程度に注目した。「記事を読んだり番組を見たりするだけ」を尋ねたところ、「よく」または「時々」と回答した割合は、国民連合支持者が55%、再征服支持者が63%で、平均（60%）をはさんだ数字となった（図20）。政党支持別でその割合が高かったのは、「欧州・エコロジー＝緑の党」が76%、共和国前進が72%であり、少なかったのは国民連合だった。支持する党派別によらず、メディアの情報を一方的に受け取るだけというのが読者・視聴者の大半である。これまでの調査から、主要メディアは主にインターネットを通じて、読者・視聴者との双方向の情報発信を目指すが、この試みに参加するのは少数派であることが分かる。国民連合と再征服の支持者の動向については、さらに調査を継続することにした。

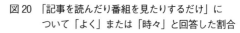
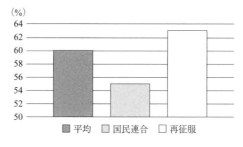

図20 「記事を読んだり番組を見たりするだけ」について「よく」または「時々」と回答した割合

　2023年1月の第2回世論調査では、極右政党支持者のメディアとの関わりを調査するため、別の質問として、「メディアが企画するイベントに参加する」と「メディアで働く人と情報交換を行う」を尋ねた。国民連合と再征服の支持者について、「よく」または「時々」と回答した割合を図21に示した。その結果、前者は、全回答者の平均が10%だったのに対し、国民連合支持者は9%、再征服支持者は3%だった。後者については、全回答者の平均が10%だったのに対し、国民連合支持者は7%、再征服支持者は2%だった。いずれも、極右政党支持者は、情報を利用するメディアとの交流が少ないという結果であり、読者・視聴者とメディアとの双方向のやり取りが少ないことを示す内容となった。計2回の調査から、極右支持者は自ら利用する4メディアが企画するイベント参加や、4メディアで働く人々との情報交換に消極的であることが分かった。

　ノナ・マイエは、国民戦線（現：国民連合）の支持者には、ジャン＝マリ・ル・ペンの主義や思想に共感する伝統的な人々と、政治的信条がなく、右派でも左派でもない人々がいて、双方を支持層としたことが選挙での得票

図21 「よく」または「時々」と回答した割合

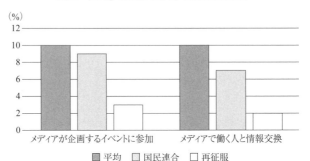

増につながったと指摘した（Mayer 1999 p. 23）。このうち、後者は1995年以降に増えた人々で、経済成長が鈍化する中で、豊かな生活を実現できず、現状に不満を抱く層である。こうした層は、国民連合の積極的な支持者ではないため、「メディアが企画するイベント」や「メディアで働く人との情報交換」には積極的ではないのかもしれない。

4. 読者・視聴者間の対話性の分析

メディア関係者11人へのインタビュー

　前節と前々節で行ったメディア関係者15人へのインタビューから、3基準の最後として、読者・視聴者間の対話性の有無について明らかにしていく。15人の内訳は前節と前々節と同様である。メールでの質問や、調査会社フォーラム・エチュードを通じた調査に回答しなかった人が4人いて、その場合、「未回答」とした。このため、実際に回答したのは、11人である。その概要を表26に示した。

　11人の回答をみると、第一の特徴として、インターネットを通じて、読者や視聴者が記事や番組に対する意見や感想を表明し、他の人と共有するメディアが存在する点である。TF1のフランソワ＝グザヴィエ・メナジュは「私が番組をソーシャル・メディアにアップすると、視聴者の間で議論が起

4. 読者・視聴者間の対話性の分析

表26　対話性について、メディア関係者11人へのインタビューの概要

属性	名前	媒体・肩書	対話性（読者・視聴者同士のやり取り）
主流メディア	フランソワ＝グザヴィエ・メナジュ	TF1（民間テレビ）中堅ジャーナリスト	ソーシャル・メディアで視聴者同士の対話が行われていると思う。私が番組をソーシャル・メディアにアップすると、視聴者が私と対話できる。しかし、対話の件数はそれほど多くない。我々は彼らの意見を聴くが、テーマの優先順位を決めるのは、我々の義務であり責任である。
	匿名	フランス5（国営テレビ）中堅ジャーナリスト	未回答
	匿名	フランス・ブルー（国営ラジオ）中堅ジャーナリスト	未回答
	匿名	BFM（民間ニューステレビ）若手ジャーナリスト	報道を基にチャットで会話することもある。以前よりも、インターネットを通じた対話が成立しているのではないか。それが世論を形成することもあるだろう。
	匿名	Cニュース（民間ニューステレビ）職員	視聴者同士のことは知らないが、一般的には必要なことだと思う。
	アロルド・ティボー	ル・モンド（新聞）編集局次長	記事に対してコメント欄を設けている。しかし、読者は良い記事を読み、情報を得るために我々とつながっているのであり、他の読者とコミュニケーションを取ることが狙いではない。非常に面白いコメントが多くあるが、インターネット上では攻撃的な内容もある。
	匿名	ル・フィガロ（新聞）若手ジャーナリスト	自分の記事に意見を書いてもらっているが、その内容が他の読者に触れて、議論が発展していくことを見たことがない。読者同士の交流は、新聞と読者の交流よりも難しい。
	匿名	レ・ゼコー（新聞）若手ジャーナリスト	未回答
極右系	ヤン・ヴァレリー	ブレッツ・アンフォ（インターネット）ジャーナリスト	未回答
急進左派系	アントナン・アマド	ポリティス（雑誌）元編集長	読者・視聴者間の対話を維持しようとするメディアもあるが、彼らの言うことを考慮する義務はない。編集の役割は、より良い情報を与えるために勇気ある選択を行うことだ。
フリー	マチュー・ロシェ	フリー・ジャーナリスト	ソーシャル・メディアには存在する。誰かが番組に関してメッセージを書き、それを見た視聴者が反応する。しかし、多くの場合、中傷的な内容が多い。ツイッターでよく起こる。例えば、あるサッカー選手が、同性愛容認のシャツを着てプレーしていたところ、それを見た視聴者同士がツイッター上で賛否を交わした。（対話が）暴力的であるため、それがいいのか分からない。

190　　　第 6 章　極右政治勢力の公共圏分析

(表 26　つづき)

属性	名前	媒体・肩書	対話性（読者・視聴者同士のやり取り）
フリー	エリック・ル・レイ	フリー編集者	メディア不信の中で、その思いを共有する国民同士が意見を交換することには意味がある。問題はそれを実現する枠組みである。チャットレベルを越えた、真剣な議論の舞台が望まれる。
識者	パトリック・エヴノ	パリ第 1 パンテオン＝ソルボンヌ大学名誉教授	インターネット上では、たくさんの情報源があり、極右と極左では同じ対象でも物事の見方が異なる。メディアの利用者同士が対話することは素晴らしいことだが、こうしたシステムは終わった。
	アルノ・メルシエ	パリ・パンテオン＝アサス大学教授	実際に起こり得るのはインターネット上のチャットである。それが大きな世論になる可能性を秘めている。逆に、極右圏でそれが誕生すれば、民主主義が試されることになる。
	ジャン＝イヴ・カミュ	ジャン・ジョレス財団政治過激化研究所長、政治学者	選挙期間中に候補者が人口構成を反映した視聴者を前に話す番組が増えているが、視聴者間で議論はない。

こる」と実際に起こっていることを明らかにした[40]。BFM テレビの若手ジャーナリストも「報道を基にチャットで会話が起こることもある」と話していた[41]。

　第二の特徴として、活発な対話が行われていることに言及した人はいなかった。実際にどのような対話が行われているかを知らないか、活発な対話が実在していないかのどちらかである。ポリティスのアントナン・アマドは「恒常的に対話が行われているわけではない」と話した[42]。ジャン＝イヴ・カミュは「視聴者間で議論はない」と明言した[43]。

　主要メディアがどの程度、対話の確保に努めているのかをみておく。

TF1 と BFM

　TF1 では、視聴者同士に対話の空間が生まれる可能性があるイベントとして、視聴者を劇場に招いて、連続ドラマを事前に上映する試写会がある。例

---

40) 2023 年 5 月 10 日、筆者がオンラインでインタビューした。
41) 2023 年 3 月 23 日、筆者がパリでインタビューした。
42) 2023 年 6 月 1 日、筆者がオンラインでインタビューした。
43) 2023 年 3 月 27 日、筆者がパリでインタビューした。

えば、2022 年 9 月 5 日には、パリの映画館で、連続ドラマ「レ・コンバタントゥ（Les Combattantes）」の上映会を開催し、応募で選ばれた 400 人の視聴者を招いた。会場にはドラマの俳優も登壇し、2 週間後に放映予定のドラマを一緒に見た。TF1 によると、視聴後には、「セットと登場人物が素晴らしかった」「俳優はとても良かった、感動した」「早く続きを見たい」との声が寄せられた。

　2023 年 1 月 27 日には、パリの劇場で、人気ドラマ「ドゥマン・ヌ・アパルティアン（Demain nous appartient）」の上映会が開かれ、フランス全土から応募して選ばれた 150 人の視聴者が集まった。劇場に、ドラマの俳優 10 人が登壇すると、熱狂的な雰囲気に包まれた。俳優も客席に入り、招待客と一緒に次回のドラマを大型スクリーンで視聴した。上映後には、事前通告なしに、招待客と出演者との懇親会が開かれ、カクテルを味わいながら、俳優と言葉を交わし、記念撮影した。

　しかし、TF1 によると、グループ全体での視聴者は 4900 万人に上っており、今回のイベントで招待されたのは、ごくわずかの割合でしかない。また、イベントはドラマの PR を兼ねたものであり、通常、参加した人の関心は俳優らドラマ側のスタッフにあり、他の参加者との会話にあまり興味を示さない。さらに、イベントに政治的色彩はない。このため、極右政党支持者も含め、参加者同士が知り合い、意見を交わすという空間ではない。

　オンライン上で視聴者が対話する可能性がある空間としては、TF1 が主催するフェイスブックや X（旧：ツイッター）などのソーシャル・ネットワークがある。ただ、実際にフォロワーのコメントをみると、テレビ局に対する内容が多く、視聴者同士の対話が生まれている状況ではなさそうだ。

　この傾向は、他のテレビ局でも同様である。BFM はオンライン上では、「視聴者クラブ（Club du Téléspectateurs!）」を作り、番組への意見と参加を呼び掛けている。例えば、フェイスブックをみると、BFM がコンテンツを投稿するたびに、概ね 3 ケタ台のコメントが寄せられる。中身をみると、それぞれの視聴者が番組への意見を表明する場合が大半で、それをきっかけに、視聴者同士の対話に発展するケースは確認できなかった。

近親者での情報交換

　インタビューの結果を踏まえ、読者・視聴者間の対話を世論調査の結果からみていく。2023 年 1 月に行った第 2 回調査では、情報を受ける市民の間で相互交流が実現しているのかに注目した。具体的には、第 1 問「メディアを通じて他の読者・視聴者と接触する」、第 2 問「メディアが企画するイベントで他の読者・視聴者と議論する」、第 3 問「近親者とメディアの情報を共有する」を尋ね、国民連合と再征服の支持者について、「よく」または「時々」と回答した割合を図 22 に示した。近親者は家族や親しい友人を指しており、不特定多数の人同士の対等な議論を意味しない。

　調査の結果、第 1 問は、全回答者の平均が 14% だったのに対し、国民連合支持者は 14%、再征服支持者は 5% だった。第 2 問は、平均が 17% だったのに対し、国民連合支持者は 15%、再征服支持者は 22% だった。第 3 問は、平均が 34% だったのに対し、国民連合支持者は 36%、再征服支持者は 55% だった。他の読者・視聴者と通じる傾向について、極右政治支持者は、他の政党支持者と同様に高くないことがうかがえる。一方において、近親者との情報共有は平均よりも高く、家族圏や親密圏においては情報をやり取りしていることが分かった。

　回答の多かったメディアをみると、第 1 問は、ル・モンド（12.4%）、TF1（12.1%）、BFM（8.1%）の順だった。第 2 問については、TF1（12.9%）、ル・モンド（9.4%）、BFM（6.9%）だった。TF1 の先行上映会やル・モンドのフェスティヴァルのようなイベント、あるいはオンライン上での意見交換が、他の読者・視聴者との対話に一定の役割を果たしたとみられるが、第 1、2 問の平均回答率が 20% に満たないことを考えると、頻繁に対話が行われるとは言い難い。

　一方、身内との情報交換はインターネットを経由しているようだ。2023 年の調査で、「近親者と情報を共有する」オンライン・メディアの平均は、テレビのオンライン版が 21%、新聞・雑誌のオンライン版が 13%、ソーシャル・メディアが 12% だったが、再征服支持者が「近親者と情報を共有する」オンライン・メディアとしては、それぞれ 36%、9%、17% となり、テ

4. 読者・視聴者間の対話性の分析 193

図22 「よく」または「時々」と回答した割合

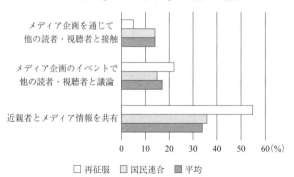

レビのオンライン版とソーシャル・メディアの割合が比較的高いことが分かった。

　ビル・コヴァッチとトム・ローゼンスティールは「人びとが友人、もしくは知りあいに会ったときに、最初にすることの一つは、情報を共有することである。(中略) 私たちは、その人が自分たちと同じように情報に反応するかどうかをひとつの基準として、知りあい、友だちを選び、人物を判断する」と書いている（コヴァッチ・ローゼンスティール 2002 pp. 1-2）。ニュースを通じて身内や友人と対話する傾向は極右支持者においてより顕著になっているのである。

政治的極化

　近親者同士のインターネットによる情報交換という傾向は、前章で取り上げたキャス・サンスティーンの「集団分極性」を想起させる。実際、今回の調査でも、それをある程度裏付ける結果となった。2022年2月の世論調査で、「利用するメディアを通じて、政治志向がより右になったのか」を尋ねたところ、国民連合支持者は61%、再征服は72%に達し、平均（26%）よりもそれぞれ35ポイント、46ポイント高かった（図23）。同様の質問で、「利用するメディアを通じて、政治志向がより左になったのか」を尋ねたところ、「不服従のフランス」支持者は69%に上り、平均（16%）よりも53ポイント高かった。メディアの閲読や視聴を通じて、右と左に政治的思考がより極

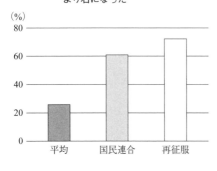

図23 メディアを通じて政治志向がより右になった

化していることが分かる。

インタビューで今回の調査結果の背景を聞いたところ、フランソワ゠グザヴィエ・メナジュは「理解できる。メディアから治安と移民に関する情報に接し、それが身内で増幅されて語られる」と分析した[44]。また、パトリック・エヴノは「ソーシャル・メディアから好きな情報を得られる。その情報がバブルのように押し寄せる」と集団分極化の流れを語った[45]。

集団分極化を抑制するためには、「情報バブル」を様々な方面の人々と対話し咀嚼することが不可欠になるが、ピーター・ダルグレンは、現代社会で多方面の対話が確保されない理由を分析している。ダルグレンはこの対話性を重視し、「市民の間で議論がなければ、公共圏の『公』は意味がなくなる」とし、公共圏の形成には不可欠な要素であると指摘している（Dahlgren 1995 p. 151）。ダルグレンはその上で、対話性の成立を危うくする要素として、巨大なテレビメディアに目を向ける。「公共のコミュニケーションの大半は、制度的にマス・メディアの支配下にある。マス・メディアは、国家・権力と経済・金融のシステムの間と市民社会の境界をまたぐ。国家権力の影響を受けた大企業群は、メディアは、市民社会の日常に浸透し、すぐ近くにいる週刊紙とは違い、大半の市民にとって手の届かない所にある。これが公共圏に緊張をもたらす。（中略）マス・メディアが、資本を集中させ、巨大になればなるほど、市民社会からはさらに遠ざかる。過去数十年間において、メディアの集中を排除し、市民がアクセスし反応しやすいような試みがあり、欧州の多くの国では、地域密着のメディアが成長した。しかし、メディア産業における主な傾向は、集中であり、力を持つ利益集団が、ミニ・メディアを利用するのである」と説いている（Dahlgren 1995 p. 155）。テレビは資本集

---

44) 2023年5月10日、筆者がオンラインでインタビューした。
45) 2023年3月26日、筆者がパリでインタビューした。

中により巨大化する存在であり、それにより市民間の対話性は保証されなくなる。大手テレビを視聴することで、幅広い対話の可能性の芽を摘んでいるのである。

5. 投票への影響

メディア関係者10人へのインタビュー

　本章でインタビューしたメディア関係者15人のうち10人から、2022年に行われた大統領選と国民議会選で極右政党が健闘した背景として、メディアの影響があったか否かを聞いた。10人は、極右支持者がよく視聴する民放3テレビに加え、ル・モンドとポリティスの編集幹部の計5人、フリーのジャーナリストが2人、識者が3人である。インタビューの主体や形式は本章で扱った別のインタビューと同様である。表27に回答の概要を示した。

　このインタビューで判明した特徴として、10人のうち8人が、程度の差こそあれ、極右候補や極右政党が選挙で得票を伸ばした背景としてメディアの存在を認めている点である。メディアが大きく影響しているとの回答はなかったが、政治、経済、社会といった様々な要因の一つとして、メディアに言及した。マチュー・ロシェは、「あまり影響していない。ゼムールは人気があるので、Cニュースは頻繁に出演させたが、投票したのは7%に過ぎなかった」と話した[46]。しかし、Cニュースの職員が言及したように、7%は248万票という膨大な数である。エリック・ゼムールの得票を挙げて、メディアの影響力を指摘したのは半数の5人に上った。その結果は、世論調査にも表れている。

ゼムールへの3割の支持

　2023年1月の第2回世論調査では、2022年4月の大統領選の第1回投票で、メディアの影響を受けたか否かを聞いた。その結果、ゼムール、ル・ペン、ジャン=リュック・メランションの3候補に投票した人のうち、最も影

---

46) 2023年3月24日、筆者がパリでインタビューした。

第6章　極右政治勢力の公共圏分析

表27　2022年大統領選・国民議会選でメディアの極右勢力への投票の影響について、メディア関係者10人へのインタビューの概要

属性	名前	媒体・肩書	2022年大統領選・国民議会選でメディアの極右勢力への投票の影響
主流メディア	フランソワ＝グザヴィエ・メナジュ	TF1（民間テレビ）中堅ジャーナリスト	メディアが影響したわけではない。選挙期間中の報道は公平を期すという厳しいルールがある。国民連合の89議席獲得は、フランスが壊れているということの裏返しだ。マリーヌ・ル・ペンの成功はメディアのおかげではない。
	匿名	BFM（民間ニューステレビ）若手ジャーナリスト	いろいろな要因の中の一つに過ぎない。それが主要な理由にはならない。テレビ局は視聴者に政治的な方向性を植え付けようとしているわけではない。
	匿名	Cニュース（民間ニューステレビ）職員	エリック・ゼムールは7%しか取れなかったが、248万票を得た。共和党候補よりも多かった。テレビ局は彼の知名度の拡大に役立ったはずだ。
	アロルド・ティボー	ル・モンド（新聞）編集局次長	影響はある。ゼムールが、大統領選の候補者になると言った時、ある種のブームが起こり、ジャーナリストは極右の考えを伝えた。Cニュースのような極右の放送局で、移民が多すぎるという議論があり、それに影響を受けた人々が投票に行った。
急進左派系	アントナン・アマド	ポリティス（雑誌）元編集長	メディアは（2022年の大統領選で）マリーヌ・ル・ペンが決選投票に進出するだろうという見通しに貢献したと思う。手遅れだが、メディアは極右を扱うべきではなかった。かつては極右がメディアに出るのは選挙の時だけだった。反ユダヤや人種的憎しみを扇動する人物が所属する党を大手テレビ局が報道すべきではなかった。ここにメディアの責任がある。
フリー	マチュー・ロシェ	フリー・ジャーナリスト	あまり影響しない。大統領選でゼムールはCニュースなど多くのメディアに出演し、旋風を巻き起こし、多くの人が彼に投票するのではないかと思われた。しかし、実際に得票したのは7%に過ぎず、大敗した。テレビ局は視聴率という自らの利益を追求したのであり、ゼムールは集客の要となる存在だったのだ。
	エリック・ル・レイ	フリー編集者	メディアは国民連合の集票に貢献した。メディアがゼムールと再征服を報じたことで、極右の印象が強まり、ゼムールよりも穏健なル・ペンへの投票をもたらした。
識者	パトリック・エヴノ	パリ第1パンテオン＝ソルボンヌ大学名誉教授	政治に影響するのはいろいろな要素があり、メディアはその一つだ。投票を左右する情報をもたらすのは、学校、両親、友人、仕事場であり、メディアはその後に来る。CニュースとC8がゼムールに好意的だったが、権力獲得には至らなかった。メディアが選挙民を動かすのは1-3%程度だ。
	アルノ・メルシエ	パリ・パンテオン＝アサス大学教授	極右勢力の得票には様々な理由がある。マクロンへの失望が大きいが、メディアの理由があるとすれば、ここ数年における極右報道の変化だ。極右を支持するメディアが増えており、極右報道の一般化が起こっている。ニュース番組というより、解説番組を編成している。
	ジャン＝イヴ・カミュ	ジャン・ジョレス財団政治過激化研究所長、政治学者	否定的な影響がある。ル・ペンは、テレビの討論番組で対立候補に完全に論破され、否定的な印象を持たれた。一方で、国民議会選で当選した国民連合所属議員の多くは、テレビに出ていなかったため、知名度が低かった。つまり、メディアによって、そうした選挙結果が生まれたわけではなく、政治状況によるものだ。

響を受けたのは、ゼムールの 36% だった。このうち、半数以上の 19% が C ニュースを挙げた。C ニュースをみて、ゼムールへの投票を決めた人が多かったことが分かる（図 24）。

そもそも、メディアが有権者の行動に影響を与えることについて限定的な見方が存在する。有田亘は、20 世紀初頭に「支配的」だった「弾丸効果論」が根拠としてきたハドレー・キャントリ

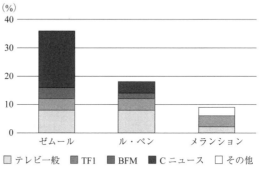

図 24　2022 年大統領選第 1 回投票で影響を受けたテレビ

ルの研究の不備を指摘した上で、「弾丸理論とはマスコミの影響力を語るのではなく、うわさの影響力の強力さを語る理論だ、というように位置づけ直すことも可能だ」とし、メディア効果論そのものに疑念を呈している（有田 2021 p. 64）。

インタビューでは、パトリック・エヴノが「メディアが選挙民を動かすのは 1-3% 程度だ」と語っていた[47]。グレゴリー・マーチンとアリ・ユルコグルによるアメリカのメディアと選挙結果に関する調査では、保守系のフォックス・ニュースが存在していなければ、共和党候補の大統領選における得票率は、2000 年が 0.46 ポイント、2004 年が 3.59 ポイント、2008 年が 6.34 ポイント減っていただろう、との結論だった（Martin & Yurukoglu 2017 p. 32）。投票率が数 % の影響を取るに足らないとみることはできる。しかし、2004 年の大統領選の得票率は、当選したジョージ・ブッシュ（共和党）が 50.73%、敗北したジョン・ケリー（民主党）が 48.27% だったことから、フォックス・ニュースの存在が勝敗に影響した可能性がある。

ニクラス・ルーマンは「私たちは、私たちが生きる社会、あるいは世界について知っていることを、マスメディアをとおして知っている」と書いている（ルーマン 2005 p. 7）。メディアは日常生活に浸透し、我々の判断に常時影

---

[47] 2023 年 3 月 26 日、筆者がパリでインタビューした。

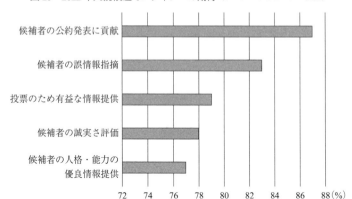

図 25　2022 年大統領選でメディアへの期待（ラ・クロワとカンター調査）

響を与えており、我々の知識はマス・メディアの情報を前提にしているのである。このため、人々は民主主義の根幹である選挙においてもメディアの情報を必要とする。そうならば、次のような世論調査結果もうなずける。

　日刊紙ラ・クロワと調査会社カンターによる 2022 年の調査（図 25）では、同年 4 月のフランス大統領選におけるメディアへの期待として、「投票のため有益な情報提供」は 79%、「候補者の人格・能力の優良情報提供」は 77% に上った（La Croix & Kantar 2022 p. 37）。メディアの選挙情報がいかに必要とされているのかが分かる。

　しかも、有権者は、自らの政治思想に沿った情報を求める傾向がある。ドイツの調査会社・スタティスタによると、2022 年 4 月の大統領選第 1 回投票で、BFM テレビの視聴者で、左派の候補者に投票した割合は 29% に過ぎなかった（Statista 2022 URL）。第 4 章で言及したように、BFM テレビはエマニュエル・マクロン政権寄りとされており、マクロン支持の有権者が好んで BFM テレビを見ている可能性があるのである。

　ドミニク・カルドンは、「有権者が投票する際にどの争点が頭に浮かんだのかを指摘するために、メディアが設定する議題は選挙研究の役に立つ」とし、メディアが報道内容を通じて選挙結果に影響を与える可能性に言及した（Eutrope & Quinton 2019 URL）。

極右報道の一般化

　極右候補や政党の場合、メディアが有権者の投票に影響を与えた要因として、報道の一般化（Banalisation）の可能性を検証する。インタビューでは、15人のうち8人が一般化に言及し、このうち5人が一般化を極右台頭の一因とみなした。表28に発言の概要を示す。

　主要メディアはかつて、極右政党を批判的に取り上げてきた。国民連合の前身、国民戦線のジャン＝マリ・ル・ペンが、他人種や他民族に排他的な発言を行うたびに、自由や民主主義の価値観を脅かす存在として伝えてきた。ヴァレリー・イグネは「ディアボリザシオン（Diabolisation：悪魔化）は、1980年代初頭に国民戦線が台頭すると同時に起こった」としており（Igounet 2023 URL）、失業率や移民の増加に伴い、国民戦線が支持を伸ばすと、主要メディアが国民戦線の危険性を強調しようとした狙いがうかがえる。

　ジャン＝イヴ・カミュは「フランスのメディアは、英国やドイツのメディアに比べ、極右政党を大きく取り上げてきた」と語った[48]。カミュによれば、3か国のうち、英国では極右は政治勢力として泡沫だったし、ドイツでは、ナチス時代の反省から、メディアが極右を報道することに消極的で、2010年代に入り、極右政党「ドイツのための選択肢（Alternative für Deutschland）」が支持を伸ばす中で、ようやく報道するようになった。イグネが指摘したように、フランスは、欧州主要国の中で極右報道に積極的だったことになる。フランソワ・ジュルペが1998年、*Et la presse créa Le Pen*（メディアがル・ペンを作った、の意）を出版したのは、そうした側面を警告するためだった。

　フランス・メディアが極右政党を「大きく取り上げてきた」背景として、様々な理由が指摘される。その中で、メディア業界の体質に関する分析が興味深い。ラリサ・ドロシェンコは、欧州連合加盟国における極右政党とメディアの関係を比較し、「フランス、ギリシャ、イタリアの南欧国では、ニュース報道はより戦略的かつ否定的で、政治課題よりも政治家に焦点をあてるが、デンマーク、ベルギー、オランダ、ノルウェーといった北欧国は、政治課題に焦点をあて、報道は戦略的ではない」と言及した（Doroshenko 2018

48）2023年10月20日、筆者の質問に対し、電子メールで回答した。

表28　一般化について、メディア関係者8人へのインタビューの概要

属性	名前	媒体・肩書	一般化
主流メディア	フランソワ=グザヴィエ・メナジュ	TF1（民間テレビ）中堅ジャーナリスト	TF1の看板アナウンサーが以前、ジャン=マリ・ル・ペンのインタビューを拒否したことがあった。今日、国民連合は議会で89議席を得ており、メディアは彼らに発言する時間を与えなければならない。また、マリーヌは、父親とは異なり、過激な物言いはせず、穏健とみられている。
主流メディア	匿名	Cニュース（民間ニューステレビ）職員	多くの人が国民連合に共感している。我々がそれを無視すれば、反民主的メディアとなる。投票結果によって、報道内容が影響を受ける。
主流メディア	アロルド・ティボー	ル・モンド（新聞）編集局次長	一般化は起こっていない。国民連合は政界の一部になっている。また、非常に保守的な一部メディアは、極右の主張を当たり前のように伝えるようになった。
急進左派系	アントナン・アマド	ポリティス（雑誌）元編集長	読者や視聴者を獲得するため、極右に関する報道を当たり前のように行っている。それは誤りだ。
フリー	マチュー・ロシェ	フリー・ジャーナリスト	テレビでは、Cニュースは右派または極右の人々を番組に招き、上手に話せた人がBFMやTF1やフランス・テレヴィジョンに招かれていく。そうやって一般化が起こる。
識者	パトリック・エヴノ	パリ第1パンテオン=ソルボンヌ大学名誉教授	一般化は起こっていない。極右メディアは過去も存在した。だが、Cニュースの報道を禁止すべきではない。多様なメディアをそろえ、読者や視聴者に判断してもらうのがよい。
識者	アルノ・メルシエ	パリ・パンテオン=アサス大学教授	大手メディアが、ゼムールに注目し批判する中で、ル・ペンは一般化した。ゼムールと比較すれば、ル・ペンは過激ではないとみられ、国民連合は他党と同じように考えられた。
識者	ジャン=イヴ・カミュ	ジャン・ジョレス財団政治過激化研究所長、政治学者	極右報道の一般化は起こっていない。マリーヌ・ル・ペンが4割を得票した時、それを取り上げるのが、ジャーナリストの仕事だ。ル・ペンに好意的な印象を持っているからではなく、ル・ペンが民意の一部を代弁しているからだ。それが民主主義への敬意である。

p.3187）。極右政党を排除しようとする戦略が、政治家ジャン=マリ・ル・ペンへの個人攻撃となり、それによりル・ペンの「悪魔化」を増幅させ、一般に広く知られるようになった可能性がある。

　「政治家に焦点をあてる」報道は現在も続いているようだ。今回のインタビューで複数のメディア関係者が証言したように、マリーヌ・ル・ペンは頻繁にメディアに登場し、Cニュースの場合は、ゼムールの露出が増えた。フランスでは、大統領選前に主要候補の発言や映像を公平に取り扱う規則があり、ル・ペンやゼムールもその対象となるが、こうした規則が適用されない

時期でも、極右の政党や政治家を取り上げることが一般化している。フランス国立視聴覚研究所（Institut National de l'Audiovisuel：INA）は、2022 年 1 ～ 3 月にテレビの政治番組で、大統領選候補がどの程度言及されたのかを調査した。この時期は、大統領選を前に、主要候補や出馬が想定される有力候補を放送で公平に取り上げることを推奨されるが、同研究所の調査では、実際に扱う時間には開きがあった。それによると、TF1 で言及が多かったのは、マクロン、ヴァレリー・ペクレス、ル・ペン、ゼムールの順だった。BFMでは、ペクレス、マクロン、ル・ペン、ゼムールの順、フランス 2 では、ル・ペンとメランションがマクロンよりも多く、トップ争いを演じた（Institut National de l'Audiovisuel 2022 URL）。極右を警戒してきた主流メディアでも、極右候補が報道されたことが分かる。C ニュースと同様、グループ・カナル・プリュスが所有するテレビ、C8 では、マクロン、ペクレスの後にル・ペン、メランション、ゼムールと続いた。

友安弘は、フランスの政治ジャーナリズムの評価として、①平等主義の厳格な適用が、放送内容をぎこちなくさせている、②コミュニケーションと自由の国民委員会（CNCL）やその後継の視聴覚高等評議会（CSA）といった独立行政機関に独立性が欠如している、とし、視聴覚メディアにおける平等主義の弊害と、監督組織の不十分さを指摘していた（友安 1994 pp. 244, 246）。

候補者を公平に扱う制約を受けない 2021 年 8 ～ 12 月をみると、主流メディアが極右候補を取り上げる割合は一層高くなる。この時期は、ゼムールが過激な発言でメディアの注目を集めていた時期にあたる。C ニュース、BFM、TF1 系列のニュース専門チャンネル・LCI で、ゼムールの放映時間が最も多くなった。このうち、主要候補で放映時間の割合を算出すると、C ニュースはゼムールが 40% 近くとなり、2 位のマクロンは 20% に届かなかった。C8の討論番組 TPMP（Touche pas à mon poste!,「私のテレビに触れないで」の意）に至っては、ゼムールの割合は 50% を超え、2 位のル・ペンが 10% で、マクロンやメランションは 10% にも届かなかった（Institut National de l'Audiovisuel 2022 URL）。極右支持者が利用するテレビ局において、極右指導者が番組に頻繁に登場し、コメンテーターから頻繁に言及されていることが分かる。

2021 年 8 ～ 12 月と 2022 年 1 ～ 3 月の 2 つの調査を行ったニコラ・エル

ヴェは「極右に対するメディアのバナリザシオン（Banalisation）とデディア
ボリザシオン（Dédiabolisation）を象徴する数字だろう」と語った[49]。デデ
ィアボリザシオンは、ジャン＝マリ・ル・ペンがかつて、「悪魔（Diabolisa-
tion）」と呼ばれていたことにちなみ、脱悪魔化（Dédiabolisation）を指す。
極右報道が、かつてのようにタブー視されていた時代が過ぎ去り、「悪魔」
ではなく、他党の政治家と同様に扱われていることを意味する。マリーヌ・
ル・ペンやゼムールは、大統領選の候補者を対象にしたバライティー番組に
も出演していた。ポーリン・ペレノは「メディアは、極右を普通に合法的に
扱うことに貢献した」と指摘する（Perrenot 2022 p. 8）。

　その影響が地方都市にみられる。アルメール・クロトーの研究グループは、
2012、17 年の大統領選における国民戦線（後に国民連合）への投票率が全
国平均より高かった北西部マイエンヌ県の自治体を調査した。その結果、高
い投票率の背景として、伝統的にカトリックの影響力が強く、労働組合が活
発ではなく、主要産業である農業が衰退している点を指摘し、国民連合を他
党と同様に扱うことにより、「極右政治に感化された地方の人々による社会
的空間が形成された」と分析した（Cloteau 2020/2 p. 72）。歴史的に保守的な
意識の強い地方では、主要産業が衰退し、住民が経済的に困窮すると、政権
への不満が高まり、メディアによって頻繁に報道されている極右政党を支持
する傾向が強まるという主張である。

　バナリザシオンやデディアボリザシオンの背景としては、極右政党の代表
格である国民連合が、かつての国民戦線に比べて穏健化したことがある。序
章で指摘したように、ジャン＝マリ・ル・ペンの時代には、反移民を鮮明に
した政党だったが、マリーヌ・ル・ペンは、経済・福祉政策にも目配りし、
主要政策を一見すると、極右の影が薄い内容になっている。

　また、視聴率が低迷する中、極右指導者が視聴率を稼ぎやすい側面がある
だろう。ジョルジュ・デュビーは「視聴覚メディアの歴史において、1985
年は事業の原資を得た年だった。なぜなら、この年にテレビに対する国家の
独占が終わり、民営化が容認されたからである」と定義した（Duby 1987
p. 604）。民営化されたテレビ局にとって、大きな収入源は広告であり、広告

49）2023 年 1 月 10 日、筆者がオンラインでインタビューした。

主は視聴率によってテレビに広告を出すかを決める。テレビ局の番組制作では、視聴率の大小が大きな関心となる。インターネットが普及した21世紀以降、多チャンネル化と脱テレビ化が進行し、テレビ局は一層激しい視聴率競争にさらされた。Cニュースは、過激な主張を展開するゼムールを頻繁に出演させ、視聴率の獲得を狙ったという見方がある。2021年11月30日、TF1が放映したゼムールのインタビューは、約720万人が視聴し、視聴率は30.9%に上った（Le Télégramme 2021 URL）。平均視聴率の1.6倍を超す数字であり、広告収入を稼ぎたいテレビ局の編成担当者からみると、魅力的なコンテンツとなる。

　さらに、極右政党が選挙のたびに得票率を上げたことで、メディアがその存在を軽視できなくなった面がある。ジャン＝マリ・ル・ペンの大統領選・第1回投票における得票率は、15%前後で推移し、2002年に決選投票に進んだ際でも、17%に過ぎなかったが、マリーヌ・ル・ペンは直近2回の大統領選で20%を超えている。フランソワ・ジョストは「2002年大統領選以降、有権者の3割が極右を支持するに至り、その民意を無視できなくなったことが理由だ」と語った[50]。第4章で示したように、ジャーナリストは左派勢力を支持する割合が高く、極右勢力を民主主義の脅威と考えるジャーナリストは、ジレンマを抱えているに違いない。現状では、民意の尊重と民主主義の擁護との狭間で、それぞれのメディアやジャーナリストが報道の程度を決めているようだ。例えば、フランソワ＝グザヴィエ・メナジュは、極右報道について、「他党と差別化することはできない」としながら、「民主的価値観が境界線だ。（第二次世界大戦中におけるユダヤ人の虐殺を否定した）ジャン＝マリのガス室に関する発言のように、法律に触れた場合はレッドラインとなる」と述べ、極右勢力の違法行為が確定した場合に他党と同様に取り上げる必要はないとの考えを示した[51]。また、極右勢力に詳しいギー・ビランバウムは、「国民連合は国民戦線なのだ。ジャーナリストには職業倫理がある」と語った[52]。マリーヌによって国民連合が穏健化したとしても、

　50）2023年1月16日、筆者がオンラインでインタビューした。
　51）2023年5月10日、筆者がオンラインでインタビューした。
　52）2023年6月19日、筆者がオンラインでインタビューした。

基本的な政策は、ジャン＝マリ時代の国民戦線と変わらないのであり、ジャーナリストは、ジャーナリストの職業倫理を念頭に、報道方針を決めるべきであるとの認識を示したものである。

政党・候補者への直接アクセス

　今回の世論調査では、極右勢力への投票につながりそうな現象もみられた。第2回世論調査では、「好きなメディアを通じて何をしているのか」の質問項目の中で、「メディアを介して政治家が発信するインターネット情報に直接接触する」のか否かについても尋ねた。その結果、「よく」または「時々」と回答した割合は、平均が23％だったのに対し、国民連合支持者は26％、再征服支持者は43％とそれぞれ高かった（図26）。「不服従のフランス」支持者は41％だった。

　政治家のネット情報接触のきっかけとなるオンライン以外のメディア名については、国民連合支持者については、BFMテレビ（17％）、TF1（16％）、Cニュース（9％）、RTL（8％）の順だった。再征服支持者については、Cニュース（51％）、フロン・ポピュレール（Front Populaire）（9％）、ヴァルール・アクチュエル（9％）、TF1（6％）、ル・フィガロ（6％）、ル・モンド（6％）だった。また、きっかけとなるオンラインのメディア名については、国民連合支持者については、BFMテレビ（13％）、Cニュース（7％）が多く、再征服支持者については、Cニュース（35％）、ヴァルール・アクチュエル

図26　「メディアを通じて政治家のインターネット情報に直接
接触する」に「よく」または「時々」と回答した割合

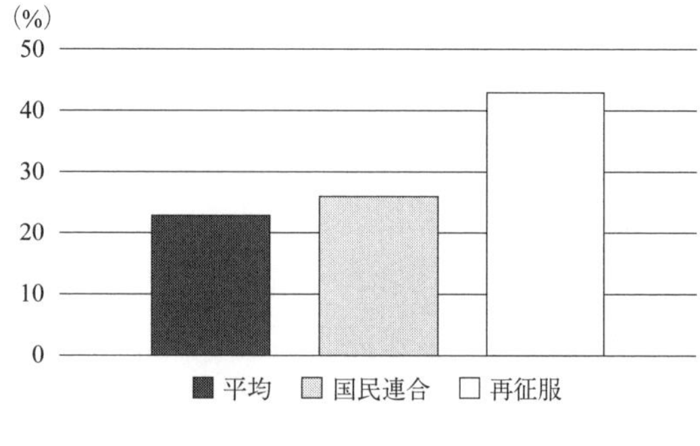

（9%）、ル・フィガロ（6%）の順だった。オンライン・メディアにあっても、主流メディアのオンライン版、特にテレビのウェブ版の影響を受け、ル・ペンやゼムールがそれぞれ発信するネット情報に直接アクセスしていることが分かる。

　既存のメディアを通じて、政治家のオンライン・サイトに直接接触する割合が極右政党支持者の間で高い理由として、アロルド・ティボーは「主流メディアに不信感を持っており、自分たちが非難するシステムと同列に扱っている」と述べ、メディア不信から支持する政党や政治家のサイトに流れるとの考えを示した[53]。また、ジャン゠イヴ・カミュは「メディアの大多数は国民連合を否定的に報じており、国民連合の支持者が、主流メディアと距離を置いているためだ」と分析した[54]。

　アメリカの調査機関ピュー・リサーチ・センターの2019年の調査（図27）によると、「ニュース・メディアは社会にとって重要」と考える割合は、国民戦線（現：国民連合）支持者が20％で、他党の支持者よりも低かった（Sumida, Walker & Mitchell 2019 URL）。ティボーやカミュが分析したように、極右政治家に直接アクセスする理由として、極右支持者のニュース不信があるように思える。

　第1章で触れたように、極右支持者がアクセスする一人、マリーヌ・ル・ペンは、インターネットを自らの主張を広める有力な手段にしてきた。伝統的な主流メディアから批判されてきたため、国民連合は、前身の国民戦線時代から他党に先駆けてインターネットを活用してきた。ル・ペンは、ソーシャル・メディアを使って、ソフトなイメージを連日のように配信している。再征服のゼムールも、自らのウェブサイトによる情報発信のほか、フェイスブックやユーチューブに多くの写真や動画を投稿し、閲覧回数を増やしている。

　この傾向は、急進左派勢力にもあてはまる。「不服従のフランス」支持者も、「メディアを通じて、政治家のインターネット情報に直接接触する」割合が高かったが、政治家のネット情報接触のきっかけとしているメディアは、

53）2023年3月27日、筆者がパリでインタビューした。
54）2023年3月27日、筆者がパリでインタビューした。

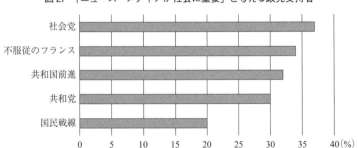

図27 「ニュース・メディアが社会に重要」と考える政党支持者

（ピュー・リサーチ・センター調べ）

オンライン以外では、ル・モンド（17%）、BFMテレビ（10%）、TF1（9%）、ル・フィガロ（6%）、オンラインでは、TF1（5%）、メディアパルト（5%）、レクスプレス（5%）、ル・フィガロ（5%）の順だった。メランションも主流メディアを攻撃してきたが、その支持者はその主流メディアを通じて、党やメランションが直接発信する情報にアクセスしている。政治的に両極にある極右と急進左派の稀有な共通点は、メディア不信の帰結とも言えるだろう。

マリーヌ・ル・ペンへのインタビュー

　インターネットを通じて、投票を呼び掛け、党勢の拡大を図るのが、国民連合である。主流メディアに批判されながら、新たな支持者を獲得しようするメディア戦略について、国民議会で国民連合議員団長を務めるマリーヌ・ル・ペンに聞いた[55]。

（筆者）　主流メディアは国民連合をどのように伝えているのか。
（ル・ペン）　フランスでは、メディアは権力と強くつながってきた。かなり多くのメディアが、公共サービスまたは富豪の支配下にあるためだ。公共サービスの場合、その幹部は権力を持つ政治家や、権力を満足させる傾向を持つ人々である。富豪の場合は、政府とビジネス関係にあり、メディアを手中にする者であり、メディアが高度な中立性を保つことが困難になる。時間と

---

[55] 2023年3月28日、筆者がパリでインタビューした。

ともに、表面上は状況が改善してきた。しかし、本質的には、メディアは政治的な敵対勢力のままだ。ジャーナリストになるための必要な登竜門として、政治学を学ぶような特徴を持つジャーナリスト学校が存在するが、それによって、フランス・メディアの中には、「左派の文化」が強く存在している。彼らの倫理感、職業倫理、中立性は疑わしい。メディアが、私たちを正しく伝えているという意識に騙されてはいけない。メディアは争点がなければ、正しく伝えるが、選挙上の争点が浮上した時からそうではなくなる。大統領選の第1回投票前と決選投票前において、私に関する報道に違いが出ていることは非常に興味深い。第1回投票前は、状況はかなり正しく進んでいたが、決選投票前になると、（ル・ペンを悪魔視する）「悪魔化装置」が元の位置に戻り、投票前の24時間を切ると、その調子が劇的に変わった。争点がある時、権力が危険にさらされている時、状況は緊迫し、メディアはいとも簡単に権力側につく。

写真13　マリーヌ・ル・ペン
（筆者撮影）

（筆者）　メディアが国民連合を他党並みに扱う一般化をどう考えるのか。
（ル・ペン）　選挙結果も影響している。多くのメディアが、公的補助金のおかげで存続しているとしても、私は大統領選の決選投票で42%を獲得しており、第1回投票で私に投票した1300万人のフランス人を侮辱することは、状況をかなり複雑にさせる。ゆえに、メディアは以前よりも慎重になる。
（筆者）　メディアはあなたの支持者に配慮しなければならないと思うのか。
（ル・ペン）　もちろんだ。大統領選の決選投票では、10人のうち4人のフランス人が私に投票した。だから、公的な補助金に依存していても、民間企業であれば、かなり慎重になる傾向がある。民間のメディア企業もそのようになるが、公共のメディアは、慎重になるメディアもあれば、ならないメディアもある。我々の運動に極めて敵対的な放送局があるが、彼らは極左ではない勢力すべてに対して非常に敵対的なのだ。
（筆者）　主流メディアは公権力と経済権力から独立していると思うか。

（ル・ペン）　いや、独立していない。それとは逆に、主流メディアは、大手の民間企業の場合、その経営者に経済的に従属しており、公共メディアの場合、国家に従属している。一般的な傾向として、フランスでは、非公共メディアは、補助金なしで存立することは難しい。もし明日、メディアへの補助金を全て停止したら、特に新聞の場合、一紙も存続できないだろう。

（筆者）　それは、あなたがメディア戦略を強化した理由か。あなたは、どの政党よりも早くインターネット戦略を強化した。

（ル・ペン）　ジャン＝マリ・ル・ペンの指導力によって、国民戦線は、フランスでインターネット・サイトを活用した最初の政治運動の一つとなった。メディアが我々を扱わなかったので、「メディア迂回戦略（la stratégie de contournement des médias）」を展開したのだ。ジャン＝マリ・ル・ペンが、ほとんどメディアに取り上げられなかったのは明確で異論の余地はないし、取り上げられても、ソ連で訴訟を受けるようなもので、彼が話す時間は、我々の運動の政治的影響力とは比較にならないほど少なかった。だから、情報が我々の支持者に届くようにするため、その情報をメディアから迂回させる手段を作ることを強いられたのだ。我々は、メディアという情報の伝達手段を放棄したわけではないが、メディアのプリズムを通じなくても、有権者と直接接触することに努力してきた。それは、インターネットがない時代には、紙、チラシ、新聞を通じてであり、インターネットが登場してからは、それを利用している。

（筆者）　あなたがインターネットを活用する指示を出し、あなた自身がそれに参加しているのか。

（ル・ペン）　インターネットは、我々の伝達手段として重要な戦略だ。インターネット上でよく目立つように特別な努力をしている。我々がソーシャル・メディアで浸透しているという良い数字が出ている。浸透の理由としては、我々には言うべきことがあるからであり、また、真に中立とはいえないメディアを通じなくても、読者に直接訴えることが必要であり有効であるということを理解しているからだ。

（筆者）　あなた自身も選挙民に直接訴えているのか。

（ル・ペン）　大統領選の選挙戦では、選挙民と議論の場を作るため、チャッ

トを使った。メディア全体が新型コロナ・ウイルスの危機しか扱わなかった
時期にも、私は少なくとも週に1度は、政治を話し続けた。

（筆者）　穏健なイメージを示すために、インターネットで猫を利用している
という指摘があるが。

（ル・ペン）　猫を飼って15年になり、ここ3年は、飼育するための資格を
取った。だから、私が猫と一緒にいる画像を見ることになる。それには下心
はない。自分のイメージを和らげる意図はない。私は猫が大好きなのだ。

（筆者）　このメディア戦略は、あなたが大統領選で4割を得票するのに役立
ったのか。

（ル・ペン）　おそらく役に立ったのは、私的な内容の放送をいくつか行う選
択をしたことだろう。我々は時に激しく闘い、政治、経済、社会について多
くを語るが、私は自分についてはほとんど話してこなかった。だから、私は
自分や家族や自分の情熱について語る放送を受け入れた。それによって、フ
ランス人は、我々の印象が現実とは異なることを認識し、我々とつながるこ
とになった。

　インタビューからうかがえたのは、主流メディアに対する強烈な不信感と
ともに、それゆえにインターネットを軸とするメディア活用に積極的だった
ことである。「メディア迂回戦略」と呼んだ戦略は、極右報道の一般化が指
摘される現代においても、その程度が不十分であるというル・ペンの認識を
示したものであり、主流メディアに不信感を持つ支持者の受け皿となり、自
らが発信するサイトに直接つながってもらうことを可能にした。ル・ペンは
それが結果として、得票の増加をもたらしたとみている。

現代極右のメディア公共圏

　インタビューした10人のうち9人が、程度の差こそあれ、極右候補や極
右政党が選挙で得票を伸ばした背景としてメディアの存在を認めていた。世
論調査でも、ゼムールに投票した人のうち、テレビの影響を受けて投票した
と回答したのは3割を超えた。その影響の背景として、極右報道の一般化と、
主流メディアへの不信感により、支持者がメディアでの視聴を通じ、政党や

第 6 章　極右政治勢力の公共圏分析

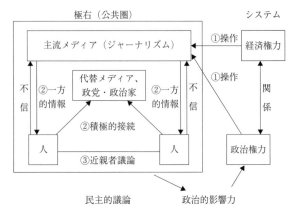

図28　現代における極右支持者のメディア公共圏

政治家のインターネット・サイトに直接向かうことが分かった。こうした状況を見越し、ル・ペンは主流メディアを「迂回」する方針を掲げ、第 1 章で示した戦略に乗り出したのである。実際、この戦略は一定の成果をあげているように見える。

　本章でのインタビューや世論調査から分析した極右政党支持者の公共圏は図 28 のようになる。①自律性については、支持者が利用するメディアは、大手テレビ局が多く、政治・経済権力から何らかの影響を受けていた。その場合、ジャーナリズムからの権力批判は限定的となる。②双方向性については、ソーシャル・メディアを通じたメディア側の取り組みにもかかわらず、その頻度と効果は不十分である可能性がある。利用者は主流メディアを購読・視聴するものの、メディア不信から、あるいは、メディア情報をきっかけに、政党・政治家のサイトや代替メディアに直接接触するのである。③対話性については、読者や視聴者間で活発な議論が行われているという証左が見当たらない一方で、近親者の間で活発な議論が行われているようである。家族や親しい友人同士のやり取りであるため、この議論が公共圏に該当するとは言い切れないが、キャス・サンスティーンが提示した集団分極化のリスクをはらむ議論であり、これが極右公共圏の特徴になっている。

　つまり、極右の公共圏は、民主的議論が不在あるいは希薄なまま、メディ

アと支持者の間で独特の空間をつくり、その結果として政治的影響力を持つ
構図となっている。具体的には、2つの公共圏が共存している状況であり、
結果的に、投票行動にある程度の影響を与えているのである。

終章　極右公共圏の展望

1. 権力への従属と対立

　フランスのメディアは歴史上、革命を引き起こし、政治を変革する役割を果たしながら、一方で政治に抑圧される状況に甘んじてきた。前者の例として、その闘争の舞台となったのがカフェだった。18世紀後半のフランス革命では、反王政派が集まり、王政を揶揄した高価な新聞やパンフレットが読まれ、抗議デモが起こる発火点となった。19世紀中盤になると、印刷技術の発展で、新聞は自宅や街角で読まれるようになり、人々がカフェに向かう理由は減ったが、それでも新聞はそこに持ち込まれ、政治的に重要な空間を提供した。例えば、1869年に創刊された日刊紙ル・ラペル（Le Rappel）のジャーナリスト、モリス・ドレフュスは、パリ・モンマルトル通りにあったマドリード・カフェを挙げ、「第二帝政に対する荒々しい戦いが始まったのは、このカフェだった。ナポレオン3世に対する共和派の戦いの前哨戦として、ドレクリューズ、パスカル・デュプラ、フェリックス・ピア、アーサー・ランクがその任務に付いた」と記した（Dupuy 1959 p. 17）。新聞の発行人や有力なジャーナリストの名前を挙げ、彼らが政治・経済権力から離れ、議論する空間として、カフェは時代を変える公共圏を提供したのである。彼らの発行する新聞に世論は刺激され、政変につながった。そして、第三共和政下の1881年、報道と出版の自由は法制化された。やがて、メディアは新たな産業として市場競争の中で淘汰され、勝者は「第四の権力」として大きな影響力をふるうようになる。

　しかし、メディア市場の勝者となった大手紙は、政治・経済権力とつながり、批判の度合いを緩め、侵略してきたナチス・ドイツに対し、ジャーナリ

ズムを守るための抵抗をしなかった。ロベール・ドゥ・サン・ジャンは、第二次世界大戦前の大手メディアについて、「ル・プティ・パリジャンのような大部数を誇る新聞は、ほとんど官製であり、過去 20 年間、読者に脅威を与えないように、悪いニュースでも良い方向で描いてきた」と書いた（De Saint Jean 1941 p. 61）。

　戦後はメディアの多元主義が掲げられ、国家がその経営を側面支援し、多様な価値観を社会に共存させることで、民主主義の定着が図られた。ところが、最近のメディア業界では、異業種の経営者が、収益悪化のメディアを買収し、市場の寡占がじわじわと進んでいる。メディアの題号の減少にそれが表れている。ジェームズ・カランは「メディアの第一の民主主義的役割は、国家を監視する番犬として機能すると論じられてきた」とした上で、「一度メディアが公的規制を受けるようになれば、メディアは番犬として国家にかみつくことを止め、国家に仕える警察犬へと変わってしまう」と警告した。カランは、メディアが非出版系の企業に買収・所有されている点について、「メディア所有の変化は、メディアと政府との関係に変化を与えるという点である」とし、「メディア・コングロマリットは政府に対する民衆の手による統制の源ではなく、支配的な経済的諸力が国家に対して非公式の影響を行使するための単なる手段であるということだ」と指摘した（カラン 1995 pp. 131, 132, 137, 139）。この言葉は現代において説得力を持つ。

　こうした状況に対する民衆の不満が実際に露呈したのが、「黄色いベスト運動」や「衛生パス携帯反対運動」など抗議デモを取材するジャーナリストへの暴力や脅迫だろう。第 4 章で、この背景について、メディア関係者へのインタビューで調査したところ、メディアへの不信感や敵対心が根幹にあり、その遠因として、メディア不信が以前から存在していたこと、ジャーナリストは一般市民からエリートとみられていること、異業種の実業家によるメディア買収が相次いでいること、メディアがエマニュエル・マクロン政権を含む近年の政権と親密な関係にあるか、またはその圧力を受けているとみられていることが分かった。こうしたマグマによって、ジャーナリストへの暴力や脅迫が噴出しているのである。ジャン＝マリ・シャロンはインタビューで、「メディア不信は、一つの理由だけではなく、様々な要因が複雑に絡み合っ

て起こる」と言及した[56]。

2. インターネットによる変化

　メディア不信の行方に影響を与えていくのがインターネットである。「メディアはメッセージである」と言ったマーシャル・マクルーハンはその真意について、「いかなる技術も徐々に完全に新しい環境を生み出すものである。環境は受動的な包装ではなくて、能動的な過程である」とし、現代について、「電子工学の時代を考えると、完全に新しい環境が生み出されたということを意味している」と述べている（マクルーハン 1987 pp. ii, iii）。産業革命で工学が社会を変えたように、現代では、インターネットがこれまでにない「完全に新しい環境」を生み出し、様々な分野で変化をもたらしていることに、異論の余地はないだろう。

　例えば、メディア業界の環境変化がある。インターネット上のニュースサイトが無料で運営されることで、主流メディアは大幅に読者や視聴者を減らした。ピエール゠ジャン・ベンゴジとイナ・リュバレナは、情報の無料提供が一般的だった 2012 年段階で、無料化によりサイトの閲覧回数と広告収入が増えることを挙げ、「これから無料化と収益性は共存する」と予測した（Benghozi & Lyubareva 2013 p. 10）。実際には、ニュースサイトの広告収入の単価は低いため、購読料の徴収が一般的になっているが、サイトの閲覧回数は増えており、新聞やテレビはオンラインによる収益化を進めている。

　メディアを利用する個人の環境変化もある。ドミニク・ウォルトンは、インターネットの登場で空間は個人化していくと予測した（Wolton 2000 p. 195）。橋元良明も、ロバート・クラウトの研究を引用しながら、「外向的な人はインターネット利用頻度が大きいほど孤独感がさらに低くなり、社会的参加が活発になったのに対し、内向的な人はインターネット利用頻度が大きいほど孤独感が増し、社会的参加が少なくなった」と指摘した（橋元 2011 p. 135）。インターネットは空間の個人化を通じて、社会的参加の格差を広げようとしている。

56）2021 年 12 月 10 日、筆者の質問に対し、電子メールで回答した。

暴力性の環境変化もある。セラフィン・アラバらの研究グループは、ソーシャル・メディアと、暴力をもたらす過激化の関係について学術的に立証されていないとしながら、「過激思想を持つ若者は自分たちの興味を満たすための情報を積極的に探そうとして、過激派組織の採用戦略に簡単にはまることもあり得るという意味で、インターネットとソーシャル・メディアが、暴力に資する可能性もある」とし、双方の関係性に言及した（Alava 2017-18 p. 49）。インターネットが持つ特性の一つ、集団分極化の帰結と言える。

公共圏の環境変化もある。トッド・ギトリンは、情報技術の進展により、様々な当事者の間で様々な「小公共圏」が生まれており、それが必ずしもより広い公共圏に集約しない点を主張した。成田康昭は「ネットワーク・メディア空間は、『仮想的な公共空間』である。そこでは自由な討論の可能性は描かれているが、主体としての個人が仮想化した、ある意味で、『無責任な公共空間』である。（中略）ネットワーク・メディア空間はまた、常設化された仮想の落書空間とみることもできる」と記した（成田 1997 pp. 238-239）。成田は、「公共圏」と「落書」に補助線を引いて区別しており、真理、愛、教養といった文化的価値の成立を前提とする「公共圏」とは違い、「落書圏」は哄笑、嘲笑による文化的価値を根底としている。つまり、メディアの特徴や読者・視聴者同士の対話の内容によらず、ネットワーク・メディアに参加する人々が独善的で無責任な情報発信を行うがゆえに、「落書＝ネットワーク・メディア」空間が形成されてしまうのである。

インターネットはこうして様々な環境変化をもたらしており、政治的に肯定的な評価もある。金相集は韓国で 2000 年の国会議員選挙期間中に、不適格な政治家を落選させようとする市民運動「落選運動」が起こったことを取り上げ、大手新聞がインターネット上で広がった運動を紹介し、大きな世論のうねりになった点に着目した。金は「インターネットのようなコンピュータメディアを通して行われる世論形成の場と他のメディアとの相互作用も重要である」と結論付け、「従来のマスメディアにインターネット等の新しいメディアが加わることによって進展するメディア空間の複合」（金 2003 p. 189）が今後加速するとした。一方で、政治的に否定的な評価もある。欧州連合（UE）は、欧州建設において、市民の参加を促進するため、インタ

ーネットによる情報発信やオンライン上の討論の可能性を探った。インターネットによって遠距離の制約を取り除く試みであり、UE の政策執行機関、欧州委員会（CE）はこれを「欧州公共空間（European Public Area）」と位置付けた。ところが、世論調査や国民投票の結果から、その試みは、市民の政治的理解を高め、積極的な政治参加を促したとは言えず、「ネット上に多量の情報を流し、議論のためのフォーラムを設けるだけでは十分ではなかった」のである（安江 2007 pp. 268-269）。

　多くの現象や識者の見解から分かるのは、インターネットが第 5 章で概観した特性から、社会や人に影響を与え、政治に対しても肯定的かつ否定的な変化をもたらしていることである。このため、インターネットを有効活用するか否かが問われることになり、それは主流メディアにとっても、極右勢力にとっても同様の課題となる。

3.　極右伸長のメディア的要因

　現代における政治とメディアの関係の中で、本書はまず、極右政党と政治家の変化に着目した。国民戦線を創設したジャン＝マリ・ル・ペンは 2016 年、「移民の侵略」を糾弾し、「移民ゼロ」を訴えた上で、移民に向けて、「我が国に来ないでほしい。ここではあなたは何の権利もなく、我々には与えるものが何もない。住居もないし、子供たちが通う学校もないし、社会保障も医療保険もない。フランスにあなたの居場所はないのだ」と断言した[57]。主流メディアはこうした発言を「極右」とみなし、批判する戦略を採ってきた。娘のマリーヌ・ル・ペンが国民戦線党首を継承した後も、基本路線に変化はなかった。マリーヌは 2015 年、「我々は既に多くの移民を受け入れている。新しい移民に居場所はない」と父親と同様の見解を示していた[58]。ただ、父親のような敵対的かつ感情的な発言を封印し、2022 年の大統領選における公約では「農業と食料の防衛」、「健康維持のため 2000 億ユーロの投入」、「教育制度の再建」といった生活に直結した項目を並べ、選挙

57）2016 年 1 月 12 日、筆者がパリでインタビューした。
58）2015 年 9 月 5 日、筆者がパリでインタビューした。

放送では重点的に力説した。この大統領選決選投票では、4割超を得票した。

　第1章で取り上げたように、極右伸長の要因としては、中道政権や他党に対する不満や、政府の経済・社会政策への批判の受け皿になった側面があるだろう。急進左派政党も同様に勢力を伸ばしたことが、それを物語っている。また、国民連合の支持者が低所得者層に多いことから、社会的階層の分化も関係している。クリストフ・ギリュイはレクスプレス誌のアン・ロゼンシェールらとのインタビューで、「我々は中流階級が消失する時代に生きている。フランスにおいてそうであるし、ヨーロッパでもアメリカでもそうである」と指摘し、国民連合の台頭が中産階級の消失を前提にしているとした（Lacroix & Rosencher 2017 URL）。

　こうした様々な指摘とは別に、本書では、メディアからの要因について、分析を試みた。第6章で触れたように、フランスのメディアが、英国やドイツよりも、極右勢力を批判対象として大きく取り上げ、それが結果として、極右報道に積極的になった点を示した。ル・ペンが欧州の極右勢力で圧倒的な知名度を持つのは、メディアのおかげである。その上で、インタビューや世論調査を通じて、現下の極右伸長の要因を検証した。結論として、メディアの報道が投票行動に一定の影響を与えた可能性があることが分かった。その背景の一つは、極右政党や政治家を他党と同様に扱う、いわゆる極右報道の「一般化（バナリザシオン）」だったとみられる。ドイツの調査会社スタティスタによると、2021年4～6月に朝のテレビ・ラジオ番組に出演した政治家のうち、極右政治家の割合は、Cニュースが最多の26.5%だったが、フランス2も11.6%に上り、LCI、フランス・アンフォに続き、4位となった（Statista 2021 URL）。国営放送も10%を極右政治家に割いているのである。フランス2は2021年12月9日、大統領選に関する政治番組「エリゼ2022」で、エリック・ゼムールとブリュノ・ル・メール経済・財務・産業・デジタル主権相との対談を企画し、2人は経済、イスラム、歴史について激論を交わした。大統領選の5か月前に、現役閣僚と極右指導者が国営テレビで対談する光景を目にするのは隔世の感がある。

　また、主流メディアへの不信を背景に、読者や視聴者を集めている代替メディアの存在にも触れた。インタビュー調査では、メディア不信が代替メデ

ィアの広がりに影響を与えているとの結果が明らかになった。この中には、国民連合を大きく報道するメディアも多く、ル・ペンの支持率上昇に貢献した。ドミニック・アルベルティーニとデイビッド・ドゥセは、極右政党にとっての極右系メディアを、「伝統メディアの少ない扱いを埋める幸運な成長のてこ」と形容した（Albertini & Doucet 2016 p. 9）。まさに、極右報道の「一般化」、主流メディアへの信頼低下、代替メディアの広がりが、国民連合に「思わぬ幸運」（Agnew & Shin 2020 p. 110）をもたらしたのである。国民連合は、結党時からメディアの注目が党勢を左右してきた政党であり（Beauvallet et Michon 2019 p. 36）、現状では好都合な条件が整ったと言える。主流メディアを敵視し、インターネットを通じて党や党首を強烈に PR する「メディア迂回戦略」も一助となった。同様の戦略は、急進左派勢力にも見て取れる。左右両極の政治勢力にとっては、生き残りをかけた必然的なメディア戦略だったとも言えるだろう。

4. 公共圏の比較

　本書では、メディアの歴史を踏まえ、極右政党や極右支持者で構成される現代のメディア空間が、民主主義にとってどのような意味を持つかを問題意識とした。その際、ハーバーマスの市民的公共圏の枠組みを比較対象のモデルとした。第3章で示したように、ハーバーマスは、18世紀後半の欧州において、市民的公共圏から進化した政治的公共圏について、「民主主義理論の根本概念にふさわしい」と書いていた。ハーバーマスを研究するロバート・ホルブは「ハーバーマスの議論は、彼自身の理解とともに、西ドイツの民主主義の原則を擁護した点において重要である」と記した。ドイツには、ナチス時代を否定しない歴史修正主義の議論が存在するが、ホルブによれば、ハーバーマスは、第三帝国の歴史が勝利者の視点から書かれたという主張に同意しておらず、「ハーバーマスにとっての戦後は、偏狭な国家主義や、国家社会主義や野蛮な行動を後押しした反西欧の伝統を拒絶することを意味する」のである（Holub 1991 pp. xi, 182）。つまり、ハーバーマスにとって、現代極右は「反西欧の伝統」の継承者に見えているに違いない。この前提に立ち、

本書で、市民的公共圏と政治的公共圏の枠組みを比較しながら、極右と民主主義の関係性を測ることを試みた。

　もちろん、ハーバーマスの市民的公共圏には多くの批判があった。第3章では、財産と教養だけが公共圏の参加要件でなく、時には誤った情報や政治的意思を持った情報が伝達されていたのが、18世紀末の公共圏だったことを示した。つまり、市民的公共圏の条件だった「理性的討議」や「開放性」や「公益性」は理想に過ぎなかったかもしれない。長崎励朗は、そうした条件について、「接近不可能、もしくは接近することによって新たな問題が生じてしまうという、達成すべき理想としての妥当性を欠く概念である」とし、市民的公共圏を「幻影」とみなした（長崎2008 p. 30）。しかし、「幻影」は、追い求め続ける理想の性格を併せ持っている。公共圏は、時代背景、参加するアクター、共有する情報、対話の頻度などによって、様々に発生する。例えば、佐藤卓己は、1930年代のドイツで、労働者とラジオが構成要素となる公共圏に注目し、ヒトラーによるファシスト的公共圏に変化する過程を分析した（佐藤2018 pp. 49-54）。

　このため、公共圏は、そうした様々な構成要素によっては、民主化に貢献することもあり得る。例えば、松井康浩は、「親密圏の限られたメンバーが交わす議論の空間」を「プロト公共圏」と呼び、旧ソ連では、反体制派が形成する「プロト公共圏」の形成が1953年のヨシフ・スターリンの死後に拡大し、ソ連崩壊に大きな影響を与えたとみる。「ソヴィエト体制は、公私区分の曖昧さを引き続き残しながらも、私的領域の自律性とそれに基づくプロト公共圏の成熟を一層増す形で、1980年代後半以降の体制変動過程を迎える」としている（松井2002 pp. 39, 40）。ゆえに、構成要素の分析は重要であり、本書では、自律性、双方向性、対話性に着目し、市民的公共圏の「理想型」との乖離を時代ごとに比較、分析した。そして、最終的には、第6章において、「フランスの極右政治勢力とメディアの相互作用」の解明を目指したのである。

　分析の対象としたのが、人、メディア、情報、権力の空間だった。現代において、政治的に台頭する極右政党や政治家を支持する人々の公共圏について、彼らが利用するメディアと政治・経済権力との関係（自律性）、メディ

4. 公共圏の比較　　221

表29　自律性、双方向性、対話性の傾向

自律性	極右支持者が利用するのは、TF1、フランス・テレヴィジョン、BFM、Cニュースの4メディアであり、国家または大手資本の傘下にある。
	（主にジャーナリスト）政治・経済権力からの介入は否定するが、報道が経営者に左右される状況はあり得る。
	（主に識者）4メディアは直接的または間接的に政治・経済権力の介入を受けている。特に、Cニュースはその傾向が強い。
双方向性	メディア側では、読者・視聴者と情報交換する試みが行われている。インターネットを利用し、読者・視聴者からの投稿にメディアが返信する形が多い。
	実際の記事執筆や番組制作で、読者・視聴者からの意見はあまり参考にされていない。ゆえに意見は報道に反映されていない可能性が高い。
	極右支持者は、メディアが企画するイベントに参加したり、ジャーナリストと情報交換したりする割合が平均値よりも低い。
対話性	主にインターネットを通じて、読者・視聴者が記事や番組に対する意見を表明し、他の読者・視聴者と議論できる仕組みになっている。
	読者・視聴者の間で活発で建設的な意見交換が行われているかどうか確認できない。そうした対話は極めて珍しい可能性が高い。
	極右支持者は、近親者と対話する傾向が強く、メディアを通じて政治的に極右化している。

アと読者・視聴者との関係（双方向性）、読者・視聴者同士の関係（対話性）について検証した。第5章でみたように、現代はインターネットの二面性を考慮する必要があり、オンライン上で形成される極右の論調も検証する必要があった。第6章において、メディア関係者へのインタビュー、フランス人の人口構成を反映した2度の世論調査、関連する文献・資料の分析も含め、判明したのは表29に示した点である。

　自律性については、政治・経済権力からの露骨な介入はないようである。現場のジャーナリストはその点で一致した。ただ、Cニュースにみられるように、買収した経営者の意向が強く反映された番組制作も出ている。双方向性については、メディア側からそれを確保する試みはみられるが、実際に頻繁な情報交換が行われているわけではないようである。対話性についても、インターネットを利用した読者・視聴者間の会話は可能だが、そのやり取りは低調と言わざるを得ない。いずれも、ハーバーマスの市民的公共圏の「理想」からは遠く、民主主義の維持に懸念が残る空間となっている。

　さらに、本書で利用したメディア公共圏を時代別に比較してみる。序章で紹介したモデルを原型に、第3、4、6章で示した空間図を図29として再掲

終章　極右公共圏の展望

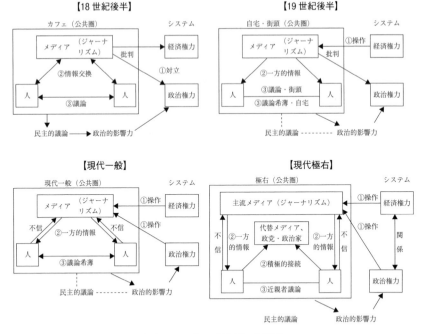

図29　メディア公共圏の空間図

した。いずれも各時代の様々な公共圏の一部（小公共圏）を示したものであり、時代全体を反映しているわけではない。また、同じ空間に所属している者の中でも、言動に違いがあり、例外は存在する。そうした前提を踏まえた上での比較となる。

　左上の「18世紀後半」から右上の「19世紀後半」にかけて、経済権力からの操作が強まり、メディアからの情報も一方的となり、読者間の議論も少なくなった。さらに、左下の「現代一般」では、政治権力からの操作が強まり、読者・視聴者からメディアへの不信感が大きくなり、読者・視聴者間の対話は少なかった。自律性、双方向性、対話性の3基準とも、ハーバーマスの理想型に近い「18世紀後半」のモデルから後退している。ゆえに、民主的議論は希薄となり、民意を反映したとは言えない政治的影響力が働いている。ここに民主主義の行方への懸念が深まることになる。

4. 公共圏の比較　　223

「現代一般」まではある程度、理解できる結果とも言えるが、意外だったのは右下の「現代極右」の構成要素の関係性である。極右支持者は、不信感を持つ主流メディアを多く利用しているのであり、そこから入手した一次情報を基に、あるいは独自に、代替メディアまたは政党・政治家の発信する情報に接し、それを近親者同士で議論している。極右勢力を他勢力と同様に扱う「一般化」が進む中で、主流メディアの極右報道もそれなりにある。主流メディアから受け取った情報を批判し、メディア不信をさらに強める一方で、代替メディアまたは政党・政治家からの情報を積極的に入手し、いわば「二重の公共圏」を形成しているのである。その過程で極右化を深め、それが極右への投票行動につながるという流れである。そこには、極右勢力が主流メディアの変化を一因として支持者を獲得し、それによって代替メディアが息吹を得るという相乗効果を見て取れる。「二重」の歯車がかみ合えば、つまり、主流メディアへの反発と代替メディアや政党・政治家への接続が同時に進行すれば、強力な政治的影響力を発揮することになるだろう。

　懸念すべきは、代替メディアが経済権力の操作を受けている可能性がある点である。代替メディアまたは政党・政治家と利用者の間で双方向の議論が行われているのかは不確かである。情報の正確性が保証されないメディアもある。また、近親者同士の議論は、出自や地位に関係なく様々な人との対等な議論を想定していない。つまり、「二重の公共圏」の内側の公共圏においても、自律性、双方向性、対話性の確保は保証されておらず、民主的な議論が行われているとは言い難くなる。

　「現代極右」におけるもう一つの懸念は、政治権力からの矢印にある。極右政治勢力は2024年現在、野党であるが、今後の選挙結果によっては、さらに発言力を強めたり、政権をとったりして、政治権力からの影響が強まれば、メディア空間が権力を支える構図が明確となる。より具体的に言えば、フランスで2027年に行われる大統領選で再出馬が予想されるル・ペンが多くの票を取り、国民議会選で国民連合が議席を増やせば、政治権力からの介入が始まる可能性がある。システムからの操作が強まり、公衆は一方的な情報洪水の中で、広範な議論の機会を与えられず、権力を追認するだけの空間になってしまう。もちろん、その他の政治・経済・社会状況によっても左右

224 終章　極右公共圏の展望

されるが、民主主義の今後に大きな不安をもたらすことは間違いない。

5. 問われるジャーナリズム

　こうした状況を改善するために何が必要なのか。その手掛かりとして、前節で示した4つの公共圏で、ジャーナリズムからの矢印に違いが出ている点に着目する。ジャーナリズムからの権力批判機能が時代とともに弱まり、現代においては、政治・経済権力により操作されている。それがメディア不信の一因となり、特に極右支持者の間で、「二重の公共圏」をもたらす原因となっている。従って、ジャーナリズムが、健全な機能を持てば、メディア不信は解消に向かい、民主主義に前向きな効果をもたらすかもしれない。ジャーナリストとして20年超の経験を持つフランソワ＝グザヴィエ・メナジュは、メディア業界の対応として、「情報に優先順位をつけ、できるだけ効率的かつ公正に報道することだ。それがジャーナリズムである」と述べている[59]。

　具体的に何をすればいいのか。ここでは、ビル・コヴァッチとトム・ローゼンスティールが示したジャーナリズムの9原則（コヴァッチ、ローゼンスティール 2002 pp. 6-7）から考えてみる。アメリカの2人のジャーナリストは、延べ3000人が参加した計21回の公開討論や、300人を超えるジャーナリストの証言などから、9原則を抽出しており、信頼性の高い内容となっている。表30で示したように、本書では主に第4や第5を指摘してきたが、ジャーナリズムの遂行には多くの課題があることが分かるだろう。

　第2に「ジャーナリズムは第一に市民に忠実であるべきである」とある。「忠実」の解釈は様々あるだろうが、第6章で紹介したラジオ・フランスやル・モンドの取り組みは、その表れの一つと言えるだろう。両メディアとも、リスナーや読者に編集の現場を開放し、ジャーナリストと接してもらうことで、メディアに対する偏見をなくすことを目指している。ラジオ・フランスの企画の参加者はリスナー全体の1%に満たず、ル・モンドのフェスティヴ

---

59) 2023年5月10日、筆者がオンラインでインタビューした。

5. 問われるジャーナリズム 225

表30　ジャーナリズムの9原則（コヴァッチとローゼンスティール提言）

1	ジャーナリズムの第一の責務は真実である
2	ジャーナリズムは第一に市民に忠実であるべきである
3	ジャーナリズムの真髄は検証の規律である
4	ジャーナリズムに従事する者はその対象からの独立を維持しなければならない
5	ジャーナリズムは独立した権力監視役として機能すべきである
6	ジャーナリズムは大衆に対し、批判を表明し、妥協を提案する場を提供しなければならない
7	ジャーナリズムは重大なことをおもしろく関連性のあるものとするよう努力しなければならない
8	ジャーナリズムはニュースの包括性および均衡を保たなくてはならない
9	ジャーナリズムに従事する者は自らの良心を実践することを許されるべきである

ァルの参加人数は購読者の1%程度に過ぎないが、読者の理解を得ようとする姿勢は、メディアと利用者の意見や情報の交換を促す。

　第4には「ジャーナリズムに従事する者はその対象からの独立を維持しなければならない」とあった。本書では、メディアの政治・経済権力への従属を再三にわたって指摘したが、ジュリア・カジェは、メディアを「民主主義の土台」としたうえで、商業主義と権力からの介入を防ぎ、独立を維持するために、財団と株式会社の中間に位置する非営利のメディア会社の設立を提案した。このモデルでは、出資しても配当を受け取れない代わりに制限付きの議決権を得られる。権力志向や営利目的の出資を防ぎ、理想的なメディア環境を整えるという参加型の出資を促す狙いである（Cagé 2015 pp. 98-101）。独立を維持するための組織は、ジャーナリズムを守るために必要になるだろう。

　第5には「ジャーナリズムは独立した権力監視役として機能すべきである」とある。第5章で触れたオンライン新聞、メディアパルトは、独自ニュースで政府のスキャンダルを暴露し、購読者数を増やし、購読料収入を安定させた。ジェローム・パクレとアラン・ウアクラは、政府からの補助金を拒否しているメディアパルトの成長を念頭に、「他市場の企業の資本に依存するメディアとは異なり、インターネット・メディアでは、資本の独立が目立っている」と論評した（Pacouret & Ouakrat 2021 p. 78）。代替メディアであっても、経営面で自立しながら、権力の監視役を担うことが可能であることを示している。

第6は「ジャーナリズムは大衆に対し、批判を表明し、妥協を提案する場を提供しなければならない」とする。メリサ・ウォールは、ジャーナリズムの危機の解決策として、市民の声を聞くことを重視する「参加型市民ジャーナリスト（engaged citizen journalist）」を挙げ、「市民ジャーナリズムは、職業ジャーナリズムとは異なり、社会正義運動に同情的で、時に参加し、排除されたグループの声を代弁する」と強調した（Wall 2019 p. 59）。多くの市民の意見を聞き取り、その関心に沿ってテーマを決め、取材・報道するという手法で、広告収入が落ち、購読収入を増やしたい新聞業界で広がった。青木紀美子はこの取り組みについて、「地域社会の人と人をつなぎ、対話の機会を設ける」効用を指摘した（青木 2020 p. 83）。ジャーナリズムが、取材を通じて、市民同士の対話を促し、多くの人に受け入れ可能な結論を探ることを想定しているのである。

第8には「ジャーナリズムはニュースの包括性および均衡を保たなくてはならない」とあった。マーク・レヴィンは、米紙ニューヨーク・タイムズが、ドナルド・トランプ大統領を否定的に報じてきた点を挙げ、「明らかにプログレッシブ的なイデオロギーや民主党の政策に沿った、同じようなニュースや社説を日々掲載している」とした上で、「ニュースを報道するときに客観性をもとめないうえ、客観性の担保もしない。彼らの役割は、プログレッシブな理念に人々を誘うための社会運動、政策の推進、解釈、分析などを伴うニュースを報じることなのである」と指摘した（レヴィン 2020 pp. 301-302）。世界有数のメディアに突き付けられた「ニュースの包括性および均衡」という要求は、他メディアにも大きな教訓となるだろう。

以上の改善を進めることは、ジャーナリズムにおいて、自律性、双方向性、対話性を高めていくことであると気付く。「幻影」かもしれないハーバーマス型公共圏の理想を追い求めることが重要であるということになる。今日、こうした取り組みが喫緊の課題であるのは、インターネットの普及に伴うニュース市場と報道現場のグローバル化が進行しているためである。

ジョン・アーリは「グローバルな同質化、消費主義そしてコスモポリタニズムは、（中略）グローバル・シティズンシップを停止させないための必要な条件であろう」とし、「グローバル・マスメディアの力で、何らかの「一

5. 問われるジャーナリズム

つの文明へ結合すること」は、逆説的にグローバル・シティズンシップのひ弱な花を育てるために必要である」とそのメリットに触れた（アーリ 1999 p. 173）。しかし、シャリニ・ヴェンチュレリは「世界規模でネットワーク化された広帯域で双方向の情報社会は、創造的で多様、強力で民主的なコミュニケーションをもたらし、（中略）世界中のあらゆる出自の人を結び付けるという意味で、相互理解を促すことができる」としながら、「こうした情報社会の実現は、科学技術上の選択肢が広がったことよりも、政治的な決断に依存している」と言及した（Venturelli 1998 p. 1）。政治は権力であり、その保持のためには、オンラインに監視機能など非民主化な役割を求めることもあり得るという意味である。また、ジャン・ムションは20世紀末、「文化的製品が商業化されるという一般的な傾向の中で、メディアも市場論理にますます支配されている」と予測した（Mouchon 1998 p. 41）。それから四半世紀がたち、ムションの予測は的中したと言わざるを得ない。

つまり、グローバル化する情報社会の進展の中で、政治と巨大資本の影響力は大きくなっており、それにジャーナリズムがしっかりと警戒の目を光らせなければ、民主主義は再び危うくなる。エリック・ヌヴーは「理想的な民主主義は、経済や文化に関する情報を万人に提供するジャーナリズム、つまり、政治的課題の分析を行うことを求めている」と言及した（Neveu 2019 pp. 4, 117）。ル・モンドの編集局次長、アロルド・ティボーは今後の編集方針として、「私たちの仕事は外部からの命令を受けず、質の高い情報を伝えることだ」と語った[60]。主流と代替の区別にかかわらず、個々のメディアが、公平で正確な報道を追求し、編集が経営から独立し、権力を監視し、読者・視聴者の声をすくうジャーナリズムを実践していけば、フランスの民主主義にとって光明となるはずである。

---

60) 2023年3月27日、筆者がパリでインタビューした。

引用・参考文献
（オンライン情報の最終確認日は 2024 年 12 月 20 日）

ACPM, «Classement diffusion presse quotidienne nationale 2022», 2023, https://www.acpm.fr/Les-chiffres/Diffusion-Presse/Presse-Payante/Presse-Quotidienne-Nationale

ACPM, «Classement diffusion presse quotidienne régionale 2022», 2023, https://www.acpm.fr/Les-chiffres/Diffusion-Presse/Presse-Payante/Presse-Quotidienne-Regionale

Actuel cidj, *Les métiers du journalisme*, 2019.

AFP, «Ces médias à la droite de la droite qui veulent "réinformer" les Français», 2016, https://www.lepoint.fr/politique/ces-medias-a-la-droite-de-la-droite-qui-veulent-reinformer-les-francais-03-09-2016-2065633_20.php#11

AFP, «Présidentielle: les illusions perdues d'Eric Zemmour», 2022, https://www.france24.com/fr/info-en-continu/20220410-présidentielle-les-illusions-perdues-d-eric-zemmour

Agnew, John, and Shin, Michael, *Mapping populism: Taking politics to the people*, The Rowman & Littlefield, 2020.

Alava, Séraphin, Frau-Meigs, Divina et Hassan, Ghayda, «Comment qualifier les relations entre les médias sociaux et les processus de radicalisation menant la violence ?», *Quaderni*, n°95, 2017-18.

Albert, Pierre, *Histoire de la presse*, Presses Universitaires de France, 2018.

Albertini, Dominique, et Doucet, David, *La Fachosphère – Comment l'extrême droite remporte la bataille d'Internet*, Flammarion, 2016.

Alonso-Muños, Laura, and Casero-Ripollés, Andreu, «Populism against Europe in social media: The eurosceptic discourse on Twitter in Spain, Italy, France and United Kingdom during the campaign of the 2019 European parliament election», *Frontiers in Communication*, vol. 5, 2020.

Alternatives Economiques, «Erik Neveu: La véritable réussite de Cnews, c'est d'imposer les thèmes du débat», 2021, https://www.alternatives-economiques.fr/erik-neveu-veritable-reussite-de-cnews-cest-dimposer-theme/00099440

Ambassade de Fance á Bratislava, «Liste des principaux medias français», 2010, https://sk.ambafrance.org/Liste-des-principaux-medias

Amiel, Pauline, «Le journalisme de solutions, symptôme des mutations de l'identité professionnelle des localiers», *Questions de Communication*, n°32, 2017.

Arfi, Fabrice et Lhomme, Fabrice, «Sarkozy, Woerth, fraude fiscal: les secrets volés de l'affaire Bettencourt», Mediapart, 2010, https://www.mediapart.fr/journal/une/160610

Arfi, Fabrice, «Le compte suisse du minister du budget Jérôme Cahuzac», Mediapart, 2012, https://www.mediapart.fr/journal/france/041212/le-compte-suisse-du-ministre-du-budget-jerome-

230 引用・参考文献

cahuzac?onglet=full

Audier, Serge, «Rassemblement national: L'alarme», *Presses Universitaires de France*, n°82, 2020.

Augé, Paul (sous la direction de), *Larousse du XXe Siècle en six volumes*, Librairie Larousse, 1931.

Auriel, Pierre, et Unger, Mathilde, «Les Règles de la Modération – Débat public, pouvoir privé et censure sur les reseaux sociaux», *Editions Esprit*, 2021.

Bachmann, Sophie, «La suppression de l'ORTF en 1974 – La réforme de la dèlivrance», Vingtième Siècle, no17, 1988.

Badouard, Romain, et Girard, Charles, «Internet en mal de démocratie», *Editions Esprit*, n°479, 2021.

Balle, Francis, *Médias & Sociétés*, Montchrestien, 2011.

Barbier, Frédéric et Bertho-Lavenir, Catherine, *Histoire des Médias: de Diderot à Internet*, Armand Colin, 2003.

Beauvalet, Marion, «Macron et les Médias: Comment la presse a renoncé à son role de contre-pouvoir», LVSL, 2019, https://lvsl.fr/comment-la-presse-a-renonce-a-son-role-de-contre-pouvoir/

Beauvallet, Willy, et Michon, Sébastien, «Le front national comme espace de luttes: dynamiques croisées de professionnalisation politique», *De Boeck Supérieur*, n°127, 2019.

Bellanger, Claude, *Presse Clandestine 1940–1944*, Armand Colin, 1961.

Ben-Amos, Avner, *Funerals, politics, and memory in modern France, 1789–1996*, Oxford university press, 2000.

Benghozi, Pierre-Jean, et Lyubareva, Inna, «La presse française en ligne en 2012: Modèles d'affaires et pratiques de financement», *Culture études* n°3, Ministère de la Culture, 2013.

Berry Chloé, «Jordan Bardella veut être le "Premier ministre de tous les Français" en cas de victoire au second tour», actu.fr, 2024, https://actu.fr/politique/elections-legislatives/legislatives-2024-jordan-bardella-veut-etre-le-premier-ministre-de-tous-les-francais-en-cas-de-victoire_61279146.html

Bertrand, Claude-Jean, «Les medias en France: presse, radio et télévision», *Communication, Information Médias Théories*, vol.7 n°2, 1985.

BFMTV, «Manifestation anti-pass sanitaire: deux journalistes de BFMTV pris à partie à Paris, une plainte va être déposée», 2021, https://www.bfmtv.com/police-justice/manifestation-anti-pass-sanitaire-deux-journalistes-de-bfmtv-pris-a-partie-a-paris-une-plainte-va-etre-deposee_AV-202107220377.html

Biard, Benjamin, «L'extrême droite en Europe occidentale (2004–2019)», *Courrier hebdomadaire du CRISP*, n°2420–1, 2019.

BMD, «Chiffres clés d'Internet et des réseaux sociaux en France en 2022», 2022, https://www.blogdumoderateur.com/chiffres-cles-internet-reseaux-sociaux-france-2022/

Boughezala, Daoud, «Pierre Sautarel: "Si j'ouvrais Fdesouche aujourd'hui, je lui donnerais un autre nom"», Causeur, 2018, https://www.causeur.fr/pierre-sautarel-fdesouche-immigration-identite-148901

引用・参考文献   231

Bouloc, François, «4 SEPTEMBRE 1870: LA RÉPUBLIQUE EST DE RETOUR», 2008, https://histoire-image.org/etudes/4-septembre-1870-republique-est-retour

Bousquet, François, «Fdesouche, 100 000 visiteurs par jour, et moi, et moi !», Element, 2021, https://www.revue-elements.com/fdesouche-100-000-visiteurs-par-jour-et-moi-et-moi/

Bréchon, Pierre, «Présidentielle: de 2002 à 2022, comment expliquer la présence croissante de l'extrême droite», Sud Ouest, 2022, https://www.sudouest.fr/elections/presidentielle/presidentielle-de-2002-a-2022-comment-expliquer-la-presence-croissante-de-l-extreme-droite-10727861.php

Bréhier, Émeric et Roy, Sébastien, «ANALYSE D'UNE FIN DE CYCLE ÉLECTORAL», Fondation Jean Jaurès, 2022, https://www.jean-jaures.org/publication/analyse-dune-fin-de-cycle-electoral/?post_id=35839&export_pdf=1

Brino, Nicolas, «Un Quatrième Pouvoir En Loques», *Pouvoirs*, n°119, Le Seuil, 2006.

Bruchard, Marie, «L'affaire Victor Noir ; Le procès médiatique d'un Bonaparte accuse de meurtre», 2022, https://www.napoleon.org/histoire-des-2-empires/articles/laffaire-victor-noir-le-proces-mediatique-dun-bonaparte-accuse-de-meurtre/

Brunet, Romain, «Emmanuel Macron président: les raions d'une victoire», France 24, 2017, https://www.france24.com/fr/20170507-france-presidentielle-2017-emmanuel-macron-elu-president-raisons-succes-victoire-marche

Burchfield, R.W., *A supplement to the Oxford English Dictionary*, Oxford University Press, 1976.

Busso, Dominique, «Martin Bouygues: "Je ne suis pas un héritier, mais un entrepreneur repreneur"», Forbes, 2020, https://www.forbes.fr/business/martin-bouygues-je-ne-suis-pas-un-heritier-mais-un-entrepreneur-repreneur/

Cagé, Julia, *Sauver les médias*, Seuil, 2015.

Carvalho, João, *Impact of extreme right parties on immigration policy Comparing Britain, France and Italy*, Routledge, 2014.

Causeur, «Séparatisme: les reproches du Assemblement National adressés à Gerald Darmanin», 2021, https://www.causeur.fr/separatisme-la-reponse-a-gerald-darmanin-du-rassemblement-national-191691

Chalaby, Jean K, «Le journalisme: une invention moderne et anglo-américaine», *Revue suisse de Sociologie*, n°27, 2001.

Charon, Jean-Marie, *Les médias en France*, La Découverte, 2003.

Chateau, Kelly, «La stratégie digitale de Jean Luc Mélenchon», Agence 1min30, 2022, https://www.1min30.com/inbound-marketing/strategie-digitale-de-jean-luc-melenchon-1287541898

Cibiel, Françoise, (sous la direction de), *Journal de la France et des français: Chronologie politique, culturelle et religieuse de Clovis à 2000,* Gallimard, 2001.

Ciné-archives, «Grève à France Soir – Conflit au journal France Soir», 1977, https://www.cinearchives.org/recherche-avancée-424-1020-0-0.html

Cloteau, Armèle, Letourneur, Guillaume, Rouxel, Pierre et Bourdais, Julien, «La Banalisation du Front National au village», *Actes de la recherche en sciences sociales, angages du politique*, n°232‒233, Le Seuil, 2020/2.

Conseil de l'Europe, «Touchez pas à la liberté de la presse ! Les attaques contre les médias en Europe ne doivent pas devenir la règle», 2021.

Costil, Mathilde, et Picard, Floriane, «Le vote d'extrême droite en France en 2022», Le Monde, 2022, https://www.lemonde.fr/politique/article/2022/04/14/le-vote-d-extreme-droite-en-france-en-2022_6122139_823448.html

Cottereau, Alain et Ladrière, Paul, *Pouvoir et légitimité Figures de l'espace public*, Editions de l'Ecole des Hautes Etudes en Sciences Sociales, 1992.

Coupeau, Maxime, «Macron se confie à Valeurs actuelles: levée de boucliers dans les médias de gauche», Valeurs actuelles, 2019, https://www.valeursactuelles.com/clubvaleurs/societe/macron-se-confie-a-valeurs-actuelles-levee-de-boucliers-dans-les-medias-de-gauche/

Crépon, Sylvain, Dézé, Alexandre, et Mayer, Nonna, «Pourquoi le Front national n'est pas vraiment un "nouveau" parti», *Fondation Seligmann*, n°36, 2015.

CSA, «Propos de Jean-Pierre Pernaut sur les migrants dans le "Journal de 13 heures": intervention auprès de TF1», 2017, https://www.csa.fr/Reguler/Espace-juridique/Les-textes-adoptes-par-l-Arcom/Les-decisions-du-CSA/Propos-de-Jean-Pierre-Pernaut-sur-les-migrants-dans-le-Journal-de-13-heures-intervention-aupres-de-TF1

Dahlgren, Peter, *Television and the public sphere Citizenship, democracy and the media*, SAGE Publications, 1995.

D'Almeida, Fabrice et Delporte, Christian, *Histoire des médias en France de la Grande Guerre à nos jours*, Flammarion, 2003.

Darnton, Robert, «An Early Information Society: News and the Media in Eighteenth-Century Paris», *The American Historical Review* 105, n°1, 2000.

Davidenkoff, Emmanuel, Van Kote, Gilles, Mestres, Florian et Paquiry, Nythia, «La 7e édition du Festival du «Monde»: une histoire de ponts», Le Monde, 2021, https://www.lemonde.fr/festival/article/2021/09/27/la-7e-edition-du-festival-du-monde-une-histoire-de-ponts_6096165_4415198.html

Delwit, Pascal, *Le Front national Mutations de l'extrême droite française*, Editions de l'Université de Bruxelles, 2012.

De Mesmay, Hubert, *Autopsie d'un crash annoncé*, Les Bouquins de Synthèse nationale, 2017.

Democracy Fund, «How we know journalism is good for democracy», 2022, https://democracyfund.org/idea/how-we-know-journalism-is-good-for-democracy/

De Saint Jean, Robert, *Démcratie, beurre et canons (Journal de guerre d'un français moyen)*, Editions de la maison français, 1941.

Diliberto, Denise, «Cafés and Pamphlets of the French Revolution: Critical Components in the Dissemination of Revolutionary Discourse and Public Opinion», *Southern Illinois University*, 2018.

Dimanche, France, «Marc-Olivier Fogiel: Sa relation secrète avec Emmanuel Macron !», 2019, https://www.public.fr/News/Marc-Olivier-Fogiel-Sa-relation-secrete-avec-Emmanuel-Macron-1726672

Direction generale des médias et des industries culturelles, «Le tirage des quotidiens d'information

引用・参考文献　　　　233

generale et politique», Ministère de la Culture, 2021.

Donin, Soizic, «La lecture au jour le jour: les quotidiens à l'âge d'or de la presse», 2012, https://multimedia-ext.bnf.fr/pdf/Fiche-presse1.pdf

Doroshenko, Larisa, «Far-Right Parties in the European Union and Media Populism: A Comparative Analysis of 10 Countries During European Parliament Elections», *International Journal of Communication*, n°12, 2018.

Duby, Georges, *Histoire de la France les temps nouveaux de 1852 à nos jours*, Larousse, 1987.

Dupuy, Aimé, *1870–1871 La guerre, la commune et la presse*, Armand Colin, 1959.

El Azzaz, Yassine, «Brut, entre le succès à l'étranger et la dépendance à Facebook», Le Monde, 2018, https://www.lemonde.fr/actualite-medias/article/2018/05/29/brut-entre-le-succes-a-l-etranger-et-la-dependance-a-facebook_5306147_3236.html

Elysée, «Le Président Emmanuel Macron répond aux questions de Brut». Le 4 Déc 2020. https://www.elysee.fr/emmanuel-macron/2020/12/04/le-president-emmanuel-macron-repond-aux-questions-de-brut

Elysée, «Vœux du Président de la République Emmanuel Macron à la presse», 2018, https://www.elysee.fr/emmanuel-macron/2018/01/03/voeux-du-president-de-la-republique-emmanuel-macron-a-la-presse

Europe 1, «Mort de Serge Dassault: Nicolas Sarkozy salue la mémoire d'un "très grand industriel" et d'un "ami"», 2018, https://www.europe1.fr/societe/mort-de-serge-dassault-nicolas-sarkozy-salue-la-memoire-dun-tres-grand-industriel-et-dun-ami-3665144

Eutrope, Xavier, et Quinton, François, «Sur le web français, une polarisation «en mille-feuille» des médias», ina, 2019, https://larevuedesmedias.ina.fr/sur-le-web-francais-une-polarisation-en-mille-feuille-des-medias

European Federation of Journalists, «France: Disclose journalist searched and taken into custody», 2023, https://www.europeanjournalists.org/blog/2023/09/19/france-disclose-journalist-searched-and-taken-into-custody/

Eveno, Patrick, *Histoire du journal Le Monde 1944–2004*, Albin Michel, 2004.

Faivre Le Cadre, Anne-Sophie, «La stratégie de «haine des médias» de Jean-Luc Mélenchon inquiète Reporters sans frontières», 2018, https://www.lemonde.fr/les-decodeurs/article/2018/05/08/la-strategie-de-haine-des-medias-de-jean-luc-melenchon-inquiete-reporters-sans-frontieres_5296086_4355770.html

Faure, Mélanie, «Emmanuel Macron à TF1: Martin Bouygues a "discrètement" aidé ses équipes», Closer, 2017, https://www.closermag.fr/politique/emmanuel-macron-a-tf1-martin-bouygues-a-discretement-aide-ses-equipes-753864

Feyel, Gilles, «Le journalisme au temps de la Révolution: un pouvoir de vérité et de justice au service des citoyens», *Annales historiques de la Révolution française,* n°333, 2003.

Feyel, Gilles, «Presse et publicité en France（x viii e et x ix e siècles）», *Revue historique*, n°628, 2003/4.

Forget, Philippe, «Le detail qui tue（Le Pen et les médias）», *Ecrire l'histoire,* 2009.

Fortunato, Piergiuseppe, and Pecoraro, Marco, «Social media, education and the rise of populist

Euroscepticism», *Humanities & Social Sciences Communications*, 2022.

Fouché, Pascal (sous la direction de), *Dictionnaire encyclopédique du livre*, Editions.du Cercle de la librairie, 2005.

France Culture, «François Jost: CNews s'adresse à un public qui ne se sentait pas représenté», 2021, https://www.radiofrance.fr/franceculture/francois-jost-cnews-s-adresse-a-un-public-qui-ne-se-sentait-pas-represente-7109680

Franceinfo, «Présidentielle 2022: comment interpréter le résultat de Marine Le Pen, entre ˝banalisation˝ et ˝plafond de verre˝?», 2022, https://www.francetvinfo.fr/elections/presidentielle/grand-entretien-presidentielle-2022-comment-interpreter-le-resultat-de-marine-le-pen-entre-banalisation-et-plafond-de-verre_5099893.html

France Télévisions, «France Télévisions dévoile ses audiences annuelles pour 2022», 2023, https://www.mediaspecs.fr/france-televisions-devoile-ses-audiences-annuelles-pour-2022/

Franque, Adrien, «L'entrée de LVMH dans «Challenges» inquiète la rédaction du magazine», Libération, 2021, https://www.liberation.fr/economie/medias/lentree-de-lvmh-dans-challenges-inquiete-la-redaction-du-magazine-20210514_ROUWLCLUMZGMJNX33JOMLBGUKY/

Franque, Adrien, et Coulaud, Aurore, «Ecologie: les médias indépendants se plient en quatre», 2022, https://www.liberation.fr/economie/medias/ecologie-les-medias-independants-se-plient-en-quatre-20220730_ESV7IW56TZCYJNMKXI6HMICF6E/?redirected=1

Fraser, Nancy, «Rethinking the Public Sphere: A Contribution to the Critique of Actually Existing Democracy», *Social Text*, n°25/26, 1990.

Gerhards, Jürgen, and Schäfer, Mike S., «Is the internet a better public sphere? Comparing old and new media in the US and Germany», *New Media & Society*, 2010.

Germain, Stéphane, «Pourquoi tant de haine envers les médias? Entretien avec l'économiste Julia Cagé», Lepetitjournal.com, 2022, https://lepetitjournal.com/londres/comprendre-angleterre/pourquoi-tant-de-haine-envers-les-medias-entretien-julia-cage-332022

Gilpin, Eddy Kyle, «Café Liberté: The role of the coffeehouse in the French Revolution», *The Alexandrian IX*, n°1, 2020.

Girard, Charles, «Quel espace public pour internet?», Esprit, 2021.

Marianne, «BFMTV diffuse autant de Macron que de Fillon, Hamon, Mélenchon et Le Pen réunis!», 2017, https://www.marianne.net/politique/bfmtv-diffuse-autant-de-macron-que-de-fillon-hamon-melenchon-et-le-pen-reunis

Godechot, Jacques, *La Révolution Française Chronologie commentée 1787–1799*, Librairie Académique Perrin, 1988.

Goodliffe, Gabriel, et Brizzi, Riccardo, *France after 2012*, Berghahn Books, 2015.

Gourdin, Jean-Baptiste (sous la direction de), *Le tirage des quotidiens d'information générale et politique,* Direction générale des médias et des industries culturelles, 2018.

Grafe, Christoph, and Bollerey, Franziska, *Cafes and Bars: The Architecture of Public Display*, Routledge, 2007.

Grandpierre, Karine, «Elle: un outil d'émancipation de la femme entre journalisme et littérature 1945–1960?», Le littéraire en régime journalistique, 2012, https://journals.openedition.org/

引用・参考文献　　　235

contextes/5399

Green, Peter, «A Czech billionaire buys a piece of le Monde», New York Times, 2019, https://www. nytimes.com/2019/05/26/business/media/daniel-kretinsky-le-monde.html

Greenslade, Roy, «Le Monde owner's criticism of HSBC leak coverage lays bare fragility of press freedom», The Guardian, 2015, https://www.theguardian.com/media/greenslade/2015/feb/12/ le-monde-owners-pierre-berge-criticism-hsbc-leak-press-freedom

Grosser, Alfred, «Le pouvoir et les médias», *French politics and society*, n°9, 1985.

Guihaumou, Jacques, «Claude Labrosse et Pierre Retat, Naissance du journal révolutionnaire: 1789 ［compte-rendu］», *Annales historiques de la Révolution française*, 1990.

Gwiazdzinski, Luc, «Vers un espace public nocturne conflits et innovations dans la métropole Parisienne», *Recherche sociale*, 2013.

Halimi, Serge, «Le caprice du prince», Le Monde Diplomatique, n°772, 2018.

Hallin, Daniel C. and Mancini, Paolo, *Comparing media systems – Three models of media and politics*, Cambridge university press, 2004.

Hall, Stuart, *The hard road to renewal Thatcherism and the crisis of the left*, Verso, 1988.

Harris Interactive, «Les partis politiques, quelle utilité et quelle légitimité aujourd'hui ?», 2016, https://harris-interactive.fr/opinion_polls/les-partis-politiques-quelle-utilite-et-quelle-legitimite-aujourdhui/

Harris Interactive, «Les journalistes et la campagne présidentielle de 2012», 2012, https://harris-interactive.fr/wp-content/uploads/sites/6/2015/09/Results_HIFR_Medias_14062012.pdf

HuffPost, «Pourquoi le Rassemblement national est （encore） en froid avec BFMTV», 2023, https://www.huffingtonpost.fr/politique/article/pourquoi-le-rassemblement-national-est-encore-en-froid-avec-bfmtv_218363.html

Holub, Robert C. *Jürgen Habermas Critic in the public sphere*, Routledge, 1991.

Huc, Arnaud, «FN du nord contre FN du Sud ? Analyse sociogéographique des électorats Le Pen en 2017», *Presses de Sciences Po*, vol. 69, 2019.

Huet, Anaïs, «"On a un super président": le plaidoyer pro-Macron du patron de Free Xavier Niel», Europe 1, 2018, https://www.europe1.fr/societe/le-plaidoyer-pro-macron-du-patron-de-free-xavier-niel-on-a-un-super-president-3814814

Huffingtonpost, «"L'incorrect" n'aura pas sa campagne d'affichage jugée "intolérante"», 2020, https://www.huffingtonpost.fr/entry/lincorrect-naura-pas-sa-campagne-daffichage-jugee-intolerante_fr_5ef30081c5b6c5bf7c57e545

Ifop pour Sud Radio, «Les Français et les élections législatives», 2022, https://www.ifop.com/wp-content/uploads/2022/06/118724-Rapport-SR-N186.pdf

Ifop pour TF1, LCI, Paris Match, Sud radio, «Présidentielle 2022 – Sondage jour du vote: Profil des électeurs et clés du scrutin （2nd tour）», 2022.

Ifop, «Radioscopie de l'électorat du Rassemblement national à un an de l'élection présidentielle de 2022», 2021.

Igounet, Valérie, *Le Front National de 1972 à nos jours, Le parti, les hommes, les idées*, Seuil, 2014.

Igounet, Valérie, «Diabolisation contre dédiabolisation: fin de l'histoire ?», franceinfo, 2023, https:// blog.francetvinfo.fr/derriere-le-front/2015/08/20/diabolisation-contre-dediabolisation-fin-de-lhistoire.html

INSEE, «Revenu, niveau de vie et pauvreté en 2019», 2021, https://www.insee.fr/fr/statistiques/565 1302?sommaire=5651313&q=revenu+annuel#titre-bloc-29

INSEE, «La diversité religieuse en France: transmissions intergénérationnelles et pratiques selon les origines», 2023, https://www.insee.fr/fr/statistiques/6793308?sommaire=6793391

Institut Montaigne, «Média Polarization "à la française" ?», 2019.

Institut National de l'Audiovisuel, «Médiatisation des candidat.e.s à l'élection présidentielle 2022 dans l'audiovisuel», 2022, https://www.herve.name/research/nherve_presidentielle_2022_ v1.2.pdf

Institut National de l'Audiovisuel, «Présidentielle 2022 dans l'audiovisuel: l'anomalie statistique Zemmour», 2022, https://www.herve.name/research/nherve_presidentielle_2022_prez_arcom. pdf

IPSOS, «Un Français sur trois ne fait plus confiance aux médias traditionnels pour s'informer», 2019, https://www.ipsos.com/fr-fr/un-francais-sur-trois-ne-fait-plus-confiance-aux-medias-traditionnels-pour-sinformer

Ivaldi, Gilles, «No longer a pariah ? The Front National and the French party system», Steven Wolinetz and Andrej Zaslove, *Absorbing the blow Populist parties and their impact on parties and party systems*, Rowman & Littlefield International, 2018.

Izambard, Antoine, «Bon départ pour "L'Incorrect", nouveau mensuel de la droite conservatrice», Challenges. 2017, https://www.challenges.fr/media/bon-depart-pour-l-incorrect-nouveau-mensuel-de-la-droite-conservatrice_500581

Jacquemart, Natacha, «Analyse de la stratégie digitale du candidat Eric Zemmour», Agence 1min30, 2022, https://www.1min30.com/communication-institutionnelle/strategie-digitale-du-candidat-eric-zemmour-1287542063

Jeanneney, Jean-Noël, *Une histoire des médias des origines à nos jours*, Seuil, 2000.

Jédor, Sébastien, «Altice France cède le journal Libération à un fonds de dotation», Rfi, 2020, https://www.rfi.fr/fr/culture/20200514-france-altice-média-cè-le-journal-libération-à-fonds-dotation

Joignot, Frédéric, «La fin des partis traditionnels, histoire d'un chamboulement citoyen», Le Monde, 2017, https://www.lemonde.fr/election-presidentielle-2017/article/2017/04/27/la-fin-des-partis-traditionnels-histoire-d-un-chamboulement-citoyen_5118919_4854003.html

Jost, François, «C NEWS, Un exemple de chaîne d'opinion ?», Reporters sans frontières, 2022.

Joux, Alexandre, «Des journalistes pas comme les autres», *Les cahiers du numérique*, n°15, 2019.

Kantar Public, «Baromètre d'image du Rassemblement National», 2021.

Kantar Public, «Baromètre d'image du Rassemblement National», 2022.

Kantar Public, «La confiance des Français dans les média», 2022.

Kantar Public, «La confiance des Français dans les média», 2023.

Koopmans, Ruud, and Statham, Paul, *The making of a european public sphere Media discourse and*

引用・参考文献　　　237

political contention, Cambridge University Press, 2010.

Kupferman, Fred, et Machefer, Philippe, «Presse et politique dans les années Trente: le cas du Petit Journal», *Revue d'histoire moderne et contemporaine,* tome 22, n°1, 1975.

La Croix, «Alain Soral, l'étoile du «complotisme» a pâli», 2020, https://www.la-croix.com/France/Alain-Soral-letoile-complotisme-pali-2019-04-15-1201015698

Lacroix, Alexis, et Rosencher, Anne, «Le FN est le parti de la fin de la classe moyenne», L'express, 2017, https://www.lexpress.fr/politique/elections/le-fn-est-le-parti-de-la-fin-de-la-classe-moyenne_1881299.html

Lacroix, Guillaume, «Brut et le vertige de l'information», *Le journal de l'école de Paris*, n°142, 2019.

La Croix, «Médias, les jeunes s'informent à leur manière», 2021, https://www.la-croix.com/Economie/Medias-jeunes-sinforment-leur-maniere-2021-03-05-1201143995

Lafarge, Géraud, et Marchetti, Dominique, «Enquête sur la provenance des étudiants en journalisme», *MédiaMorphoses*, n°24, Ina, 2008.

Lafon, Cathy, «Bars, cafés, bistrots... Pourquoi ces lieux sont-ils emblématiques de l'art de vivre à la française ?», Sud Ouest, 2021, https://www.sudouest.fr/gastronomie/fermeture-des-bars-pourquoi-ces-lieux-sont-ils-emblematiques-de-l-art-de-vivre-a-la-francaise-1931942.php

Lecomte, Julien, «Des médias «traditionnels» et «alternatifs»», Confédération des Organisations de Jeunesse, 2021, http://coj.be/des-medias-traditionnels-et-alternatifs/

Lefilliâtre, Jérôme, «Rémy Buisine etlesgilets jaunes: audiences et reconnaissance», Libération, 2018, https://www.liberation.fr/france/2018/12/16/remy-buisine-et-les-gilets-jaunes-audiences-et-reconnaissance_1698235/

Le Figaro avec AFP, «35 associations de journalistes signent une tribune contre les menaces de l'extrême droite», Le Figaro, 2021, https://www.lefigaro.fr/medias/35-associations-de-journalistes-signent-une-tribune-contre-les-menaces-de-l-extreme-droite-20211118

Le Gal, Thibaut, «Immigration, islam... Pourquoi Emmanuel Macron choisit de parler à Valeurs Actuelles», 20 minutes, 2019, https://www.20minutes.fr/politique/2641007-20191031-immigration-islam-pourquoi-emmanuel-macron-choisit-parler-valeurs-actuelles

Le Meneec, Thibaud, «Blast, le nouveau site qui veut prendre le contrepied des "médias mainstream"», 2021, https://www.europe1.fr/medias-tele/denis-robert-lance-blast-un-media-pour-apporter-un-nouveau-souffle-a-linformation-4025855

Le Monde avec AFP, «C'est l'AFP ! Niquez-les, ces fils de pute !: une équipe de l'Agence France-Presse agressée à Paris lors de la manifestation anti-passe», Le Monde, 2022, https://www.lemonde.fr/societe/article/2022/01/15/c-est-l-afp-niquez-les-ces-fils-de-pute-une-equipe-de-l-agence-france-presse-agressee-a-paris-lors-de-la-manifestation-anti-passe_6109655_3224.html

Le Monde, «CNews: la stratégie de la haine», 2020, https://www.lemonde.fr/idees/article/2020/10/02/cnews-la-strategie-de-la-haine_6054492_3232.html

Le Monde, «Le Monde a conclu sa recapitalization», 2010, https://www.lemonde.fr/actualite-medias/article/2010/11/03/le-monde-a-conclu-sa-recapitalisation_1434736_3236.html

Le Petit Journal, «La Guerre», RetroNews（Bibliothèque nationale de France）, 1870, https://www.

retronews.fr/journal/le-petit-journal/05-septembre-1870/100/1094979/1

Le Point, «Marine Le Pen: les camps nazis, "summum de la barbarie"», 2011, https://www.lepoint.fr/politique/marine-le-pen-les-camps-nazis-summum-de-la-barbarie-03-02-2011-1291538_20.php

Le Prioux, Céline, «La montée des violences contre les journalistes s'accélère», Le Devoir, 2022, https://www.ledevoir.com/culture/medias/661215/media-la-montee-des-violences-contre-les-journalistes-s-accelere#:~:text=Cette%20violence%20a%20commencé%20dans, %27information%20en%20continu) %20LCI

Le Ray, Eric, «Hippolyte-Auguste Marinoni, l'un des fondateurs de la presse modern (1823–1904)», *Documentation et Bibliothèques*, n°51, 2005.

Le Ray, Eric, *Marinoni – Le fondateur de la presse moderne (1823–1904)*, L'Harmattan, 2009.

Le Ray, Eric, «Média et politique: guerre d'influence entre le quatrième et le cinquième pouvoir», Agence Bretagne Presse, 2017, https://abp.bzh/guerre-d-influence-entre-le-4-et-le-5-pouvoir-lors-des-elections-de-trump-et-de-macron-43824

Le Temps, «Déchéance», Retro News (Bibliothèque nationale de France), 1870, https://www.retronews.fr/journal/le-temps/04-septembre-1870/123/634799/1

Levigne, Alexandra, «Jean-Luc Mélenchon: entre homme politique et influenceur», 2022, https://digitalmediaknowledge.com/online-content/jean-luc-melenchon-sur-les-reseaux-sociaux/

Le Télégramme, «Discours de Marine Le Pen: Je poursuivrai mon engagement pour la France et les Français», 2022, https://www.letelegramme.fr/elections/presidentielle/discours-de-le-pen-l-allocution-a-suivre-ici-en-video-24-04-2022-12999907.php

Le Télégramme, «Plus de 7 millions de téléspectateurs devant Zemmour sur Tf1», 2021, https://www.letelegramme.fr/elections/presidentielle/plus-de-7-millions-de-telespectateurs-devant-zemmour-sur-tf1-01-12-2021-12878938.php

Lévy, Elisabeth, «A propos de Causeur», Causeur, 2021, https://www.causeur.fr/a-propos

L'Express, «La fachosphère accuse Frédéric Mitterrand de pédophilie», 2009, https://www.lexpress.fr/actualite/politique/la-fachosphere-accuse-frederic-mitterrand-de-pedophilie_792703.html

Lhérété, Héloïse (sous la direction de), *Les grandes idées politiques*, Editions Sciences Humaines, 2017.

Librairie Larousse, *Grand Dictionnaire Encyclopédique Larousse*, Tome 6, 1984.

Libre, Charente, «Les invités de la chaîne d'infos CNews penchant à l'extême droite», 2021, https://charentelibre.fr/societe/medias/television/infographie-les-invites-de-la-chaine-d-infos-cnews-penchent-a-l-extreme-droite-5983965.php

L'Obs, «Tensions autour de la ligne éditoriale au Figaro», 2012, https://www.nouvelobs.com/politique/election-presidentielle-2012/20120209.OBS1006/tensions-autour-de-la-ligne-editoriale-au-figaro.html

Lyubareva, Inna et Rochelandet, Fabrice, *Modèles économiques usages et pluralisme de l'Information en ligne*, La Découverte, 2017.

Macron, Emmanuel, *Revolution*, Scribe Publications, 2017.

Maison de la Radio et de la Musique, «L'éducation aux médias», Radio France, 2021, https://www.

maisondelaradioetdelamusique.fr/leducation-aux-medias

Manacorda, Marco, Tabellini, Guido, and Tesei, Andrea, «Mobile internet and the rise of political tribalism in Europe», *Centre for Economic Performance*, LSE, 2022.

Martin, Gregory J. and Yurukoglu, Ali, «Bias in Cable News: Persuasion and Polarization», *American Economic Review*, vol 107, 2017.

Martin, Laurent, «Pourquoi lit-on Le Canard Enchaîné ?», *Vingtième Siècle*, n°68, 2000.

Martin, Thomas, «4 septembre 1870 à Paris: Léon Gambetta proclame la III ème République place de l'Hôtel de ville», actuParis, 2020, https://actu.fr/ile-de-france/paris_75056/4-septembre-1870-a-paris-leon-gambetta-proclame-la-iiieme-republique-place-de-l-hotel-de-ville_35906283. html

Mayer, Nonna, *Ces français qui votent FN*, Flammarion, 1999.

Mediapart, «Quinze ans d'indépendance», 2023, https://static.mediapart.fr/files/2023/03/16/le-carnet-des-15-ans.pdf

Mediapart, «François de Rugy démissionne, incapable de justifier ses frais de mandate», 2019, https://www.mediapart.fr/journal/france/160719/francois-de-rugy-demissionne-incapable-de-justifier-ses-frais-de-mandat

Mediapart, «Non, Le Monde ne doit pas être vendu», 2010, https://www.mediapart.fr/journal/economie/100610/non-le-monde-ne-doit-pas-etre-vendu?onglet=full

Melton, James Van Horn, *The rise of the public in enlightenment Europe*, Cambridge University Press, 2001.

Mérat, Victor, «"J'ai le sentiment que c'est trop tard": 90% des jeunes sont inquiets à l'égard du changement climatique», Le Figaro étudiant, 2022, https://etudiant.lefigaro.fr/article/j-ai-le-sentiment-que-c-est-trop-tard-90-des-jeunes-sont-inquiets-a-l-egard-du-changement-climatique_9e0e03f8-6c01-11ed-81de-b79832c7425e/

Mercier, Arnaud, et Amigo, Laura, «Tweets injurieux et haineux contre les journalistes et les "merdias"», *Mots, Les langages du politique*, n°125, ENS Editions, 2021.

Merlant, Philippe, «Médias et Pouvoirs des relations de connivance», *Revue Projet* n°320, Centre de Recherche et d'Action Sociales, 2011.

Merriam-Webster, *Webster's third new international dictionary*, 1986.

Ministère de la Culture, «Tableaux des titres de presse aidés», 2023, https://www.culture.gouv.fr/fr/Thematiques/Presse-ecrite/Tableaux-des-titres-de-presse-aides2

Ministère de la Culture et Mediametrie, «Les jeunes et l'information», 2018, https://www.culture.gouv.fr/Presse/Communiques-de-presse/Les-jeunes-et-l-information-une-etude-du-ministere-de-la-Culture-vient-eclairer-les-comportements-des-jeunes-en-matiere-d-acces-a-l-information

Mouchon, Jean, *La politique sous l'influence des médias*, L'Harmattan, 1998.

Neveu, Erik, «Four generations of political journalism», in Kuhn, Raymond & Neveu, Erik (Eds.), *Political Journalism: New challenges, new practices*, Routledge, 2002.

Neveu, Erik, *Sociologie du journalisme*, La Découverte, 2019.

Offremedia, «Eric Zemmour fait tripler l'audience de CNews», 2019, https://www.offremedia.com/eric-zemmour-fait-tripler-laudience-de-cnews

Oudin, Bernard, «L'anar et le canard», *Les cahiers de médiologie*, n°13, 2002.

Ouest-France, «ENTRETIEN. La loi de 1881 sur la liberté d'expression est un fondement absolu de la démocratie», 2021, https://www.ouest-france.fr/medias/entretien-la-loi-de-1881-sur-la-liberte-d-expression-est-un-fondement-absolu-de-la-democratie-f88eebfe-efa1-11eb-8f8e-fe71c11b7838

Ouest France, «Rennes. Cathosphère, une nouvelle appli sociale et religieuse», 2022, https://www.ouest-france.fr/bretagne/rennes-35000/rennes-cathosphere-une-nouvelle-appli-sociale-et-religieuse-64ee3c90-4e4d-11ed-97eb-183f9a152ae8

Pacouret, Jérôme, et Ouakrat, Alan, «Les conditions économiques légitimes de production d'une information numérique "de qualité"», *Politiques de communication*, n°16, Presse universitaires de Grenoble, 2021.

Paxton, Fred, and Peace, Timothy, «Window dressing ? The mainstreaming strategy of the Rassemblement National in power in French local government», *Government Opposition*, 2020.

Peillon, Luc, Alonso, Pierre, Le Devin,Willy, Bretton, Laure et Lefilliâtre, Jérôme, «Macron met la presse sous pression», Libération, 2019, https://www.liberation.fr/france/2019/05/29/macron-met-la-presse-sous-pression_1730547

Perrenot, Pauline, «Médias et extrême droite: la grande banalisation», *Droits & Libertés*, n°196, 2022.

Pew Research Center, «Views of the news media in France», 2019, https://www.pewresearch.org/journalism/2019/04/23/views-of-the-news-media-in-france/

Ph.L., «Agression de journalistes durant l'acte 2 des Gilets jaunes: cinq mois de prison avec sursis», Le Parisien, 2019, https://www.leparisien.fr/faits-divers/agression-de-journalistes-durant-l-acte-2-des-gilets-jaunes-cinq-mois-de-prison-avec-sursis-10-05-2019-8069292.php

Plenel, Edwy, *La sauvegarde du people Presse, liberté et démocratie*, La découverte, 2020.

Ponty, Janine, «Le Petit Journal et l'Affaire Dreyfus（1897-1899）: analyse de contenu», *Revue d'histoire moderne et contemporaine,* tome 24 n°4, 1977.

Radio France, «Les 100 ans de la radio se racontent sur les ondes», 2021, https://www.radiofrance.fr/franceculture/les-100-ans-de-la-radio-se-racontent-sur-les-ondes-1661778

Rémy, Rieffel, «Analyse de l'élite des journalistes. Questions de méthode», *Revue française de science politique*, n°3, Presse de Sciences Po, 1983.

Reporters sans frontières, «Les cas d'agressions violentes de journalistes français sur le terrain», 2021, https://rsf.org/fr/actualites/les-cas-dagressions-violentes-de-journalistes-francais-sur-le-terrain

Reporters sans frontières, «RSF's 2022 World Press Freedom Index: a new era of polarisation», 2022, https://rsf.org/en/rsf's-2022-world-press-freedom-index-new-era-polarisation-0

Reuters Institute for the Study of Journalism, «Digital News Report 2021», 2021.

Reuters Institute for the Study of Journalism, «Digital News Report 2022», 2022.

Reuters Institute for the Study of Journalism, «Digital News Report 2024», 2024.

Richard, Gilles, *Histoire des droites en France de 1815 à nos jours*, Perrin, 2017.

Richard, Marine, «Comment devenir journaliste: quelles études ? quel salaire ?», Le Figaro

引用・参考文献　　241

étudiant, 2019, https://etudiant.lefigaro.fr/article/comment-devenir-journaliste_96fae826-5466-11e9-bc1e-2349bf6e1825/

Rohde, Eric, *L'éthique du journalisme*, Presses universitaires de France/Humensis, 2020.

Rousseaux, Agnès, «Le pouvoir d'influence délirant des dix milliardaires qui possèdent la presse française», basta !, 2017, https://basta.media/Le-pouvoir-d-influence-delirant-des-dix-milliardaires-qui-possedent-la-presse

Rousselot, Fabrice, «Quand TF1 banalise Marine Le Pen», 2013, https://www.liberation.fr/france/2013/09/13/quand-tf1-banalise-marine-le-pen_931637/

RT France, «"Faux Gilet jaune"contre "faux journaliste": échange tendu sur le plateau de BFMTV», 2018, https://francais.rt.com/france/56528-faux-gilet-jaune-contre-faux-journaliste-echange-tendu-plateau-bfm-tv-video

Sallé, Caroline, «Serge Nedjar: "Plus CNews est attaquée, plus son audience monte"», Le Figaro, 2021, https://www.lefigaro.fr/medias/serge-nedjar-plus-cnews-est-attaquee-plus-son-audience-monte-20210627

Sauger, Nicolas, «Raisons et évolution du rejet des partis», *Pouvoir*, n°163, Seuil, 2017.

Scalbert, Augustin, «Les promesses de LVMH fâchent Les Echos et La Tribune», L'OBS, 2007, https://www.nouvelobs.com/rue89/rue89-medias/20070724.RUE1128/les-promesses-de-lvmh-fachent-les-echos-et-la-tribune.html

Schmitt, Fabienne, Barré, Nicolas et Le Billon, Véronique, «Daniel Kretinsky: Investir dans la presse est pour moi un engagement citoyen», Les Echos, 2018, https://www.lesechos.fr/tech-medias/medias/daniel-kretinsky-investir-dans-la-presse-est-pour-moi-un-engagement-citoyen-144790

Schor, Ralph, «L'opinion française et les étrangers en France, 1919–1939», *France XIXᵉ–XXᵉ siècles,* n°22, Publications de la Sorbonne, 1985.

Sciences Po and Reporters sans frontières, «Who owns the media ? The Media Independence Project», Sciences Po, 2017.

Sciences Po CEVIPOF, «Baromètre de la confiance politique», 2020.

Sedel, Julie, «Présentation du dossier Un journalisme de qualité ? Hiérarchisations et classements des actualités», *Politiques de communication*, n°16, Presses universitaires de Grenoble, 2021.

Sénat un site au service des citoyens, «Accompagner la renovation de la presse quotidienne régionale», 2022, https://www.senat.fr/rap/r21-805/r21-8052.html

Seurrat, Aude, «La «une des survivants» de Charlie Hebdo. Hypermédiatisation et délibérations éditoriales», *Communication & langages*, n°187, NecPlus, 2016.

Slate, «Fdesouche, l'avant-garde web du FN», 2010, https://www.slate.fr/lien/29469/fdesouche-avant-garde-web-du-fn

Spina, Patrizia, et Viallon, Maxence, «La pratique des réseaux sociaux par les diffuseurs télé: un nouvel espace de liberté pour le téléspectateur et de gestion des audiences pour l'émetteur», *ESSACHESS. Journal for Communication Studies*, vol. 9, 2016.

Statista, «Part des invités d'extrême droite sur les matinales d'info radio et TV en France 2021», 2021, https://fr.statista.com/statistiques/1278175/invites-politiques-extreme-droite-matinaleinfo/

Statista, «Répartition des téléspectateurs de BFM TV par parti politique soutenu 2022», 2022, https://fr.statista.com/statistiques/1308278/spectateurs-bfm-tv-par-opinion-politique/

Stengers, Jean, «Aux origins de la guerre de 1870: gouvernement et opinion publique», *Revue belge de philologie et d'histoire*, 1956.

Stroud, Natalie. Jomini, «Media Use and Political Predispositions: Revisiting the Concept of Selective Exposure», *Political Behavior*, vol. 30, 2008.

Sumida. Nami, Walker, Mason and Mitchell, Amy, «News Media Attitudes in France», Pew Research Centre, 2019, https://www.journalism.org/2019/04/23/news-media-attitudes-in-france/

TF1, «Audiences annuelles 2022: Le groupe TF1 rassemble très largement les français», 2022, https://groupe-tf1.fr/fr/communiques/audiences-annuelles-2022-le-groupe-tf1-rassemble-tres-largement-les-francais

Tricou, Josselin, «La «cathosphère», montée en puissance de nouvelles autorités religieuses ?», *tic&société*, n°9, 2015.

Vaudano, Maxime, «Rémunération, privilèges, choix de sujets... Les idées reçues sur les journalistes», Le Monde, 2019, https://www.lemonde.fr/les-decodeurs/article/2019/01/15/remuneration-privileges-choix-de-sujets-les-idees-recues-sur-les-journalistes_5409487_4355770.html

Venturelli, Shalini, *Liberalizing the European media Politics, regulation and the public sphere*, Oxford University Press, 1998.

Viavoice, «Les attentes des Français envers les journalistes, l'information et les médias», 2019, https://www.institut-viavoice.com/attentes-francais-envers-journalistes-information-medias/

Wall, Melissa, *Citizen journalism*, Routledge, 2019.

Wolton, Dominique, *Internet, et après ? Une théorie critique des nouveaux médias*, Flammarion, 2000.

Z. L., «Pourquoi les Gilets jaunes plébiscitent Rémy Buisine, le journaliste de Brut», Le Parisien, 2019, https://www.leparisien.fr/societe/pourquoi-les-gilets-jaunes-plebiscitent-remy-buisine-le-journaliste-de-brut-09-01-2019-7984749.php

20 Minutes, «Une journaliste de France 3 agressée lors d'un reportage», 2021, https://www.20minutes.fr/arts-stars/medias/3008447-20210327-ardeche-journaliste-france-3-agressee-lors-reportage

青木紀美子「なぜエンゲージメントが必要なのか　Engaged Journalism の実践者たちの話を聞く」『放送研究と調査』70 巻、2020 年。

朝日新聞百年史編修委員会『朝日新聞社史　資料編』1995 年。

阿部潔『公共圏とコミュニケーション　批判的研究の新たな地平』ミネルヴァ書房、1998 年。

アーリ、ジョン（松葉正文訳）「マス・メディアと世界市民性」『立命館産業社会論集』35 巻 2 号、1999 年。

引用・参考文献

有田亘「メディア効果論の再検討」『国際研究論叢』34 号、大阪国際大学、2021 年。

一色忠雄「印刷界の大恩人 マリノニー氏立志談」『印刷雑誌』1904 年。

伊藤明己『メディアとコミュニケーションの文化史』世界思想社、2014 年。

伊藤昌亮『ネット右派の歴史社会学 アンダーグラウンド平成史 1990 - 2000 年代』青弓社、2019 年。

今林直樹「革命はカフェから始まる フランス革命とカフェ」『人文社会科学論議』23 号、2014 年。

宇田川悟『欧州メディアの興亡』リベルタ出版、1998 年。

遠藤薫「ネット・メディアと〈公共圏〉」『社会情報学』17 号、2005 年。

遠藤薫「「ネット世論」という曖昧 〈世論〉、〈小公共圏〉、〈間メディア性〉」『マス・コミュニケーション研究』77 号、2010 年。

遠藤薫編『ソーシャルメディアと公共性 リスク社会のソーシャル・キャピタル』東京大学出版会、2018 年。

大石泰彦『フランスのマス・メディア法 Droit de la presse en France』現代人文社、1999 年。

岡村黎明『テレビの 21 世紀』岩波書店、2003 年。

小田中直樹『フランス現代史』岩波書店、2018 年。

尾上修悟『「社会分裂」に向かうフランス 政権交代と階層対立』明石書店、2018 年。

鹿島茂『新聞王伝説 パリと世界を征服した男ジラルダン』筑摩書房、1991 年。

金井明人・土橋臣吾・津田正太郎編『メディア環境の物語と公共圏』法政大学出版局、2013 年。

鎌田大資「市民社会をもたらす公共圏と社会的世界としての公共圏 社会学研究の礎石としてのハバーマスとシンボリック・インターラクショミズムの融合」『中京大学現代社会学部紀要』8 巻 1 号、2014 年。

カミュ、ジャン＝イヴ、ルブール、ニコラ（南祐三監訳、木村高子訳）『ヨーロッパの極右』みすず書房、2023 年。

カラン、ジェームズ、グレヴィッチ、マイケル（児島和人・相田敏彦訳）『マスメディアと社会 新たな理論的潮流』勁草書房、1995 年。

カルドン、ドミニク（林昌宏・林香里訳）『インターネット・デモクラシー 拡大する公共空間と代議制のゆくえ』トランスビュー、2012 年。

河村雅隆『端倪すべからざる国 メディア・ウォッチャー、フランスを見る』文芸社、2017 年。

河村雅隆『テレビは国境を越えたか ヨーロッパ統合と放送』ブロンズ新社、2014 年。

菊池恵介・後藤由那「批判的メディアをいかに再生するか？～フランスのネット新聞メディアパルトの編集長に聞く」レイバーネット、2014 年、https://www.labornetjp.org/news/2014/1114kikuti

キャドベリー、デボラ（桜井郁恵訳）『ルイ十七世の謎と母マリー・アントワネット』近代文芸社、2005 年。

キャルホーン、クレイグ編（山本啓・新田滋訳）『ハーバマスと公共圏』未来社、1999 年。

金相集「間メディア性とメディア公共圏の変化 韓国「落選運動」の新聞報道と BBS 書込みの比較分析を中心に」『社会学評論』54 号、2003 年。

国末憲人「サルコジ政権 VS. ネット新聞　疑惑報道めぐりバトル」朝日新聞 2010 年 7 月
　　14 日。

コヴァッチ、ビル、ローゼンスティール、トム（加藤岳文・斎藤邦泰訳）『ジャーナリズ
　　ムの原則』日本経済評論社、2002 年。

斎藤純一『公共性』岩波書店、2000 年。

斎藤純一編『親密圏のポリティクス』ナカニシヤ出版、2003 年。

塩川伸明・小松久男・沼野光義・松井康浩編『ユーラシア世界 4　公共圏と親密圏』東京
　　大学出版会、2002 年。

佐藤卓己『現代メディア史』岩波書店、2018 年。

佐藤卓己『ファシスト的公共性　総力戦体制のメディア学』岩波書店、2018 年。

サンスティーン、キャス（石川幸憲訳）『インターネットは民主主義の敵か』毎日新聞社、
　　2003 年。

ジョリヴェ、ミュリエル（鳥取絹子訳）『移民と現代フランス　フランスは「住めば都」
　　か』集英社、2003 年。

鈴木規子「フランスにおける市民的統合と移民の動向　ポルトガル系移民の政治的・経済
　　的統合に関する事例」『三田社会学』21 号、2016 年。

瀬戸純一「新聞の将来」『駿河台大学文化情報学部紀要』18 巻 1 号、2011 年。

平正人「フランス革命期の出版メディア空間　出版メディアとヴェルサイユ事件」『出版
　　研究』41 号、2010 年。

高清水博「戦後の新聞用紙の推移について」『紙パ技協誌』29 巻 9 号、1975 年。

田中紀行・吉田純「モダニティの変容と公共圏論の展開」田中紀行・吉田純編『モダニテ
　　ィの変容と公共圏』京都大学学術出版会、2014 年所収。

田村毅「超王党派の新聞日々紙を読む」『仏語仏文学研究／東京大学仏語仏文学研究会』
　　13 号、1995 年。

築瀬重喜「ジュルナリスムの起源　いかにして〈ジャーナリズム〉の概念が 18 世紀フラ
　　ンスで生まれたか、に関する考察」『情報化社会・メディア研究』6 巻、放送大学情
　　報化社会研究会、2009 年。

ティーレ=ドールマン、クラウス（平田達治・友田和秀訳）『ヨーロッパのカフェ文化』
　　大修館書店、2000 年。

寺田元一『「編集知」の世紀　十八世紀フランスにおける「市民的公共圏」と「百科全書」』
　　日本評論社、2003 年。

友安弘『フランスの政治ジャーナリズムと視聴覚メディア　多元主義と平等主義とに関す
　　る法制度論的分析』風間書房、1994 年。

長崎励朗「現代日本と幻影の公共圏」『京都大学生涯教育学・図書館情報学研究』7 号、
　　2008 年。

中村督『言論と経営　戦後フランス社会における「知識人の雑誌」』名古屋大学出版会、
　　2021 年。

中村督「戦後フランスにおける情報秩序の再構築に関する予備考察（2）新聞の党派性と
　　その変化」『南山大学ヨーロッパ研究センター報』21 号、2015 年。

中村典子「フランスにおけるメディアの現状と知の作業」『甲南大学総合研究所叢書』107

引用・参考文献　　245

号、2011 年。

永吉希久子「ネット右翼とは誰か　ネット右翼の規定要因」樋口直人・永吉希久子ほか著『ネット右翼とは何か』青弓社、2019 年所収。

成田康昭『メディア空間文化論　いくつもの私との遭遇』有信堂高文社、1997 年。

橋元良明『メディアと日本人　変わりゆく日常』岩波書店、2011 年。

畑浩一郎「言論統制と新聞の買収」『仏語仏文学研究』東京大学仏語仏文学研究会、1995 年。

畑山敏夫『現代フランスの新しい右翼　ルペンの見果てぬ夢』法律文化社、2007 年。

畑山敏夫「マリーヌ・ルペンとフランスの右翼ポピュリズム　変容するフランス政治と国民戦線（FN）について考える　1」『佐賀大学経済論集』50 号、2017 年。

花田達朗『公共圏という名の社会空間　公共圏、メディア、市民社会』木鐸社、1996 年。

ハーバーマス、ユルゲン（河上倫逸・耳野健二訳）『事実性と妥当性（下）』未来社、2003 年。

ハーバーマス、ユルゲン（細谷貞雄・山田正行訳）『公共性の構造転換　市民社会の一カテゴリーについての探究』未来社、1994 年。

ハーバーマス、ユルゲン（丸山高司・丸山徳次・厚東洋輔・森田数実・馬場孚瑳江・脇圭平訳）『コミュニケイション的行為の理論　下』未来社、1987 年。

林香里『メディア不信　何が問われているのか』岩波書店、2017 年。

原寿雄『ジャーナリズムの可能性』岩波書店、2009 年。

原寿雄『ジャーナリズムの思想』岩波書店、1997 年。

藤田真文「マス・メディアと公共圏をめぐる問題群」舩橋晴俊・壽福眞美編著『公共圏と熟議民主主義　現代社会の問題解決』法政大学出版局、2013 年所収。

藤原広美「デジタル時代のオルタナティブ・メディア研究　2000 年以降の欧米先行研究から再考する「オルタナティブ」の概念と定義」『立命館産業社会論集』51 巻 3 号、2015 年。

フリッシー、パトリス（江下雅之・山本淑子訳）『メディアの近代史　公共空間と私生活のゆらぎのなかで』水声社、2005 年。

ブルデュー、ピエール（櫻本陽一訳）『メディア批判』藤原書店、2000 年。

古谷昌二「活版印刷機の製造体制」『平野冨二：明治産業近代化のパイオニア』2019 年、https://hirano-tomiji.jp/archives/2430

フレイザー、ナンシー「公共圏の再考：既存の民主主義の批判のために」キャルホーン、クレイグ編『ハーバマスと公共圏』未来社、1999 年所収。

堀義明「フランス新聞法案の概要と審議経過」『新聞経営』86 号、1984 年。

マクルーハン、マーシャル（栗原裕・河本仲聖訳）『メディア論』みすず書房、1987 年。

宮下志朗『書物史のために』晶文社、2002 年。

村上良太『立ち上がる夜　〈フランス左翼〉探検記』社会評論社、2018 年。

メナール、ロベール（山口昭男訳）『闘うジャーナリストたち』岩波書店、2004 年。

安江則子『欧州公共圏　EU デモクラシーの制度デザイン』慶應義塾大学出版会、2007 年。

安田尚「ピエール・ブルデューのメディア論」『行政社会論集』20 巻 4 号、福島大学行政社会学会、2008 年。

山田登世子『メディア都市パリ』青土社、1991 年。
山本達也「インターネット時代における情報と国際政治をめぐる諸課題　国家安全保障と民主主義的価値をめぐるジレンマ」『清泉女子大学キリスト教文化研究所年報』24 巻、2016 年。
山本文雄「日本新聞界における朝夕刊制の発展について」『新聞学評論』1961 年。
吉田純『インターネット空間の社会学　情報ネットワーク社会と公共圏』世界思想社、2000 年。
ルーマン、ニクラス（長岡克行訳）『権力』勁草書房、1986 年。
ルーマン、ニクラス（林香里訳）『マスメディアのリアリティ』木鐸社、2005 年。
レヴィン、マーク・R『失われた報道の自由』日経 BP、2020 年。
渡邊拓也「雑談が人を結ぶ　つながりに関する歴史社会学的考察」秋津元輝・渡邊拓也編『変容する親密圏／公共圏　せめぎ合う親密と公共　中間圏というアリーナ』京都大学学術出版会、2017 年所収。

付録 1 インタビュー要旨 ジャン゠パトリック・グランベーグ

付録1 インタビュー要旨 ジャン゠パトリック・グランベーグ
(Jean-Patrick Grumberg)
ドゥルーズ（ネットニュース）ジャーナリスト

（電子メール：2021 年 10 月 10 日）

(Q) Selon vous, qu'est ce qui est à l'origine de la méfiance envers les médias et des violences et menaces à l'encontre des journalistes?

(A) Les journalistes, dans leur immense majorité sont issus du même milieu, formés à la même école, fréquentant les mêmes espaces, porteurs des mêmes valeurs, imprégnés du même discours, façonnés par la même idéologie, structurés par les mêmes références, ayant souvent connu la même évolution ou le même cursus, et ils finissent par penser presque tous pareils. Ce qu'il manque donc, ce sont des médias qui reflètent l'opinion de la moitié de la population française.

(Q) Qu'est-ce qu'il faut pour remédier à cette méfiance et ces violences?

(A) Dreuz est un média américain chrétien conservateur, économiquement libéral au sens français du terme et capitaliste, et pro-israélien. La ligne éditoriale n'a jamais changé. La politique éditoriale consiste à appliquer les règles du «journalisme à l'ancienne», qui consiste, pour les informations, à rapporter les faits, seulement les faits, après les avoir vérifiés et validés auprès de sources sûres et crédibles, sans ajouter de spéculations ou d'opinion personnelle déguisée en faits.

付録2 インタビュー要旨 マーシャル・ビルド（Martial Bild）
テーヴェー・リベルテ（テレビ）役員

（電子メール：2021年10月19日、2022年6月9日）

(Q) Selon vous, qu'est ce qui est à l'origine de la méfiance envers les médias et des violences et menaces à l'encontre des journalistes?

(A) Les manifestants des Gilets Jaunes ou pour les Libertés contre le pass vaccinal ou sanitaire ne sont pas forcément les mêmes. Mais ils ont en commun d'être descendus dans la rue en ayant le sentiment de ne plus être entendus par les politiques et par les vecteurs officiels de l'information. Si la France profonde a renversé quelques caméras et houspillé quelques journalistes, c'est que les caméras de ces journalistes ont, depuis bien longtemps, renversé la France profonde en l'ignorant ou en l'humiliant. Tout ceci n'est donc qu'une illustration de l'extinction du pluralisme des opinions et de leur libre confrontation dans notre pays. La production par la caste médiatique d'une pensée unique est la marque de l'instauration d'une tyrannie médiatique.

  La presse, dans sa convergence de la société de marché et de la société du spectacle, s'adonne à une croissante déformation idéologique de la réalité. C'est finalement l'explication la plus évidente de la vague d'impopularité sans précédent qui frappe les journalistes d'une partie des médias.

(Q) Qu'est-ce qu'il faut pour remédier à cette méfiance et ces violences?

(A) Mille choses dont la presse n'a absolument pas la volonté. Peut-être commencer par appliquer la Charte déontologique signée à Münich dans sa formulation de 1971. Mais mon intime conviction reste qu'il n'est plus possible de combattre les médias que par d'autres médias alternatifs.

付録 3 インタビュー要旨 ポール・ジョリオン (Paul Jorion)
ブログ・ポール・ジョリオン (ネットニュース) 創設者

（オンライン：2021 年 11 月 23 日、2022 年 6 月 30 日）

(Q) Selon vous, qu'est ce qui est à l'origine de la méfiance envers les médias et des violences et menaces à l'encontre des journalistes?

(A) La presse a perdu son indépendance, étant rachetée par des riches hommes d'affaires et l'opinion des Français vis-à-vis de ces médias a changé. Je pense que la qualité des reportages s'est dégradée, et c'est ce qui a poussé les Français ne plus les consulter. En plus, les journalistes de la presse sont considérés comme faisant partie d'une élite, les Français pensant que, pour la plupart, ils viennent des grandes écoles.

(Q) Qu'est-ce qu'il faut pour remédier à cette méfiance et ces violences?

(A) Ils ont besoin de s'assurer de l'indépendance des médias. La loi d'après-guerre contre la concentration du capital dans la presse n'a pas pour autant empêché Robert Hersant d'acheter de nombreux organes de presse. Ce sont les nouveaux médias, sans rapport avec les grands capitaux, qui doivent refléter la voix du peuple.

付録4　インタビュー要旨　ジル・ヴァコツゥ（Gilles van Kote）
ル・モンド（新聞）委任局長

（オンライン：2021 年 11 月 26 日、電子メール：21 年 11 月 30 日）

(Q) Selon vous, qu'est ce qui est à l'origine de la méfiance envers les médias et des violences et menaces à l'encontre des journalistes?

(A) La critique des médias est devenue un thème à la mode dans le débat politique en France, chaque camp estimant être victime des médias. Les gens les considèrent comme l'ennemi. D'après les historiens, la méfiance envers la presse et les journalistes existait déjà au 19ème siècle. Aujourd'hui c'est pareil, parce que les médias ne sont pas indépendants, étant contrôlés par des hommes d'affaires, comme c'est le cas de Canal+. Cette méfiance envers la presse et les journalistes est une conséquence du rejet des élites que l'on observe actuellement dans les pays occidentaux. On peut dire qu'en France, la plupart des journalistes des médias traditionnels viennent des classes favorisées de la société: niveau d'études élevé et catégories sociales supérieures, avec une forte concentration sur la région parisienne comme lieu de résidence. L'un des effets de cette méfiance est qu'une partie de la population est persuadée que les médias et les élites lui cachent certaines choses et est demandeuse d'une "vérité alternative", ce qui explique le succès actuel du complotisme et la viralité des fake news. Une forme de paranoïa se développe dans une partie de la population, ce qui constitue une menace pour le débat démocratique et pour la démocratie elle-même.

(Q) Qu'est-ce qu'il faut pour remédier à cette méfiance et ces violences?

(A) Chez nous, la rédaction est indépendante de la gestion et nous construisons des espaces de dialogue entre les lecteurs et les journalistes. Cela constitue une sphère ou un écosystème qui englobe la communauté des lecteurs et la rédaction du Monde. Cela permet de fidéliser les lecteurs, en particulier les abonnés, en leur donnant le sentiment d'avoir un accès privilégié à l'univers du Monde et à ses journalistes et de changer l'idée que se font les gens que les journalistes font partie de l'élite.

付録 5　インタビュー要旨　ジャン゠マリ・シャロン（Jean-Marie Charon）
社会運動学センター名誉研究員

（電子メール：2021 年 12 月 10 日）

（Q）Selon vous, qu'est ce qui est à l'origine de la méfiance envers les médias et des violences et menaces à l'encontre des journalistes?

（A）Il faut rappeler la multiplication des tensions, critiques, voire violences, à l'égard des journalistes, depuis le grand mouvement social de 1995; puis lors de l'arrivée de Jean-Marie Le Pen, extrême droite, au second tour de la présidentielle, imputée aux médias ; puis lors des révoltes des banlieues en 2005 et 2006, etc. Jusqu'au mouvement des «Gilets jaunes» en 2018‒2019. Disons surtout qu'il y a une forme de banalisation des violences à l'égard des journalistes. Personne, hormis les journalistes, ne se lève pour dénoncer ces violences.

　　Il faut bien sûr évoquer la critique souvent virulente qui s'est développée à partir des réseaux sociaux notamment de Facebook par les groupes de Gilets jaunes. Plus largement l'idée que les plateformes numériques permettraient de s'informer hors des médias et mettraient en évidence leur dépendance, collusion à l'égard des pouvoirs, ce qui fait un lien aussi avec la question de la concentration et des médias entre les mains de quelques milliardaires.

　　On pourrait également évoquer ici la manière dont certaines personnalités politiques, voire des partis ou des organisations politiques surfent sur cette défiance à l'égard des journalistes. Ils multiplient les critiques, voire les invectives, lorsque ce ne sont pas des coups, convaincus qu'ils ne risquent pas grand-chose dans le dénigrement des journalistes.

　　La défiance à l'égard des médias est un phénomène complexe, multifactoriel, qui ne peut pas être ramené à une cause, ni même un petit nombre de facteurs.

（Q）Qu'est-ce qu'il faut pour remédier à cette méfiance et ces violences?

（A）Je pense que cette montée de la défiance est un danger pour la démocratie et le vivre ensemble d'une société. Il me semble que la situation a insuffisamment évolué, avec trop peu d'initiatives prises par les médias. On peut cependant évoquer trois types de réponse à l'œuvre:

　　La première est l'Éducation aux médias d'information（EMI）. Celle-ci est surtout le fait des établissements d'éducation, mais un certain nombre de médias ont pris des initiatives dans la durée dans ce domaine. La seconde, expliquer comment les rédactions travaillent, comment est produite une information. La troisième, qui à ce stade reste associative, associant des individus journalistes, quelques universitaires, deux syndicats de journalistes, ainsi qu'une organisation d'éditeurs, a l'ambition d'y associer le public sur le mode du «Conseil de presse» avec une volonté de médiation.

付録 6　インタビュー要旨　フランソワ・ジョスト（François Jost）パリ・ソルボンヌ゠ヌヴェル大学名誉教授

（オンライン：2021 年 12 月 13 日、電子メール：2021 年 12 月 21 日、
オンライン：2023 年 1 月 16 日）

（Q）Selon vous, qu'est ce qui est à l'origine de la méfiance envers les médias et des violences et menaces à l'encontre des journalistes?

（A）Les gens pensent que les médias traditionnels, que ce soient les journaux, la télévision ou la radio, ne transmettent pas leurs opinions. L'image qu'ils ont des médias, c'est des institutions contrôlées par des hommes d'affaires depuis les années 1980. M. Hersant possédait 40% des quotidiens. Historiquement, la télévision française était publique, elle était liée au pouvoir. C'est de là que vient cette méfiance. Certains manifestants considèrent que les journalistes sont dans autre monde que le leur, habitant pour la plupart à Paris. Ça a été accentué lors de la crise des «Gilets jaunes» pour qui les médias ont aussi une part de responsabilité dans la situation qu'ils subissent. Il existe des déséquilibres entre ce que ressentent les gens et le métier de journaliste. La méfiance envers les politiques et celle envers les médias est similaire. Elles ont évolué ensemble.

（Q）Qu'est-ce qu'il faut pour remédier à cette méfiance et ces violences?

（A）Il est nécessaire que les journalistes soient indépendants de la comptabilité, de la direction. Ils doivent faire des efforts pour avoir la confiance des lecteurs et téléspectateurs. Une éducation aux médias est nécessaire. Si l'on ne trouve pas de solution à la violence envers les journalistes, cela va profondément affecter la démocratie.

（Q）Que pensez-vous de l'émergence récente des médias alternatifs ?

（A）La méfiance envers les médias traditionnels a fait naître les médias alternatifs. Les jeunes préfèrent s'informer sur internet, et ils donnent ainsi une grande puissance aux sites comme Twitter, etc. Il y a aussi une crise de génération entre les jeunes, qui préfèrent internet et les personnes âgées, qui restent attachées aux médias traditionnels.

（Q）De quelle façon les médias alternatifs ont-ils un impact sur l'extrême droite et la gauche radicale?

（A）CNews n'est pas un nouveau média, mais on y observe un changement d'orientation. Cette chaîne a beaucoup diffusé la parole de Zemmour et aidé son parti. Le problème est qu'aujourd'hui tous les médias suivent l'agenda de Zemmour, sur les thèmes de l'immigration et la sécurité. Ils reprennent les thèmes avancés par Zemmour. Chaque jour, il sortait une nouvelle provocation des provocations, et les médias le suivaient.

付録 7 インタビュー要旨 ヤン・ヴァレリー（Yann Vallerie）
ブレッツ・アンフォ（インターネット）ジャーナリスト

（電子メール：2021 年 12 月 15 日）

(Q) Que pensez-vous de l'émergence récente des médias alternatifs?

(A) Nous avons créé notre site Internet en réponse à la désinformation médiatique de la presse mainstream en Bretagne. Mais aussi parce qu'il y avait une demande, un besoin pour une presse réellement libre et indépendante. Les médias traditionnels sont nécessaires pour ne pas avoir un seul point de vue. Il est important, pour son hygiène mentale, de lire aussi bien la presse traditionnelle que la presse alternative, et de se faire ensuite son propre jugement. De recouper les informations, d'analyser. Pour attirer de nouveaux lecteurs, nous avons besoin de plus de visibilité, et de contrer le système des GAFA qui font le lit de la presse traditionnelle et qui censurent de plus en plus les médias alternatifs.

(Q) Est-ce que les médias sont autonomes vis-à-vis du pouvoir politique et économique?

(A) Nous sommes financés exclusivement par des donateurs privés qui soutiennent le site et un peu de publicité et d'articles sponsorisés. Nous avons actuellement une équipe de trois journalistes indépendants. Ce n'est pas le cas des médias traditionnels.

(Q) Comment vous-même et votre média garantissent la bidirectionnalité avec vos lecteurs ou téléspectateurs ? Que pensez-vous de l'émergence récente des médias alternatifs?

(A) Nous sommes un média qui donne la parole à tous ceux qui veulent la prendre. Ainsi, il a permis à des personnalités politiques de se rencontrer, de débattre, de créer des réseaux.

付録 8　インタビュー要旨　アントナン・アマド（Antonin Amado）　ポリティス（雑誌）元編集長

（オンライン：2022 年 5 月 6 日、2023 年 6 月 1 日）

（Q）Que pensez-vous de l'émergence récente des médias alternatifs?

（A）Il y avait les médias alternatifs contre les médias traditionnels autrefois. Ils ont une histoire très longue, mais beaucoup s'arrêtent après quelques années à cause de problèmes économiques. Les années 1990 ont été marquées par une série de rachats et une concentration du capital, avec 90% des journaux français désormais sous le contrôle de milliardaires. La concentration du capital a également rendu les journalistes moins efficaces.

（Q）De quelle façon les médias alternatifs ont-ils un impact sur l'extrême droite et la gauche radicale?

（A）L'effet doit être contraignant, parce que les médias n'acceptent pas l'aide financière du partis politiques.

（Q）Est-ce que les médias sont autonomes vis-à-vis du pouvoir politique et économique?

（A）Ça dépend. TF1 n'est pas du tout indépendant du pouvoir politique ni économique ; c'est une chaîne privée qui appartient au groupe Bouygues et qui a été historiquement proche du pouvoir. France Télévisions, c'est plus compliqué. Le problème, c'est que, comme c'est de l'argent public et ses dirigeants sont nommés par le pouvoir politique, très souvent. Mais il y a une culture de résistance en interne qui est très forte. BFM : pas du tout indépendant car il appartient au milliardaire Patrick Drahi donc pas du tout indépendant du pouvoir économique, et Marc-Olivier Fogiel, qui dirige BFM, est très proche des pouvoirs. CNews : c'est le pire. C'est une chaîne d'extrême-droite, détenue par Vincent Bolloré, un milliardaire breton, d'extrême-droite, catholique pratiquant et dont le projet est de faire arriver l'extrême droite au pouvoir.

（Q）Comment vous-même et votre média garantissent la bidirectionnalité avec vos lecteurs ou téléspectateurs?

（A）Pas du tout. Cet échange, et donc ce dialogue sur un pied d'égalité aujourd'hui est très malade.

（Q）Est-ce que les lecteurs et téléspectateurs discutent entre eux à travers les médias?

（A）Je crois qu'il existe dans certains médias un médiateur dont le rôle est de maintenir la discussion entre les communautés. Mais on n'est pas obligé de tenir compte de ce que disent les lecteurs, etc. Le rôle de la rédaction est de faire des choix courageux

付録 8　インタビュー要旨　アントナン・アマド　　257

pour donner la meilleure information possible.

(Q) Est-ce que les médias ont contribué aux succès de l'extrême droite lors des élections présidentielles et législatives de 2022?

(A) Je pense que les médias ont contribué à installer l'idée que Marine Le Pen serait au deuxième tour. C'est trop tard, mais il n'aurait jamais fallu donner la visibilité à l'extrême-droite. Quand j'ai commencé à travailler dans les médias, en 1999, les seuls moments où l'extrême droite était interrogée, c'était pendant les campagnes électorales. le parti d'un homme qui avait été condamné à plusieurs reprises pour antisémitisme et incitation à la haine raciale ne pouvait pas être interrogé sur des chaînes de grande écoute. Aujourd'hui, ça n'est plus du tout le cas. Voilà pour la responsabilité des médias.

(Q) Pourquoi la couverture médiatique de l'extrême droite s'est-elle banalisée?

(A) Les idées de l'extrême droite sont aujourd'hui partout dans le débat politique en France, à tel point que l'on arrive plus à faire la différence entre le discours du Rassemblement National et celui des Républicains, en particulier sur les questions d'immigration. Les médias banalisent l'extrême droite car ils croient que c'est avec ça qu'ils vont faire de l'audience et attirer des lecteurs, ce qui, à mon avis, est une erreur.

付録 9 インタビュー要旨 エリック・ル・レイ（Eric le Ray）
フリー編集者

（オンライン：2022 年 5 月 24 日、2023 年 5 月 15 日）

(Q) Que pensez-vous de l'émergence récente des médias alternatifs ?

(A) Ce n'est pas seulement une méfiance envers les médias traditionnels, c'est aussi l'histoire de la technique : on est face à une nouvelle civilisation avec le numérique et l'intelligence artificielle. les gens utilisent ces techniques pour devenir leur propre média : ils peuvent émettre et recevoir de l'information, et ils deviennent un influenceur car il est facile avec les réseaux sociaux d'avoir des dizaines de milliers de suiveurs, et c'est gratuit.

(Q) De quelle façon les médias alternatifs ont-ils un impact sur l'extrême droite et la gauche radicale?

(A) Les nouveaux médias aident tous les extrêmes, pas seulement de droite ou de gauche, car les gens sont frustrés et trouvent que les médias traditionnels les ont trahis et ne les représentent plus, et ils trouvent dans les médias sociaux une façon de gérer leur frustration et de pouvoir s'exprimer.

(Q) Est-ce que les médias sont autonomes vis-à-vis du pouvoir politique et économique?

(A) C'est le problème de la presse. L'État intervient, depuis la deuxième guerre mondiale, en subventionnant largement la presse. Par exemple, dans le cadre de la pandémie, on a constaté que la plupart des médias subventionnés, c'est-à-dire autant la télé, la radio, la presse écrite, ne faisaient pas un travail de journaliste d'enquête. Le fait d'être indépendant financièrement permettait de faire un vrai travail de journaliste.

(Q) Comment vous-même et votre média garantissent la bidirectionnalité avec vos lecteurs ou téléspectateurs?

(A) Ils peuvent le donner avec les médias sociaux. Avant, certaines émissions donnaient la parole au public, mais ça s'est beaucoup réduit, parce que, avec les contestations comme les gilets jaunes, les médias ferment les écoutilles, et la seule possibilité pour les gens de s'exprimer, ce sont les réseaux sociaux.

(Q) Est-ce que les lecteurs et téléspectateurs discutent entre eux à travers les médias?

(A) Au milieu de la méfiance vis-à-vis des médias, il est important pour les gens qui partagent ces pensées d'échanger leurs opinions. Le problème est le cadre pour le réaliser. Il est souhaitable d'avoir une scène pour des discussions plus sérieuses que le niveau du chat.

(Q) Est-ce que les médias ont contribué aux succès de l'extrême droite lors des élections présidentielles et législatives de 2022?

(A) Les médias ont permis au Rassemblement National de gagner beaucoup de votes, parce que les médias ont utilisé Éric Zemmour et son parti Reconquête comme repoussoir, pour indiquer qu'il était d'extrême-droite, ce qui fait que beaucoup de gens ont voté pour Marine Le Pen qui paradoxalement apparaît comme étant plus modérée que Zemmour.

付録 10　インタビュー要旨　アルノ・メルシエ（Arnaud Mercier）パリ・パンテオン＝アサス大学教授

（オンライン：2022 年 8 月 30 日、対面：2023 年 3 月 27 日）

（Q）Que pensez-vous de l'émergence récente des médias alternatifs ?

（A）Il y a une sorte de croyance selon laquelle les médias sont orientés à gauche, et qu'il faut donc corriger des informations qui seraient déformées. Et c'est dans ce but que de nouveaux médias, comme des blogs et des nouveaux sites, ont émergé. L'étape suivante est l'émergence de médias d'extrême droite, qui pourraient prendre de l'ampleur.

（Q）De quelle façon les médias alternatifs ont-ils un impact sur l'extrême droite et la gauche radicale?

（A）Les médias alternatifs devraient renforcer les mouvements d'extrême droite, dont celui d'Éric Zemmour. En d'autres termes, ils pratiquent le blanchissement de l'information sale.

（Q）Est-ce que les médias sont autonomes vis-à-vis du pouvoir politique et économique?

（A）C'est très compliqué. Dans certains médias, l'indépendance des rédactions est garantie et les journalistes ne se sentent pas sous pression dans leur travail quotidien. Cependant, dans d'autres médias, la situation est différente, avec des responsables de la rédaction qui sont proches de la direction et transmettent l'information d'une façon conforme aux souhaits de celle-ci, sans même en avoir particulièrement reçu l'ordre.

（Q）Comment vous-même et votre média garantissent la bidirectionnalité avec vos lecteurs ou téléspectateurs?

（A）Avant l'arrivée d'Internet, comme les médias étaient très puissants, les informations circulaient unilatéralement, des médias aux utilisateurs. À l'ère d'Internet, et en particulier dans les petits médias, les un espace s'est créé pour que les utilisateurs puissent poster des commentaires, voire participer au contenu rédactionnel. Mais l'utilisation de ces commentaires, etc. dépend de ce que le journaliste recherche.

（Q）Est-ce que les lecteurs et téléspectateurs discutent entre eux à travers les médias?

（A）Ce qui peut réellement se produire, c'est avec le chat sur Internet, qui pourrait faire émerger une opinion publique influente. Dans le même temps, si celle-ci devait émerger dans le bloc d'extrême droite, cela constituerait une mise à l'épreuve de la démocratie.

（Q）Est-ce que les médias ont contribué aux succès de l'extrême droite lors des élections présidentielles et législatives de 2022?

(A) Il y a plusieurs raisons à la progression de l'extrême droite dans les urnes. La décep-
tion à l'égard de Macron joue un rôle important, mais s'il y a une raison à trouver du
côté des médias, c'est l'évolution de la couverture médiatique de l'extrême droite de-
puis de nombreuses années. De plus en plus de médias soutiennent l'extrême droite,
contribuant à sa banalisation. Ce type de médias propose des émissions d'opinion
plutôt que d'information.

(Q) Pourquoi la couverture médiatique de l'extrême droite s'est-elle banalisée?

(A) Alors que Zemmour était surexposé et critiqué dans les grands médias, Le Pen s'est
«banalisée». Par comparaison, les gens l'ont considérée comme moins radicale que
Zemmour, et le Rassemblement National comme un parti «comme les autres».

付録 11　インタビュー要旨　マチュー・ロシェ（Mathieu Rocher）
フリー・ジャーナリスト

（対面：2023 年 3 月 24 日）

（Q）Que pensez-vous de l'émergence récente des médias alternatifs?

（A）Il y a tout ce courant de défiance : beaucoup de gens, notamment de l'extrême-droite, ne croient plus les médias et donc on créée le média avec lequel on va être d'accord. Par exemple, pour tous les crimes qui ont été commis sur les enfants, on ne va pas croire ce que disent les journalistes, et on va faire une autre information.

（Q）De quelle façon les médias alternatifs ont-ils un impact sur l'extrême droite et la gauche radicale?

（A）Le média alternatif permet aux gens de conforter leur position. Mais, c'est compliqué dans le cas de l'extrême-gauche, c'est moins idéologique. Les médias d'extrême-gauche sont encore en construction, et je ne pense pas qu'ils fassent autant d'audience. En France, la gauche est dans la difficulté car les scores ne sont pas bons.

（Q）Est-ce que les médias sont autonomes vis-à-vis du pouvoir politique et économique?

（A）France TV, TF1, BFM et CNews sont très connues et les liens qu'elles ont avec leur dirigeant sont assez transparents. Mais, aucune des rédactions n'est réellement indépendante. On leur garantit une indépendance, mais ils ont tous des intérêts particuliers. C'est surtout sur CNews qu'il y a des interventions. Les journalistes sur TF1 disent qu'ils se sentent très indépendants.

（Q）Comment vous-même et votre média garantissent la bidirectionnalité avec vos lecteurs ou téléspectateurs?

（A）L'émission s'appelle «Touche pas à mon poste» et ils font beaucoup appel au public: vous regardez la TV, et vous avez votre téléphone et, selon ce que dit l'animateur, vous allez dire si vous êtes d'accord ou pas, réagir en commentaires. Les rédactions sont influencées par les gens qui paient, mais aussi par les gens qui regardent.

（Q）Est-ce que les lecteurs et téléspectateurs discutent entre eux à travers les médias?

（A）Sur les réseaux sociaux, oui. Quand quelqu'un met un message à propos de l'émission, vous allez avoir des téléspectateurs qui vont communiquer. Souvent, c'est beaucoup des insultes : sur Twitter c'est beaucoup le cas. Par exemple, ce week-end, les joueurs de football devaient porter un maillot avec le symbole de l'arc-en-ciel pour dire non à l'homophobie. Donc, les gens regardent le match, et pendant le match, sur

付録 11 インタビュー要旨 マチュー・ロシェ 263

Twitter, ils vont dire s'ils sont d'accord ou pas, et communiquer entre eux. Je ne sais pas si c'est très bon, ça anime plutôt de la violence.

(Q) Est-ce que les médias ont contribué aux succès de l'extrême droite lors des élections présidentielles et législatives de 2022?

(A) Pas vraiment. Pendant la campagne présidentielle, le phénomène autour d'Éric Zemmour était tellement puissant qu'il faisait beaucoup d'audience. Il a été sur toutes les chaînes, évidemment sur CNews, mais aussi sur le service public, etc. Les chaînes ont pu se dire: s'il fait beaucoup d'audience, cela veut dire que beaucoup de gens vont voter pour lui. Il montait dans les sondages, mais finalement il a été largement battu puisqu'il n'a fait que 7%. Les chaînes ont suivi leur propre intérêt, c'est-à-dire faire de l'audience. Il était un bon client. les gens voulaient le voir, donc les chaînes lui laissaient beaucoup de temps de parole, mais ça ne veut pas dire que les gens ont voté pour lui.

(Q) Pourquoi la couverture médiatique de l'extrême droite s'est-elle banalisée?

(A) Quand quelqu'un de l'extrême droite vient à CNews, qu'il parle bien, et que ça marche, après il sera invité sur BFM, puis peut-être sur TF1, puis peut-être sur France TV. Donc petit-à-petit, on peut voir ce phénomène de banalisation.

付録12　インタビュー要旨　パトリック・エヴノ（Patrick Eveno）
パリ第1パンテオン゠ソルボンヌ大学名誉教授

（対面：2023 年 3 月 26 日）

（Q）Est-ce que les médias sont autonomes vis-à-vis du pouvoir politique et économique?

（A）Concernant l'indépendance, pour moi, il est important d'avoir des contre-pouvoirs, des médias qui disent qu'ils ne sont pas d'accord. Un média, c'est une entreprise avec un actionnaire. BFM et CNews se sont de petites chaînes avec un actionnaire: pour BFM, l'actionnaire cherche à être équilibré, pas trop gouvernemental, pas trop opposant; CNews, c'est particulier car c'est le projet d'un homme, Vincent Bolloré, qui est catholique, conservateur, réactionnaire et qui cherche à promouvoir ses idées. France Télévisions est une grosse entreprise avec 1500 journalistes, et le gouvernement ne peut pas les obliger à parler de telle ou telle chose. Certaines chaînes privées peuvent au contraire être très défavorables, donc il y a une sorte d'équilibre dans la pluralité entre les médias privés et les médias publics.

（Q）Comment vous-même et votre média garantissent la bidirectionnalité avec vos lecteurs ou téléspectateurs?

（A）Il y a beaucoup plus de bidirectionnalité qu'avant. Avant, les médias donnaient l'information, qui pouvait être très orientée, et maintenant, c'est plus le public qui décide, que les médias. Les médias sont beaucoup moins prescripteurs, capables d'influencer l'opinion car les gens peuvent être autonomes, indépendants, anti-médias, et font un bruit énorme. Les médias n'écoutent pas les téléspectateurs, mais ils suivent en permanence les réseaux sociaux, donc ça les influence aussi. Les grands médias écoutent en permanence le public, mais change rarement d'avis, et le public change rarement d'avis.

（Q）Est-ce que les lecteurs et téléspectateurs discutent entre eux à travers les médias?

（A）Ils ont beaucoup d'information et sont d'abord dans leur propre bulle d'information. Quelqu'un d'extrême droite regarde les sites d'extrême droite et dit que France Télé est d'extrême-gauche, quelqu'un d'extrême-gauche va sur les sites d'extrême-gauche et dit que France Télé est pro gouvernementale. Il y a tellement de sources d'information, pas toujours de la vraie information, que chacun peut «faire son marché». Ce serait très bien que les lecteurs et spectateurs parlent entre eux, mais je crois que l'on a dépassé ce système.

（Q）Est-ce que les médias ont contribué aux succès du l'extrême droite lors des élections

付録 12　インタビュー要旨　パトリック・エヴノ　　　265

présidentielles et législatives de 2022?

(A) Il y a beaucoup de raisons, et les médias en font partie, mais il y a tellement de raisons à une opinion personnelle, autorité des parents, père militaire etc. Toutes les études sociologiques montrent que ce ne sont pas les médias qui font l'opinion. Ils y contribuent en partie, mais on vote d'abord par son éducation, ses parents, ses amis, son travail, etc. Les médias arrivent en dernier. CNews et C8 ont été très favorables à Éric Zemmour, mais ils n'ont pas réussi à l'amener au pouvoir. Ils n'ont pas eu les moyens d'influencer le public français. Ça peut jouer sur 1 ou 2 ou 3% de l'électorat.

(Q) Pourquoi la couverture médiatique de l'extrême droite s'est-elle banalisée?

(A) Je ne crois pas qu'il y ait une banalisation de l'extrême droite en France. Il y toujours eu des médias d'extrême droite en France : Valeurs Actuelles existe depuis très longtemps, avant il y avait Minute, etc. Je crois que les gens qui regardent CNews, pour la plupart, ils sont d'accord avec ce que dit CNews. On est dans une démocratie aux opinions diverses. Je ne suis pas pour l'interdiction: il vaut mieux porter la contradiction et favoriser le fait que le citoyen puisse dire non.

付録 13 インタビュー要旨 アロルド・ティボー (Harold Thibault)
ル・モンド (新聞) 編集局次長

（対面：2023 年 3 月 27 日）

(Q) Est-ce que les médias sont autonomes vis-à-vis du pouvoir politique et économique?

(A) Nous avons des actionnaires qui sont des hommes d'affaires, dont le 1er actionnaire est Xavier Niel, le patron du groupe de télécoms Free, et je trouve que nous avons de la chance. Il y a eu une inquiétude sur l'indépendance du journal au moment de faire entrer des actionnaires, mais on ne subit pas d'interférence de ces actionnaires. Il y a des rédactions en France où on sent très fortement l'opinion politique de l'actionnaire dans le choix des couvertures. Par exemple, on parle beaucoup en France du groupe Bolloré qui reprend de plus en plus de médias. M. Berger, un des actionnaires, il avait des coups de sang contre certaines couvertures, et je pense que ça n'était pas très sain, mais il n'y a pas eu de représailles pour autant. Il donnait son avis, même sur des représentations à l'opéra.

(Q) Comment vous-même et votre média garantissent la bidirectionnalité avec vos lecteurs ou téléspectateurs?

(A) On organise le «Festival» du Monde tous les ans à notre siège et on essaie d'avoir du contact avec nos lecteurs. On fait souvent des chats avec, par exemple, un envoyé spécial qui revient du front et auquel les gens peuvent poser des questions pendant 1 heure. Le but, ce n'est pas d'avoir des discussions dans les deux sens. C'est d'avoir de bons articles, les meilleurs articles. c'est nous qui faisons les articles, pour que les gens voient qu'il y a de la qualité, et donc qu'ils s'abonnent.

(Q) Est-ce que les lecteurs et téléspectateurs discutent entre eux à travers les médias?

(A) Il y a des commentaires sous les articles. Les gens viennent plus pour lire de bons articles, pour s'informer, mais pas trop pour communiquer avec d'autres lecteurs. Certains commentent, et il y a beaucoup de commentaires très intéressants, mais certains manquent de nuances. Sur internet, les gens peuvent être très agressifs, comme sur Twitter, Facebook.

(Q) Est-ce que les médias ont contribué aux succès de l'extrême droite lors des élections présidentielles et législatives de 2022?

(A) Les médias influencent le vote des gens. Par exemple, quand Éric Zemmour a dit qu'il allait être candidat, il y a eu un phénomène qui s'est entretenu, car tout le monde était très surpris, et c'était un journaliste qui disait des choses très extrêmes. Il

付録 13 インタビュー要旨 アロルド・ティボー 267

y a ensuite des débats sur les chaînes d'extrême-droite, comme CNews, et ça radica-
lise les gens qui vont voter pour ces gens-là, car ils vont penser que l'immigration est
un gros problème, il y a trop de gens qui ne sont pas intégrés en France.

(Q) Pourquoi la couverture médiatique de l'extrême droite s'est-elle banalisée?

(A) Ça n'est pas une banalisation. L'extrême droite a maintenant plus de 80 députés à
l'Assemblée nationale, et donc ils font partie de la vie politique. Ensuite, une partie
de la presse qui a toujours été conservatrice, mais dans laquelle le discours de l'ex-
trême droite, les idées, se sont banalisées.

付録 14　インタビュー要旨　ジャン゠イヴ・カミュ（Jean-Yves Camus）
ジャン・ジョレス財団政治過激化研究所長

（対面：2023 年 3 月 27 日）

（Q）Est-ce que les médias sont autonomes vis-à-vis du pouvoir politique et économique?

（A）La télévision publique en France est une télévision dont les journalistes, qui sont d'ailleurs souvent syndiqués, ont un code de déontologie. Ça n'est pas comme dans les années 1970, et ça n'est évidemment pas une télévision totalement asservie au pouvoir politique. Ces gens ont leur indépendance. TF1 reste une chaîne généraliste, donc dans sa compétition avec les autres chaînes généralistes, elle est obligée de garder une qualité de l'information et une certaine neutralité. France 2 ou France 3 ne sont pas les chaînes les plus critiques. BFM a une ligne éditoriale qui finalement est assez politique, plutôt favorable au gouvernement Macron, mais en ayant des invités de toutes les tendances. CNews, c'est différent, il y a 80% d'invités de droite.

（Q）Comment vous-même et votre média garantissent la bidirectionnalité avec vos lecteurs ou téléspectateurs?

（A）Sur les sites internet des chaînes de télévision ou sur leur compte Twitter, je vois beaucoup de réactions, mais très peu de commentaires. Je vois surtout des gens qui ne sont pas contents, qui polémiquent, pas dans une démarche constructive. Les sympathisants d'extrême droite postent très souvent des commentaires critiques, réactifs pour se plaindre que les représentants de leur parti n'ont pas eu suffisamment d'antenne.

（Q）Est-ce que les lecteurs et téléspectateurs discutent entre eux à travers les médias?

（A）On a de plus en plus d'émissions en période électorale où les candidats sont invités à s'exprimer devant un panel de téléspectateurs censés être représentatifs de la population. C'est un type d'émission assez nouveau, mais le dialogue n'est pas entre les téléspectateurs, il est plus entre le panel qu'entre le politicien qui est invité et la salle.

（Q）Est-ce que les médias ont contribué aux succès du l'extrême droite lors des élections présidentielles et législatives de 2022?

（A）S'il y a un effet, c'est uniquement un effet négatif je pense. Je ne crois pas que la présence de Marine Le Pen sur les plateaux de télévision soit la raison pour laquelle son vote progresse. Par contre, si Marine Le Pen, comme en 2017, rate totalement son débat télévisé face à son adversaire à la présidence de la République, là, il y a une conséquence négative. Ce parti est arrivé à gagner 89 députés aux législatives de

付録 14 インタビュー要旨 ジャン゠イヴ・カミュ 269

2022, et la moitié de ces députés, les électeurs ne les avaient jamais vus à la télévision. Certains sont totalement inconnus. Donc leur élection ne peut pas s'expliquer par les médias, mais par la situation politique.

(Q) Pourquoi la couverture médiatique de l'extrême droite s'est-elle banalisée?

(A) Il n'y a pas de banalisation de l'extrême-droite. Quand un parti politique, comme celui de Marine Le Pen, recueille 40% des voix, vous devez en parler, c'est le métier de journalistes. C'est une question de déontologie. Si vous invitez des élus ou des candidats du Rassemblement National sur un plateau de télévision, ça ne veut pas dire que vous les banalisez. Vous les faites venir sur votre plateau car ils représentent une partie de l'opinion, mais ça ne veut pas dire que vous êtes complaisants avec eux. C'est le respect de la démocratie.

付録 15 インタビュー要旨 マリーヌ・ル・ペン（Marine Le Pen）
国民連合議員団長

（対面：2023 年 3 月 28 日）

（Q）Les relations avec la presse française : comment la presse traditionnelle française traite votre parti?

（A）En France la presse a toujours été extrêmement liée au pouvoir parce que dans son immense majorité, elle relève soit du service public et ses dirigeants sont les hommes politiques au pouvoir et ils ont plutôt tendance à faire plaisir au pouvoir, soit elle est entre les mains de milliardaires qui, bien souvent, sont en relation d'affaires avec l'État français, ce qui ne pousse pas à une grande neutralité de la part des médias.

Les choses se sont considérablement améliorées au fil du temps, sur la forme en tout cas, mais sur le fond ils restent généralement des adversaires politiques. Les écoles de journalistes, des structures de type science politiques qui bien souvent sont le passage obligé d'une partie des journalistes, font que la culture «de gauche» est extrêmement présente dans les médias français, et leur relation à l'éthique, la déontologie et la neutralité est contestable.

Il ne faut pas se laisser leurrer sur le sentiment que la presse nous traiterait de manière correcte. Elle nous traite de manière correcte quand il n'y a pas d'enjeu. A partir du moment où il y a un enjeu électoral, et je pense qu'il est très intéressant de voir la différence de traitement qui a été le mien, entre avant le premier tour de l'élection présidentielle, et entre les deux tours. Avant, les choses se déroulaient de manière extrêmement correcte, entre les deux tours, la «machine à diaboliser» s'est remise en place et le ton a radicalement changé en l'espace de 24 heures. Quand il y a un enjeu, quand le pouvoir est en danger, les choses se tendent et la presse se met assez facilement du côté du pouvoir.

（Q）Que pensez-vous quand on parle de la banalisation de la presse vis-à-vis du RN?

（A）Il y a aussi les résultats électoraux. Même si beaucoup d'organes de presse survivent grâce aux subventions publiques, comme j'ai fait 42% au second tour de l'élection présidentielle, ça devient bien plus compliqué d'insulter 13 millions de Français qui ont voté pour moi au premier tour, et du coup, les médias sont plus prudents qu'auparavant.

（Q）Vous pensez que les médias doivent penser à vos électeurs?

付録 15 インタビュー要旨 マリーヌ・ル・ペン   271

(A) Bien sûr, 4 Français sur 10 ont voté pour moi au second tour de l'élection présiden-
tielle, donc lorsque l'on a une entreprise commerciale, même si encore une fois elle
dépend beaucoup des subventions publiques, on a tendance à être beaucoup plus pru-
dent. C'est vrai pour la presse commerciale et c'est assez variable pour la presse de
service public.

  Il y a des chaînes très hostiles à notre mouvement, mais elles sont aussi très hos-
tiles à tout ce qui n'est pas la «gauche extrême», ou «l'extrême gauche».

(Q) Est-ce que vous pensez que les médias traditionnels sont indépendants du pouvoir
public et du pouvoir économique?

(A) Non, ils ne sont pas indépendants, car au contraire ils ont une dépendance financière,
vis-à-vis de leur patron quand il s'agit d'un grand chef d'entreprise, ou vis-à-vis de
l'état pour la presse du service public. D'une manière générale, la presse dite «non
étatique» ne survit que grâce aux subventions en France. Si demain on supprimait
l'ensemble des subventions des médias, et notamment des journaux, plus un seul
journal probablement ne survivrait.

(Q) Est-ce que c'est pour ça que vous avez intensifié votre stratégie de média, je crois
que vous avez lancé un site internet, avant d'autres partis?

(A) Sous l'impulsion de Jean-Marie Le Pen, le Front National a été l'un des premiers
mouvements politiques à avoir un site internet en France. Nous avons mis en place
des stratégies de contournement des médias, puisque les médias ne nous invitaient
pas à l'époque de Jean-Marie Le Pen, c'était flagrant, il n'était carrément pas invité,
ou lorsqu'il l'était, c'était pour subir un «procès soviétique», les temps de parole
étaient sans commune mesure avec l'influence politique de notre mouvement et donc
on a été forcé de créer des outils pour détourner l'information pour que l'information
arrive jusqu'à nos adhérents.

  Ça a été les documents papier, les tracts, les journaux quand internet n'existait pas,
et avec internet, nous continuons à faire des efforts pour être en relation directe avec
nos électeurs, sans passer par le prisme médiatique, même si nous ne désertons pas
non plus ce vecteur d'information.

(Q) Est-ce que vous donnez des instructions pour faire des efforts avec les sites internet?
Vous avez anticipé?

(A) C'est une stratégie importante dans la manière dont nous communiquons. Nous fai-
sons des efforts particuliers pour être très présents sur internet. Nous avons de très
bons chiffres d'imprégnation sur les réseaux sociaux, d'abord parce que nous avons
des choses à dire, et parce que nous avons compris qu'il était nécessaire et utile de
s'adresser directement à nos lecteurs sans passer par un vecteur qui n'était pas vrai-
ment neutre.

272 付録 15 インタビュー要旨 マリーヌ・ル・ペン

(Q) Vous communiquez vous-même aussi avec vos électeurs directement?

(A) Pendant la campagne présidentielle, nous avons fait des chats, pour créer des débats avec nos électeurs. Pendant la crise du COVID-19, je discutais au moins une fois par semaine pour continuer de parler politique alors que l'intégralité des médias était saturée par l'épidémie.

(Q) On dit souvent que votre image internet, avec des chats, donne une image de douceur.

(A) J'élève des chats depuis maintenant 15 ans et suis devenue professionnelle il y a 3 ans et donc on voit des images de moi avec des chats. Il n'y a pas d'arrière-pensée, ce n'est pas pour adoucir mon image. J'adore les chats.

(Q) Est-ce que cette stratégie de médias vous a aidé à faire plus de 40% à l'élection présidentielle?

(A) Ce qui a probablement aidé est que j'ai fait le choix de faire un certain nombre d'émissions qui étaient personnelles. Nous combattons parfois durement, nous parlons beaucoup de politique, d'économie, de social, mais j'avais peu parlé de moi. Donc j'ai accepté des émissions qui parle de moi, ma famille, mes passions, etc. et je pense que ça a créé un lien avec les Français qui ont découvert que l'image qui était donnée de nous n'était pas vraiment la réalité.

付録 16　インタビュー要旨　フランソワ＝グザヴィエ・メナジュ　　273

付録 16　インタビュー要旨　フランソワ＝グザヴィエ・メナジュ
（François-Xavier Ménage）
TF1（民間テレビ）中堅ジャーナリスト

（オンライン：2023 年 5 月 10 日）

(Q) Que pensez-vous de l'émergence récente des médias alternatifs?

(A) Il y a plusieurs politologues qui disent que la France est un archipel : on est plus un pays, mais une succession de petites îles, chacun est dans son coin. Chacun voit les choses différemment. On ne se parle plus, on ne discute plus, on n'a plus la même vie, la même réalité, la même manière de voir la France. Tout ça est éclaté: ceux qui regardent TF1, et ceux qui regardent uniquement les médias en ligne. Vous avez par exemple «Livre noir», un média d'extrême droite. Il y a d'autres médias d'extrême droite que l'on trouve sur internet.

(Q) De quelle façon les médias alternatifs ont-ils un impact sur l'extrême droite et la gauche radicale?

(A) Les petits médias m'inquiètent, car ça n'est pas du journalisme, c'est du militantisme. C'est un média d'opinion, mais ça n'est pas du travail journalistique.

(Q) Est-ce que les médias sont autonomes vis-à-vis du pouvoir politique et économique?

(A) J'ai fait 4 documentaires d'une heure, juste avant la présidentielle, chacun de ces documentaires est passé 4 mois, 3 mois, 2 mois et 1 mois avant la présidentielle. Je n'ai jamais eu un coup de fil de quelqu'un me disant quoi mettre dans le documentaire. M. Bouygues n'est pas interventionniste. Sur TF1, je n'ai jamais eu le moindre coup de fil de la direction pour me dire ce qu'il faut ou ne faut pas faire. Soyons tout à fait honnête : il y a de l'auto-censure.

(Q) Comment vous-même et votre média garantissent la bidirectionnalité avec vos lecteurs ou téléspectateurs?

(A) C'est vrai que nous sommes au service des téléspectateurs, nous faisons un journal pour eux, on s'adresse à tout le monde, on a 6 à 7 millions de personnes qui regardent tous les soirs, donc on s'adresse aux cadres supérieurs, à l'avocat et à l'ouvriers dans l'usine. C'est-à-dire qu'on leur parle à tous, et il n'y a pas beaucoup de médias aujourd'hui qui peuvent dire ça. Mais on n'a pas d'interactions avec les téléspectateurs pour savoir ce qu'ils veulent dans leur journal télé. Les interactions sont rares : il y en a quand on fait des journées portes ouvertes, des visites, ou quand les directeurs de l'information vont sur le terrain rencontrer les téléspectateurs dans des réunions publiques, mais ça reste quand même exceptionnel.

274　付録 16　インタビュー要旨　フランソワ゠グザヴィエ・メナジュ

（Q）Est-ce que les lecteurs et téléspectateurs discutent entre eux à travers les médias?

（A）On peut le faire sur les réseaux sociaux, par exemple, quand je poste un reportage sur les réseaux sociaux où ils peuvent interagir avec moi. Mais c'est vrai qu'il n'y a pas beaucoup de dialogue. On devrait peut-être parler un peu plus avec les téléspectateurs. Mais attention, je ne veux pas faire des reportages pour faire plaisir aux téléspectateurs, le journalisme, ça n'est pas faire plaisir, c'est raconter les choses de la manière la plus efficace et la plus juste possible. J'écoute ce qu'on me dit, et ils ont le droit de se plaindre car on ne va pas assez dans les territoires, mais, c'est notre devoir, notre responsabilité de faire une hiérarchie des sujets.

（Q）Est-ce que les médias ont contribué aux succès de l'extrême droite lors des élections présidentielles et législatives de 2022?

（A）Je ne pense pas. Les règles du CSA sont encore plus strictes pendant les élections présidentielles : on compte toutes les secondes. Ce n'est pas grâce aux médias qu'ils ont eu 89 députés. Je pense qu'il y a un climat de tension, la France est fracturée. Le vote à Paris n'a rien à voir avec le vote dans les villes moyennes qui n'a rien à voir avec le vote dans les villages oubliés. Ce sont vraiment plusieurs France qui votent en même temps. Ce ne sont pas les médias qui ont fait le succès de Marine Le Pen.

（Q）Pourquoi la couverture médiatique de l'extrême droite s'est-elle banalisée?

（A）Il y avait de grands journalistes, comme Anne Sinclair, qui présentait une émission sur TF1 et qui refusait d'inviter Jean-Marie Le Pen, car elle considérait qu'il n'était pas un homme politique qui défendait des valeurs démocratiques. Aujourd'hui, le Rassemblement National a 89 députés, donc quand il y a beaucoup de députés à l'Assemblée, les médias sont obligés de leur accorder un temps de parole. C'est la loi, ça n'est pas nous qui décidons. De plus, Marine Le Pen moins outrancière que Jean-Marie Le Pen, et elle est peut-être, c'est un jugement, un peu plus modérée. Les députés du RN, depuis qu'ils sont arrivés à l'Assemblée nationale, on leur a demandé de bien s'habiller, aux hommes de mettre des cravates, et de ne pas créer le bordel. Ça a contribué non pas à changer la politique, mais la manière d'en parler dans les médias.

あとがき

　本書でフランスの極右政治勢力とメディアとの関係を取り上げたのは、筆者が 2020 年まで 28 年間、日本の主流メディアと言われる大手新聞社で、ジャーナリストとして仕事をしていたことと無縁ではない。フランス・メディア界の現況を知れば知るほど、日本メディア界の将来に不安と憂いを感じたのは事実である。

　もちろん、日本とフランスの業界には多くの相違点がある。第 2 章では、フランスの新聞が歴史上、権力と対峙し、政変を勝ち取ってきた経緯を示したが、日本の新聞は、1918 年の白虹事件＊にみられるように、権力を凌駕できず、権力に利用されることが多かった。最近の例では、異業種の企業がメディアを次々に買収していくフランスとは異なり、日本では主流メディアの買収は起こっていない。「日刊新聞紙の発行を目的とする株式会社の株式の譲渡の制限等に関する法律」により、新聞社の株式譲渡は「事業の関係者」に限られているからである。また、テレビは、株式の持ち合いや外資規制などにより、買収の対象にはなりにくい。日本のメディアは、新聞が消費税の軽減税率の適用を受けているものの、経営面で目立った政府依存はみられず、政府から多額の支援を得ているフランスのメディアとは様相が異なる。

　それでも、両国メディアに共通点があることは興味深い。フランスで、「新聞界のナポレオン」（Le Ray 2005 p. 155）と呼ばれたイポリット・マリノニの輪転印刷機が普及し、新聞の大衆化が進んだように、日本でもマリノニ機が導入され、薄利多売のビジネス・モデルが確立され、新聞が広がった。

＊　米騒動に関し、大阪朝日新聞が 1918 年 8 月 26 日付で、「白虹日を貫けり」と書いた。争乱の前兆として、白い虹が太陽を貫くように見えるという中国の故事であることから、警察当局は、皇室の尊厳を貶める狙いがあると解釈し、編集幹部と記事を書いた記者を新聞紙法第 41 条違反で起訴した。これに対し、大阪朝日新聞は、村山龍平社長の退陣、長谷川如是閑社会部長ら編集幹部の退社を発表し、政府に事実上屈服した。

第二次世界大戦後は、市場を寡占した大手メディアが戦争に協力した反省に
たち、フランスではメディアの多元主義、日本ではメディアの相互依存とい
う形で、多様なメディアが存在した。また、巨大化したメディアが、大量の
情報を一方的に流し、読者や視聴者がそれを受け入れるばかりだったという
状況も類似している。

　本書で示したメディア公共圏の3つの基準に照らすと、日本メディアはフ
ランス・メディアよりも権力からの自律性を確保しているようにみえるが、
メディア利用者との双方向性や、利用者同士の対話性が希薄になっている点
は、極めて似ていると言える。

　また、本書では極右の公共圏について、フランスの主流メディアへの不信
感が広がり、ジャーナリストへの暴力が相次ぐ中で、代替メディアが主にオ
ンライン上で活動を強めるとともに、極右政党や政治家が積極的に情報発信
を行っている点を取り上げた。日本でも、メディアへの信頼度は減少傾向に
あり、オンライン上では、既存メディアを「マスゴミ」と揶揄する風潮が広
がっている。一方で、インターネット上で右翼的な主張を展開する「ネトウ
ヨ」は、中国や韓国を敵視し、保守系政治家への強烈な支持を表明している。
永吉希久子らの調査では、ネトウヨはインターネット人口の1.5%に達し
（永吉2019 p. 18）、無視できない数字となっている。伊藤昌亮は、ネトウヨが
広がる背景として、「マス・メディアの退潮とネット・メディアの勃興、そ
してオタク文化の深化という、メディアとサブ・カルチャーをめぐる状況の
変化と密接に関わりながら形作られてきた」と指摘しており（伊藤2019
p. 17）、オンライン上の政治的言論が民主的に行われている保証はない。

　こうしてみると、「主流メディアへの不信が進行すると同時に、インターネ
ットを中心に代替メディアの利用が増え、主流メディアが取り上げて来なか
った政党や政治家が目立つようになる」というフランスの状況が頭をよぎる。
メディアの利用者は、こうした政党や政治家の情報を直接入手するようにな
り、それが選挙での投票につながるかもしれない。現状では、フランスの国
民連合ほどの政治勢力が日本に誕生するとは考えにくいが、集団分極化の性
質を帯びたインターネット上の議論がもたらす影響を軽視できるだろうか。

　日本が1850年代に「開国」して以来、フランスは政治、経済、社会、文

化の多くの分野で参考にすべき「モデル」として存在し、実際に多くの制度を導入してきた。フランスが1970年代に様々な問題に直面し、社会や経済が行き詰まる一方で、日本は経済大国となってフランスを凌駕し、もはや「モデル」ではなくなったとみられた。しかし、小田中直樹は、日本にとってフランスは、「わたしたちが直面している、あるいは近い将来に直面することが予想されている諸問題について、すでに直面し、対策を模索し、対応や解決に成功あるいは失敗し、その経験によって、わたしたちに正または負の教訓を与える存在である」とし、日本の「先行者」であると指摘する（小田中 2018 p. 5）。

　日本のメディア業界が、「先行者」のフランスから教訓とすべきは、自らの立ち位置を見直し、自律性、双方向性、対話性を確保し、読者や視聴者から信頼を得るための取り組みを進めることであろう。そのために問われるのは、ジャーナリズムの実践である。原寿雄は「ジャーナリズムは民主主義社会に不可欠であると考える。（中略）権力監視、社会正義の追求を軸とした調査報道の取材力を持つジャーナリスト集団は、高度情報社会の核としての期待を担う」と書き、現代ジャーナリズムの危機として、「調査報道を敬遠し、発表ジャーナリズムに侵食されている」という問題点を挙げた（原 2009 p. 212）。花田達朗は、日本のジャーナリズムの現状として、新聞がジャーナリズムという意識活動とマス・メディアというシステムの活動から成立しているとした上で、この職業意識と産業意識の乖離が進み、「報道というものが今日政党、政府・官庁、大企業のＰＲ活動に深く侵食され、それらに道具化されている」と警告した。さらに「いくら整備されたマスメディア・システムがあっても、そこにジャーナリズム活動が無ければ、公共圏は作り出されない」とし、この現状を変えるため、「ジャーナリストとは公共圏の耕作者である」と呼び掛けた（花田 2002 pp. 79, 289, 294）。ジャーナリストの職業意識が、ジャーナリズムの重要性を再認識させ、民主的な公共圏構築のかぎになるというのである。

　第2、3章で示したフランスのメディア史は、メディアが権力への監視を怠れば、簡単に権力に飲み込まれてしまうことを示していた。インターネット時代の中で、メディア不信をどう解消するのか、ジャーナリズムをどう考

えるのか、そして民主主義をどう維持するのか。フランスの「先例」は、日本のメディア界に多くの課題を投げかけている。

謝辞

　本書は、北海道大学大学院国際広報メディア・観光学院に提出した博士論文「フランスの極右政治勢力とメディアの相互作用　メディア公共圏の歴史的変遷からの考察」を加筆・修正したものです。論文を執筆するにあたり、視点、方向性、執筆方法などで様々なご指導をいただいた城山英巳教授、渡邊浩平名誉教授、鈴木純一教授、金山準教授に心からお礼を申し上げます。日本での作業は主に前任地の北海道北見市で行いましたが、札幌から約300キロ離れた北の大地で、論文執筆を継続できたのは、先生方の明晰かつ温かく継続的なご指導の賜物でした。

　また、フランスでの現地調査では、様々なフランス人のお世話になりました。調査会社オピニオン・ウェイのフレドリック・ミショー世論調査局長には、質問の形態や表現について詳細なアドバイスをもらいました。また、パリでのインタビューでは、大手メディアで働く現役のジャーナリスト、メディア企業幹部、メディア専門家にも、忙しい時間を割いて、実名または匿名の形で、筆者の質問に答えていただきました。筆者が及ばない部分は、調査会社フォーラム・エチュードが代行してくれました。インタビューはオンラインや電子メールでも行い、総計40人を超えました。

　さらに、日本での文献・資料収集にあたり、多くの図書館、在京フランス大使館、日仏協会などフランス関連施設の助けを得ることができました。

　書籍化にあたっては、勁草書房編集部の黒田拓也さんから、テーマの意義に共感する言葉をいただくとともに、構成から製本に至るまで貴重なご指摘を受けました。重ねて謝意を示したいと思います。

　最後に、高齢の筆者の調査・執筆作業を見守ってくれた家族に対し、感謝の気持ちを伝えたいと思います。

　2025年3月　毅の小学校入学を前に

本間圭一

人名索引

[ア行]

アジェノール・ドゥ・グラモン　96
アドルフ・グルー　55
アドルフ・ティエール　53, 56, 61, 97
アラン・ヴェイル　174
アラン・ジュペ　38, 127
アラン・ソラル　137
アルノー・ステファン　137
アルフォンス・ペイラ　93
アルフレド・ドレフュス　62, 63, 118, 134
アルマン・カレル　53, 59
アルマン・ジャン・デュ・プレシー・ド・
　リシュリュー　48
アンヌ・イダルゴ　40
アンリ・ドゥ・サン゠シモン　55
アンリ・ロシュフォール　56, 94, 95, 134
イヴ・ドゥ・ケルドレル　136
イザベラ・アタール　160
イザベル2世　95
イポリット・ドゥ・ヴィルメサン　55, 60,
　118
イポリット・マリノニ　57-63
ヴァレリー・ジスカール・デスタン　37,
　72, 118
ヴァレリー・ペクレス　20, 40, 201
ヴァンサン・ボロレ　114, 176
ヴィクトル・ノワール　56, 94, 95, 97
ヴィルヘルム1世　95, 96
ヴォルテール　86
ウベール・ブーヴ゠メリ　66, 178
エティエンヌ・ムジェオット　119
エドゥアール・ダラディエ　70
エドゥアール・ドゥ・ロスチルド　115
エドヴィ・プレネル　11, 120, 129, 132, 145
エマニュエル・マクロン　19-22, 28, 38-40,

120, 128-130, 132, 141, 146, 148, 154,
155, 160, 165, 169, 171, 174, 175, 178,
196, 198, 201, 214
エミール・セルバン゠シュベール　116
エミール・ゾラ　63
エミール・ドゥ・ジラルダン　54, 57-63,
　93
エリザベス・レビー　136
エリック・ゼムール　3, 20, 21, 31-33, 140,
　158, 175, 176, 195-197, 200-203, 205,
　209, 218
エリック・ブルト　119
エルキュール・ドゥ・セール　52
エルベ・カンフ　161
オーグスト・ネフツェル　55
オットー・フォン・ビスマルク　56, 95, 96
オリビエ・ドゥ・コランセ　49
オリビエ・ルサ　171

[カ行]

カール・マルクス　41, 43
ギー・モレ　36, 37
ギューム・ラクロワ　147
クリストフ・デロワール　109
クレイグ・キャルホーン　82, 84
ゴーティエ・ドゥ・シヨネ　50

[サ行]

ジェフリー・リヴォルシ　129
ジェローム・カユザック　146
ジークムント・フロイト　78
ジャック・コルビエール　52
ジャック・シラク　24, 35-38, 72, 137
ジャック・トゥーボン　75
ジャック・ネッケル　88, 95
ジャック゠ルネ・エベール　89, 90

人名索引

シャルル 10 世　52, 53
シャルル＝ジョセフ・パンクク　50
シャルル・ドゥ・ゴール　3, 34-38, 40, 70,
　　71
シャルル・ドレクリューズ　56, 213
シャルル・ベブデ　137
ジャン＝ジャック・ルソー　86
ジャン・ジョレス　36, 63, 170, 181, 190,
　　196, 200, 268
ジャン＝シルヴァン・バイイ　131, 132
ジャン・デュプイ　63
ジャン・ドゥ・ラ・ロック　86
ジャン・ドノー・ドゥ・ヴィゼ　48
ジャン・プルヴォー　64
ジャン＝フランソワ・コペ　173
ジャン＝ポール・ガロー　136
ジャン＝ポール・サルトル　42, 115
ジャン＝ポール・マラー　50, 85, 86, 90
ジャン＝マリ・ル・ペン　1, 9, 14, 22, 25,
　　30-32, 135, 137, 138, 158, 187, 199, 200,
　　202, 203, 208, 217
ジャン＝リュック・メランション　4, 20,
　　44-46, 160, 161, 165, 175, 195, 197, 201,
　　206
ジャン・ル・ロン・ダランベール　86
ジュール・ヴァレ　56
ジュール・シモン　97
ジュール・ドゥ・ポリニャック　52, 53
ジュール・ファーブル　97
ジュール・マザラン　48
ジュゼッペ・フィエスキ　54
ジョセフ・ヴィノワ　56
ジョセフ・ドゥ・ヴィレール　52
ジョゼフ・フーシェ　51
ジョルジュ・ジャック・ダントン　86, 88
ジョルジュ・ポンピドゥー　35, 37, 71
ジョルダン・バルデラ　20
ジル・ヴァコツゥ　110, 118, 123, 186, 250
ジル・ミヘーリー　136
スティーブ・ブリオワ　26

ステファン・ハヴィエ　32
セルジュ・ジュリ　115, 117
セルジュ・ダッソー　119
セルジュ・ヌジャール　177
ソフィア・チキルー　160

[夕行]

テオドール・アドルノ　78
テオフラスト・ルノドー　47, 48
デュードネ・ムバラ　137
デルフィン・エルノット・クンチ　173
テロワニュ・ドゥ・メリクール　88, 89
ドゥニ・ディドロ　86
ドゥニ・ロベール　160
ドナルド・トランプ　156, 226
ドニ・ドゥ・サロ　48

[ナ行]

ナポレオン 3 世　55, 56, 59, 92, 94, 96, 97,
　　213
ナポレオン・ボナパルト　5, 10, 51, 52, 55
ナンシー・フレイザー　82
ニクラス・ルーマン　133, 197
ニコラ・サルコジ　36-38, 68, 119, 129, 138,
　　146, 157, 171, 175

[ハ行]

ハヴィエ・ニール　120, 178
バックス・メフレ　137
パトリック・ドライ　115, 120, 169, 174,
　　175
バラク・オバマ　150
ピエール＝アレクサンドル・ガボー　59
ピエール・ジョクス　160
ピエール・ソタレル　157, 158
ピエール・バイトゥ　116
ピエール＝ナポレオン・ボナパルト　56,
　　94
ピエール・ブコー　146
ピエール・ブシャドゥ　23

人名索引　　　281

ピエール・ブリッソン　118
ピエール・フリムラン　34
ピエール・ブルデュー　127
ピエール・ベルジュ　178
ピエール・ヘンリー　158
フェリックス・ピア　56
ブノワ・アモン　38
フランシス・ブイグ　171
フランソワ・オランド　37, 38, 42, 138,
　　146, 161, 173, 175
フランソワ・ギゾー　54
フランソワ・ドルジ　146
フランソワ＝ノエル・バブーフ　40, 41
フランソワ・フィヨン　38, 175
フランソワ・ミッテラン　23, 35-37, 42, 67,
　　68, 71, 72, 115, 125, 157, 160, 185
フランソワ・リュファン　43
フリードリヒ・エンゲルス　41
ブリュノ・ル・メール　218
ブルノ・ゴルニッシュ　25
ブルノ・メグレ　23
ブルノ・ルドゥ　115
フレデリック・ミッテラン　157
フレデリック・ロルドン　43
ベルナール・アルノー　43
ベルナール・タピ　171
ベルナール・ムラ　175
ポーリン・リマイラック　93
ポール・ラマディエ　36

[マ行]

マクシミリエン・ロベスピエール　41, 50,
　　85, 91
マチュー・ピガス　178, 179
マックス・ウェーバー　78
マニュエル・ヴァルス　38
マリー・アントワネット　50, 87, 89, 90, 132
マリオン・マレシャル・ル・ペン　19, 32,
　　137
マリーヌ・ル・ペン　1, 3, 9, 14, 19, 20, 22,

25, 26, 28, 29, 31-33, 38, 136, 155, 157,
158, 172, 196, 200-203, 205-207, 217,
270
マルク＝オリビエ・フォジエル　169, 175
マルセル・ダッソー　119
マルタン・ブイグ　169, 171, 172
マレシャル・モルティエ　54
ミシェル・ドゥブレ　35
メフメト4世　86
モイズ・ミヨー　60

[ヤ行]

ヤニック・ボロレ　114
ユルゲン・ハーバーマス　6, 13, 77-84, 90,
　　91, 94
ヨシフ・スターリン　42, 220
ヨハン・アンジェ　29, 30

[ラ行]

リオネル・ジョスパン　24, 37, 44
リケティ・ドゥ・ミラボー　49, 85
リリアン・ベタンクール　146
ルイ・ウジェーヌ・カヴェニャック　55,
　　59
ルイ13世　47
ルイ14世　48, 86
ルイ16世　50, 57, 88, 132
ルイ18世　51, 52
ルイ＝ジュール・トロシュ　98
ルイ・ドシウ　49
ルイ・ナポレオン　→　ナポレオン3世
ルイ・フィリップ　53-55, 58, 59
ルイ・マリ・スタニスラ・フレロン　90
ルー・エスパルジリエール　161
ルル・ミヨン　137
レイモン・ブルジン　136
レオポルト　95, 96
レオン・ガンベタ　56, 61, 97
レオン・ブルム　36, 41
レオン・ベルビ　134

レミー・ブイジン　148
レミー・フリムラン　173
ロバート・マクスウェル　171

ロベール・エルサン　66, 67, 118, 119, 125
ロベール・セルバン = シュベール　116

事項索引

[アルファベット]

AFP 通信　108, 136

BFM　104, 105, 107, 114, 118, 120, 155, 165-
167, 169, 170, 175, 176, 180, 181, 184,
189-192, 196-198, 200, 201, 204, 206,
221

C8　196, 201

Cニュース　104, 105, 108, 114, 140, 166-
170, 176, 177, 180, 185, 189, 195-197, 200,
203, 204, 218, 221

LCI　114, 171, 201, 218

M6　105, 173

TF1（フランステレビ 1）　72, 73, 105, 110,
114, 118, 139, 147, 167-173, 176, 177, 180,
189, 195-197, 200, 203, 204, 218, 221

[年数]

1814 年 10 月 21 日法　52

1830 年憲章　53

1841 年憲章　51, 52

1848 年 3 月 6 日のデクレ　55

1852 年 2 月 17 日のデクレ　55

1870 年 10 月 10 日のデクレ　56

1881 年 7 月 29 日法　5, 61, 63, 124, 126

1944 年 6 月 22 日のオルドナンス　65

1944 年 8 月 26 日のオルドナンス　66

1945 年 3 月 23 日のオルドナンス　70

1946 年 5 月 11 日法　65

1959 年 2 月 4 日のオルドナンス　70

1972 年 7 月 3 日法　72

1982 年 7 月 29 日法　72

1984 年 10 月 23 日法　67

1985 年 7 月 10 日法　23

1986 年 8 月 1 日法　67, 125

1986 年 9 月 30 日法　75

2009 年 3 月 5 日法　173

2013 年 11 月 15 日法　173

2018 年 12 月 22 日法　128

[ア行]

悪魔化　32, 199, 200, 207

　脱――　25, 32, 202

アシェット・フィリバッキ・メディア　66

アバス　114

アルティス・フランス　115, 120

アンテンヌ 2　72, 73

イーテレ　114, 176

イフォップ　20, 33

インスタグラム　30, 46, 148, 182, 185, 186

ヴァルール・アクチュエル　136, 141, 204

ヴァルモンド・グループ　136

ヴァレンヌ逃亡事件　132

ウィ・アー・ソーシャル　143

ヴィアヴォイス　1, 108

ヴィヴェンディ　114, 176

ヴィシー政権　5, 64, 65, 124

ヴェール　161

ウェスト・フランス　126

ヴェルサイユ宮殿　50, 88, 132

栄光の 3 日間　53

衛生パス　2, 107, 108, 120, 214

エッフェル塔ラジオ　69

エナン・ボモン市　26

エフドゥスシュ　155, 157-159

エムス電報事件　56, 96

エル　67

エル・コムリ法　42, 43

黄金時代　5, 62, 92

欧州委員会　76, 217

欧州・エコロジー＝緑の党　21, 146, 160,
161, 187

欧州議会選　1, 19, 23
欧州ジャーナリスト連盟　129
欧州評議会　107
欧州放送連合　76
欧州連合　25, 31, 32, 45, 76, 199, 216
王立評議会　49, 85
オピニオン・ウェイ　8, 11, 163, 164, 278
オルタナティブ・エコノミック　177

［カ行］

カーライル・グループ　119
改革宴会　54, 55
革命的共産主義同盟　145
ガゼット・ドゥ・フランス　48, 55, 93
カトリック圏　151, 152
カナール・アンシェネ　147, 166
カフェ　84, 86-89, 91, 93, 98, 213, 222
カフェ・カヴォ　87
カフェ・ドゥ・フォワ　88, 95
カフェ・ドゥ・シャトル　88
カフェ・パルナス　87
カンター　106, 127, 130, 144, 198
黄色いベスト運動　2, 108, 109, 120, 121,
　　124, 147, 148, 175, 214
キャンディード　134
球戯場の誓い　132
共産主義インターナショナル・フランス支
　　部　41
共産党（フランス）　14, 21, 34, 36, 37, 41,
　　42, 44, 45
共産党宣言　41
共和・急進・急進社会党　135
共和国前進　21, 38, 39, 146, 165, 166, 187,
　　206
共和国連合　24, 35, 136
共和党　3, 20, 26, 38-40, 196, 197, 206
グーグル　144
グループ・カナル・プリュス　72, 114,
　　176, 201
元老院（上院）　34

公共圏　6-10, 12, 78-85, 87, 89-92, 95, 98,
　　99, 103, 125, 126, 131, 143, 150-153, 155,
　　156, 160, 163, 167, 194, 210, 211, 213,
　　216, 219-224, 226, 276, 277
　インターネット――　10-12, 143, 149, 150
　政治的――　6, 79, 83, 89, 219, 220
　文芸的――　6, 79, 83, 84
　メディア――　7, 8, 10, 11, 47, 77, 83, 84,
　　91, 98, 103, 125, 143, 155, 209, 210,
　　221, 222, 276
公共性の構造転換　78, 81, 82
5月13日の危機　34
国内治安総局　129
国防政府　56
国民議会（下院）　1, 3-5, 34, 44, 50, 51, 54,
　　56, 97, 128, 135, 146, 161, 164, 195, 196,
　　206, 223
国民議会選　1, 3, 4, 19-23, 27, 28, 35-37, 39,
　　41, 45, 58, 161, 164, 195, 196, 223
国民戦線　1, 9, 22-27, 29, 30, 38, 40, 125,
　　135, 137, 158, 159, 172, 187, 199,
　　202-206, 208, 217
国民連合　1, 2, 14, 19-22, 25-31, 33, 40, 42,
　　136, 137, 146, 165, 166, 170, 175, 176,
　　184, 187, 188, 192-194, 196, 199, 200,
　　202-209, 223, 276
国立行政学院　24, 37, 38
国立高等郵便電気通信学校　69
国立フランスラジオ放送　69, 70
コズール　136, 157
国境なき記者団　108, 109, 117
コミュニケイション的行為の理論　80
コミュニケーションと自由の国民委員会
　　（CNCL）　73, 171, 201
コンコルド広場　97

［サ行］

再征服　3, 14, 19, 32, 33, 165, 166, 170, 187,
　　188, 192-194, 196, 204, 205
左派民主主義者社会主義者連盟　36

事項索引　285

左翼戦線　44
左翼党　44
サルト　173
サン゠クルの勅令　52
三部会　49, 131
三部会紙　49
事実性と妥当性　81
システム　6, 7, 46, 80, 81, 83, 91, 98, 125,
　126, 132, 152, 205, 210, 222, 223, 277
7月王政　53, 54
視聴覚高等評議会（CSA）　73
視聴覚コミュニケーション最高機関
　（HACA）　73
視聴覚デジタル通信規制局（ARCOM）　76,
　174
視聴覚メディア・サービス指令　76
ジャーナリスト協会　107, 119, 129
ジャーナリスト雇用国立同数委員会
　（CPNET）　122
ジャーナリストの職業倫理憲章　13, 109,
　132, 133
ジャーナリストの良心条項　133
ジャーナリズム　3, 7, 8, 11, 13, 48, 50, 58,
　63, 79, 81, 83, 89, 91, 94, 98, 111, 122,
　123, 126, 130-133, 139, 141, 146, 201,
　210, 222, 224-227, 277
社会党　3
ジャコバン・クラブ　40, 41, 91
ジャコバン派　40, 41, 50
シャプリエ法　89
シャルリー・エブド　106, 107
シャン・ド・マルスの発砲事件　132
集団分極化　150, 194, 200, 216, 276
ジュ・スイ・パルトゥ　135
小ゴーティエ　50
情報改変　136, 137
情報通信高等学校　122
職業ジャーナリスト身分証明書委員会　13,
　123
自律性　82, 83, 85, 99, 152, 153, 163, 167-

170, 210, 220-223, 226, 276, 277
ジロンド派　41
新型コロナ・ウイルス　2, 107, 148, 170,
　209
新環境社会民衆連合　21, 45
新共和国連合　35
人権宣言　5, 10, 50, 51
新人民戦線　4, 20
新パリ新聞取次社　65
スレート　159
生活世界　6, 80-82, 152
青年社会主義者運動　38
セダンの戦い　56, 97
双方向性　7, 83, 87, 91, 99, 163, 167, 179-
　182, 185, 210, 220-223, 226, 276, 277
ソーシャル・メディア　29, 30, 33, 43, 45,
　69, 139, 140, 143, 144, 148, 156, 180,
　182-186, 188, 189, 192-194, 205, 208,
　210, 216

[タ行]

第五共和国憲法　34
第五共和政　19, 20, 33, 34, 36, 37, 42, 71, 75
第三共和政　5, 60, 61, 92, 97, 213
対独抗戦（レジスタンス）　35
第二帝政　5, 55, 92, 94, 95, 97, 213
対話性　83, 89, 99, 167, 188-190, 194, 195,
　210, 220-223, 226, 276, 277
多元主義　14, 65, 67, 68, 73, 75, 120, 136,
　170, 177, 214, 276
立ち上がる夜　43, 44
ダッソー・グループ　119, 166, 169
チャレンジ　116
ディスクローズ　129, 147
帝政ロシア　63
テーヴェー・リベルテ　111, 248
デファンス・ドゥ・ラ・フランス　66
テルミドール9日の反動　41, 50
テレクラシー　71
テレビ放送活動遂行指令　76

ドゥルーズ　110, 122, 247
読書室　58, 87, 93
ドレフュス事件　118, 134

[ナ行]

ナチス・ドイツ　5, 41, 64, 65, 78, 79, 119, 124, 135
ヌーヴェル・オプセルヴァトゥール　67
ネオ　148
ネクストラジオテレビ　174

[ハ行]

バスティーユ牢獄襲撃事件　5, 49, 88, 95
パリ・コミューン　56
パリ・ジャーナリズム訓練センター　122, 123
ハリス・インタラクティブ　39, 137, 138
ハリス・グラフィック社　62
パリ政治学院　24, 31, 38, 117, 145
パリ政治学院ジャーナリズム学校　122, 123
パリ・ソワール　64
パリ・ドフィーヌ・ジャーナリズム実務研究院　123
パリ・ラジオ　69, 70
ピアソン　116
ヒトラーユーゲント　78
ピュー・リサーチ・センター　2, 104, 105, 205, 206
平等と和解　137
ファシスト圏（ファチョスフェール）　157
ブイグ・グループ　166, 169
フィナンシャル・タイムズ　116
フェイク・ニュース　13, 128, 129, 156, 185
フォーラム・エチュード　9, 74, 109, 112, 118, 148, 168, 181, 184, 188
付加価値税　28, 45, 67, 68, 120
不服従のフランス　3, 14, 21, 44-46, 138, 146, 161, 165, 166, 193, 204-206
ブラスト　160

プラハの春　42
フランクフルト学派　77, 78
フランス2　73, 74, 167, 170, 172, 201, 208
フランス3　73, 74, 107, 170, 172
フランス4　74, 172
フランス5　46, 74, 139, 168, 169, 172, 180, 189
フランス愛国連盟　134
フランス・アンテル　74, 105
フランス・アンテルナショナル　74
フランス・アンフォ　74, 105, 173, 218
フランス革命　5, 6, 10, 11, 13, 40, 47, 49, 50, 77, 84, 86, 89, 91, 92, 99, 131, 213
フランス・カトリック　176
フランス・キュルチュール　74, 176
フランス国立視聴覚研究所　201
フランス通信　48
フランス・テレヴィジョン　73, 107, 168-170, 172-174, 183, 184, 200, 221
フランス電波会社　69
フランス・ブルー　105, 110, 139, 169, 180, 184, 189
フランス報道庁　64
フランス・ミュージック　74
フランス民衆連合　35
フランス・メディア・モンド　74
フランス・ラジオ・テレビ協会　71, 72, 184
フランスラジオ放送　69, 70
フランスラジオ放送テレビ　70
ブリュット　147-149
ブリュメール18日のクーデター　51
ブレッツ・アンフォ　139, 168, 169, 180, 189, 255
プロイセン王国　56, 90, 95-98
ブログ・ポール・ジョリオン　111, 249
プロバンス通信　49
フロンドの乱　48
フロン・ポピュレール　204
ベルダンの戦い　158

事項索引 287

放送法 126
報道メディア統計連合 186
亡命地フランス 158
ホーエンツォレルン家 95, 96
ポリティス 140, 169, 180, 189, 190, 195,
　196, 200, 256
ボロレ・グループ 114, 166, 169
ボワラン社 62

[マ行]

マリアンヌ 175
マルサクチュ 146
ミュンヘン憲章 111
民衆運動連合 35, 119, 138
民主主義財団 134
民族解放戦線 34
無期雇用契約 122
メディアパルト 11, 105, 120, 145-147, 155,
　178, 206, 225
メディア・文化産業総局 113
メルキュール・ガヴァン 48
モエ・ヘネシー・ルイ・ヴィトン・グルー
　プ 43, 116, 169
モンテーニュ研究所 109, 154, 155, 169
モンテカルロ・ラジオ 71

[ヤ行]

有期雇用契約 43, 122
ユーチューブ 31, 33, 46, 144, 148, 182,
　184-186, 205
郵便電気通信パリ・ラジオ 69, 70
ユーロニュース 76

[ラ行]

ラヴニール・ドゥ・ラ・コルス 94
ラヴニール・ナショナル 92, 93
ラ・ガゼット 48, 55, 93
ラ・ガゼット・ドゥ・フランス 55
ラガルデール 178
ラクション・フランセーズ 22, 134, 135

ラ・クロワ 106, 127, 130, 137, 144, 148, 198
ラ・コティディエンヌ 52
ラ・サンク 73
ラジオヴィジョン PTT 70
ラジオ・フランス 72, 74, 169, 176, 184, 224
ラジオ・ペリフェリック 71
ラジオラ 69
ラ・プレス 54, 57-60
ラ・マルセイエーズ 56, 94, 95
ラミ・ドゥ・プープル 50, 90
ラ・モード 58
ラ・ランターン 56, 94
ラ・リベルテ 60, 92, 93, 96
ラ・ルヴァンシュ 94
ランコレクト 137
ラントランシジャン 134
リール・ジャーナリズム高等学校 122, 123
リベラシオン 68, 114, 115, 155, 172
リュクサンブール・ラジオ 71
リュニベール 93, 96
リュマニテ 63, 66, 68
ル・ヴァンジュール 56, 57
ル・ヴォルール 58
ル・グラン・ヴェフール 88
ル・クリ・ドゥ・プープル 56
ル・ゴロワ 93
ル・コンスティチュショネル 92, 93
ル・シャリヴァリ 54
ル・ジュール 134
ル・ジュール・エコー・ドゥ・パリ 134
ル・ジュルナル 5, 63, 124
ル・ジュルナル・オフィシエル・ドゥ・ラ
　ンピール・フランセ 92
ル・ジュルナル・デ・コネサンス・ユティ
　ル 58
ル・ジュルナル・デ・デバ 51
ル・ジュルナル・ドゥ・トランシェ 64
ル・ジュルナル・ドゥ・ランピール 51
ル・ジュルナル・デュ・ディマンシュ 108
ル・ジョルナル・デ・サヴァン 48

288 事項索引

ル・ジョルナル・ドゥ・パリ 49
ル・タン 55, 97
ル・ナショナル 53, 54, 59
ル・ナン・ジョーン 52
ル・パリジャン 116
ル・フィガロ 55, 60, 66, 93, 110, 112, 118,
　119, 139, 141, 145, 146, 154, 155, 166,
　169, 177, 179, 180, 189, 204-206
ル・フィガロ・エチュディアン 161
ル・プティ・ジュルナル 5, 60-64, 92, 93,
　98, 124
ル・プティ・パリジャン 5, 63, 64, 124,
　214
ル・プロコープ 86, 88
ル・ペイ 93, 96
ル・ペール・デュシェーヌ 90
ルポルテール 161
ル・ボワン 67
ル・マタン 5, 63, 64, 124
ル・メディア 154, 155, 160
ル・メルキュール・ドゥ・フランス 48
ル・モニツール・ウニヴェルセル 50, 51,
　92

ル・モンド 11, 33, 66, 105, 110, 118, 120,
　123, 145, 154, 155, 166, 169, 177-181,
　185, 186, 189, 192, 195, 196, 200, 204,
　206, 224, 227, 250, 266
ル・ラペル 213
ル・ベヴェイユ 56
レクスプレス 67, 157, 206, 218
レコー・ドゥ・パリ 134
レ・ゼコー 110, 114, 116, 148, 169, 180,
　181, 189
レポック 134, 135
ロイター研究所 2, 103-105, 145
労働インターナショナル・フランス支部
　36, 41
労働者党 42
労働法 13, 42, 133
ロシア・トゥデー・フランス 154
ロピニオン・ナショナル 55
ロラトゥール・ドゥ・プープル 90
ロレアル 146
ロロール 63
ロンドン・ラジオ 70

著者略歴
本間圭一（ほんま けいいち）
東洋大学社会学部メディアコミュニケーション学科教授
博士（北海道大学大学院）
読売新聞東京本社、北見工業大学を経て、2024年4月以降、現職。
単著に『パリの移民・外国人』（高文研、2001年）、『イギリス労働党概史』（高文研、2021年）、『アメリカ国務省』（原書房、2023年）、『反米大統領チャベス』（高文研、2006年）、『南米日系人の光と影』（随想舎、1998年）がある。

フランス極右とメディア
公共圏の歴史的変遷

2025年3月24日　第1版第1刷発行

著 者　本間 圭一

発行者　井村寿人

発行所　株式会社 勁草書房

112-0005 東京都文京区水道2-1-1　振替 00150-2-175253
（編集）電話 03-3815-5277／FAX 03-3814-6968
（営業）電話 03-3814-6861／FAX 03-3814-6854
本文組版 プログレス・印刷 堀内印刷所・製本 牧製本印刷

©HOMMA Keiichi　2025

ISBN978-4-326-30347-2　Printed in Japan

 ＜出版者著作権管理機構 委託出版物＞
本書の無断複製は著作権法上での例外を除き禁じられています。
複製される場合は、そのつど事前に、出版者著作権管理機構
（電話 03-5244-5088, FAX 03-5244-5089, e-mail: info@jcopy.or.jp）
の許諾を得てください。

＊落丁本・乱丁本はお取替いたします。
　ご感想・お問い合わせは小社ホームページから
　お願いいたします。

https://www.keisoshobo.co.jp